现代职业教育研究新视野丛书

高等职业教育实习质量的形成机理及制度保障

祝成林 著

清华大学出版社
北京

内 容 简 介

实习是我国高等职业教育的必要环节，提升实习质量是新时代人民群众对"更好的职业教育"的期盼，政府通过政策不断推进实习发展、提升实习质量。本书围绕"提升高等职业教育实习质量"这一总体目标，通过定量研究与质性研究相结合，对"实习质量的形成机理"和"影响实习质量的制度"进行系统的研究。本书基本内容包括高等职业教育实习的基本理论、实习质量形成机理模型、影响实习质量的制度要素及其影响机制、保障实习质量的制度策略等，回应了现实问题和理论关切，既揭示了实习质量形成的规律，也分析了影响实习质量的制度类型及其影响机制，为提升实习质量提供基于证据的指引。本书获得江苏省高校"青蓝工程"优秀青年骨干教师培养项目资助。

本书作为系统论述职业教育实习的学术专著，适合职业教育管理和科研机构研究人员、职业学校管理者和教师、高等院校相关专业的师生阅读。

本书封面贴有清华大学出版社防伪标签，无标签者不得销售。
版权所有，侵权必究。举报：010-62782989，beiqinquan@tup.tsinghua.edu.cn。

图书在版编目（CIP）数据

高等职业教育实习质量的形成机理及制度保障 / 祝成林著. -- 北京：清华大学出版社，2024.8. -- （现代职业教育研究新视野丛书）. -- ISBN 978-7-302-67121-3

Ⅰ. G718.5

中国国家版本馆 CIP 数据核字第 2024LT0925 号

责任编辑：田在儒
封面设计：刘　键
责任校对：袁　芳
责任印制：沈　露

出版发行：清华大学出版社
网　　址：https://www.tup.com.cn，https://www.wqxuetang.com
地　　址：北京清华大学学研大厦 A 座
邮　　编：100084
社 总 机：010-83470000
邮　　购：010-62786544
投稿与读者服务：010-62776969，c-service@tup.tsinghua.edu.cn
质量反馈：010-62772015，zhiliang@tup.tsinghua.edu.cn
印 装 者：三河市龙大印装有限公司
经　　销：全国新华书店
开　　本：185mm×260mm　　印　张：13.25　　字　数：304 千字
版　　次：2024 年 8 月第 1 版　　印　次：2024 年 8 月第 1 次印刷
定　　价：59.00 元

产品编号：102478-01

总　　序

职业教育发展的阶段性演进脉络,在新一代科技革命带来的巨变面前,显得越来越清晰。在手工业时代,职业教育主要是以学徒制的形式存在;在工业化开始之后,蒸汽动力和电力动力驱动下的工业化催生了中等职业教育;信息技术驱动下的工业化推动了职业教育形态的多元化,如出现了"双元制"职业培训模式和高等职业教育;以人工智能、数字化为代表的新一代信息技术革命,人类的劳动从物质性劳动为主转型到以非物质性劳动为主,正在为世界职业教育带来新的、根本性的变革。职业教育会变革成什么样子?这需要职业教育及产教融合领域开展大量相应的研究,但即便如此,我们恐怕也很难一下子把握好大变革时代职业教育的新制度、新模式、新方法等方方面面,我们姑且称之为"新型职业教育"或"现代职业教育",以表达这种变革及其所需的努力。

党的二十大报告提出"加快建设国家战略人才力量,努力培养造就更多大师、战略科学家、一流科技领军人才和创新团队、青年科技人才、卓越工程师、大国工匠、高技能人才","统筹职业教育、高等教育、继续教育协同创新,推进职普融通、产教融合、科教融汇,优化职业教育类型定位",首次把大国工匠、高技能人才纳入国家战略性人才范畴,并肯定了职业教育是科教兴国战略、教育强国战略、人才强国战略的支撑部分,明确了职业教育改革发展融入和支撑国家发展大局的目标、路径和方法。但究竟如何更好地推进高质量职业教育现代化,培养高素质技术技能人才,还有很多问题值得思考。

职业教育有很多重要的选题值得研究,比如职业教育与国家发展的关系,职业教育与创新发展的关系,职业教育与新技术的关系,职业教育与人的全面发展的关系,教育强国与职业教育的关系;技能型大学与应用型大学的分类发展问题,服务高新产业、培育高端技能人才作为职业本科教育底层逻辑的问题,高技能人才培养需要的职业教育体系问题,产教融合高效深化的问题,等等。我们必须持之以恒地攻关,以我们的研究成果回应时代提出的职业教育课题。

鉴于历史大趋势和新时代的战略需求,我们组织筹划将一批志同道合的职业教育专家学者的最新研究成果,以"现代职业教育研究新视野丛书"之名奉献给职业教育的师生,该丛书聚焦"新型职业教育"和"现代职业教育"的关键理论问题,特别是关注职业教育如何促进新工业革命产业发展、如何推动技能型社会建设、如何建设职业教育专业集群、如何实施高质量实习、如何传承借鉴职教先贤思想等若干问题视角,对推进现代职业教育高质量发展进行系列研究,逐步勾画和呈现出新型职业教育的基本面貌。

建设技能型社会是2021年召开的全国职业教育大会提出的新理念。技能型社会需要以技能为本的社会理念、完备的技能学习组织体系、完善的技能开发体系与技能服务组织,营造人人、处处、时时可学习技能的社会文化氛围,达成技能促进社会和个体可持续发展的目标。《职业教育与技能型社会：制度建设与政策探索》站在技能人才培养和成长的视角，反思和优化国家宏观职业教育体系设计，从技能开发、技能培养、技能评价、技能激励等方面出发，健全技能人才培养、使用、评价、激励制度，健全完善技能型社会制度体系，推动解决我国人才结构性缺陷，更好地满足加快建设制造强国、教育强国、科技强国的需要。

专业建设直接关系到职业教育适应经济社会发展的需求。《集群创生，专业"聚"变——职业教育专业集群建设理论与实践》以区域创新系统理论、集群竞争优势理论及教育经济学等理论为指导，借鉴经济学中相关的测度工具和方法，从专业集群的理论内涵、专业集群发展的客观需求、专业集群发展的产业基础出发，提出专业集群发展的定位、专业集群建设策略和专业集群发展的条件保障，理论上阐释专业集群的"三重"建设逻辑，实践上提出专业集群"三段"发展策略，系统化、结构化地研究了职业教育专业集群。

实习是我国职业教育的必要环节，提升实习质量符合新时代公众对"更好的职业教育"的期盼。《高等职业教育实习质量的形成机理及制度保障》围绕提升高等职业教育实习质量这一总体目标，通过定量研究与质性研究，对"实习质量的形成机理"和"影响实习质量的制度"进行系统研究，构建了高等职业教育实习质量形成机理模型，揭示了实习质量形成的规律，为高等职业教育实习管理提供了新的视角；分析了影响高等职业教育实习质量的制度及其影响机制，创新性地提出，不仅存在规范性的制度影响实习质量，还存在非规范性的制度影响实习质量。

中国职业教育现代化需要发挥本土理论的力量，通过相关研究不断提升中国职业教育的理论自信、文化自信，《从"为生计"到"为国计"——黄炎培职业教育思想研究与实践》以黄炎培职业教育思想与主要实践活动为研究切入点，系统梳理黄炎培职业教育思想的生成背景、嬗变历程、主要思想，以典型案例方式分析了黄炎培职业教育的实践活动，透视其职业教育思想与实践活动在特定历史时期的合理性和局限性。以史为鉴、知往鉴来，该研究丰富了中国职业教育理论研究，为职业教育现代化发展提供了理论借鉴。

本丛书是当今职业教育学术界新锐力量研究成果的集中展示，内容均为当前我国职业教育理论和实践两个领域非常关心的重要问题，具有很高的理论水平和参考价值。同时希冀更多的青年学者围绕新型职业教育和中国职业教育现代化开展深入研究，将研究成果不断纳入本丛书，为中国职业教育学科自主知识体系构建作出贡献。在丛书付梓之际，感谢清华大学出版社的大力支持和各位编辑老师为丛书的出版所付出的辛勤劳动。

和震

北京师范大学国家职业教育研究院院长、教授

2024年1月

序　言

　　职业教育源自人类生产经验和生存技能传递的需要,与工作世界、生产实践密切相关,把学校中的学习与工作情境中的学习相结合是发达国家开展职业教育的共同经验。实习作为职业教育实践教学的重要组成部分,是职业院校和企业协同进行技术技能积累的平台。2022年5月实施新修订的《职业教育法》对职业教育实习基地建设、实习违法收费、学生按照要求参加实习、职业学校加强对实习学生指导、明确实习内容和标准等进行了强制性规定,进一步保障了实习育人的法律地位,推进了高等职业教育实习发展,提升了实习质量。然而,现实实践中,对实习进行系统的学理研究并不多见,高等职业教育实习依然存在各种问题,尤其实习质量一直是没有实质性突破的老问题。该著作聚焦"如何提升高等职业教育实习质量"这一核心问题,立足实习规律,探究高等职业教育实习质量形成机理,为实习制度精准地提升实习质量提供着力点和方向,具有以下三个方面的重要价值。

　　丰富了高等职业教育实习的理论研究。首先,该著作从高等职业教育实习内涵出发,重申实习是一项教育教学活动的本质属性,并论述了实习的内在要素,有助于实习活动组织者设计优质实习项目;其次,分析高等职业教育实习的学习类型,论述实习在组织层面的教育与生产、个体层面的学习与工作这两对互动关系;最后,立足实习的内涵,描述高等职业教育实习质量的职业性、发展性、社会性三种特性,有助于引导实习质量评价。这些都是已有研究没有给予关注的内容,却又是实习的基本理论问题。对这些问题的回答,恰好丰富了高等职业教育实习基本理论的全景图式,深化了对实习的认知。

　　探索了高等职业教育实习质量的形成机理。提升实习质量是职业教育理论和实践两个层面亟待解决的问题。该著作从高等职业教育实习的规律性问题入手,揭示从哪些要素、通过哪些路径能够促进较高的实习质量形成,实现提升实习质量的目标。基于这一思路,该著作在规范研究的指引下,基于实习的三个直接利益相关者构建理论分析框架,并通过实证研究,验证影响高等职业教育实习质量形成的因素,探索高等职业教育实习质量形成机理,揭示实习质量形成的规律。这为高等职业教育实习管理提供了新的视角,为提升高等职业教育实习质量提供了更加明确的方向。

　　拓展了高等职业教育实习制度研究视角。在职业教育实习研究领域,大多数研究都关注到制度是提升高等职业教育实习质量的重要因素;然而,这些制度往往局限于规制性制度,较少关注文化、认知、社会规范等深层次的隐性要素。该著作将组织分析的新制度主义理论引入高等职业教育实习研究中,为分析提升实习质量的制度提供了更强的解释力,拓展了高等职业教育实习制度的研究视角,也将新制度主义的解释空间由宏观的教育变革拓展到微观的职业教育实践教学环节,积累了职业教育实习研究的制度知识。

该著作是基于作者的博士学位论文修改而成,旨于新、成于思、贵于实,对于高等职业教育高质量发展具有基础性理论贡献和操作性实践指导,体现了作者扎实的理论素养和较强的研究能力,整体思路清晰,论证严密,表达平实且较为顺畅,实为一本上乘佳作。近年来,作者深耕"职业教育实习"专题,主持完成了国家社会科学基金、教育部人文社会科学课题、江苏省社会科学基金等重要项目,取得了一系列高质量研究成果,并获得了重要奖项,丰富了职业教育理论。

由于高等职业教育实习跨越学校和企业两个场所、涉及教学和生产两种活动,影响高等职业教育实习质量形成的因素较多,譬如学生、学校、企业方面的因素直接影响实习质量,而政府、行业和家长方面的因素则间接影响实习质量,高等职业教育拓展到本科之后,学生升学、学校升格,实习模式及质量标准也会有相应调整,可以在后续研究中进一步充实、深化。希望作者继续坚持问题导向,以国家需求为己任,在国家推进职业教育高质量发展历程中坚持不懈、勇于担当,期待学术道路上更上一层楼!

2024 年 6 月

目 录

第一章 绪论 ·· 1

第一节 研究问题的提出 ·· 1
  一、研究背景 ·· 1
  二、研究问题 ·· 4
  三、研究意义 ·· 5

第二节 核心概念辨析 ·· 6
  一、实习 ·· 6
  二、实习质量 ·· 7
  三、形成机理 ·· 8
  四、制度 ·· 8

第三节 文献综述 ·· 9
  一、国外相关研究述评 ·· 9
  二、国内相关研究述评 ·· 19
  三、国内外研究评论 ·· 31

第四节 理论基础 ·· 33
  一、利益相关者理论 ·· 33
  二、新制度主义理论 ·· 36

第五节 研究设计 ·· 39
  一、研究目标 ·· 40
  二、研究框架 ·· 40
  三、研究方法 ·· 41

第二章 高等职业教育实习的基本理论问题 ······················ 47

第一节 高等职业教育实习的内涵及要素 ···························· 47
  一、高等职业教育实习的内涵 ····································· 47
  二、高等职业教育实习的要素 ····································· 50

第二节 高等职业教育实习的学习类型 ······························ 52
  一、工作本位学习的类型及启示 ·································· 52
  二、实习的"三维十项"学习类型 ································· 53

第三节 高等职业教育实习的互动关系 ······························ 59

一、组织层面的教育与生产关系 ································· 59
　　二、个体层面的学习与工作关系 ································· 61
第四节　高等职业教育实习的质量特性 ································· 65
　　一、指向学生专业技能的职业性 ································· 65
　　二、指向学生职业生涯的发展性 ································· 65
　　三、指向学生个人生活的社会性 ································· 66
本章小结 ·· 67

第三章　高等职业教育实习质量形成机理的研究假设 ············· 69
第一节　高等职业教育实习质量形成机理的维度选择 ················· 69
　　一、实习的确定型利益相关者益处分析 ··························· 69
　　二、基于确定型利益相关者的维度构想 ··························· 71
第二节　高等职业教育实习质量形成机理的因素及假设 ··············· 73
　　一、学生主动参与维度的因素及假设 ····························· 73
　　二、学校资源投入维度的因素及假设 ····························· 75
　　三、企业资源供给维度的因素及假设 ····························· 78
第三节　高等职业教育实习质量评价维度构建 ······················· 81
　　一、高等职业教育实习质量评价维度 ····························· 81
　　二、高等职业教育实习质量形成机理理论假设模型 ················· 84
本章小结 ·· 84

第四章　高等职业教育实习质量形成机理的实证研究 ············· 86
第一节　问卷设计 ··· 86
　　一、文献搜集 ·· 86
　　二、访谈 ·· 90
　　三、形成初始问卷 ·· 92
第二节　初始问卷预测与修订 ··· 92
　　一、专家评议 ·· 93
　　二、问卷预测 ·· 93
第三节　调查问卷的信度与效度分析 ··································· 94
　　一、问卷结构 ·· 94
　　二、样本构成 ·· 95
　　三、效度分析 ·· 95
　　四、信度分析 ··· 108
第四节　高等职业教育实习质量描述性分析 ···························· 110
　　一、问卷的发放与回收 ··· 110
　　二、正式调查问卷信效度检验 ····································· 111
　　三、高等职业教育实习质量现状分析 ······························· 111

四、高等职业教育实习满意度分析 ……………………………………… 111
第五节　高等职业教育实习质量形成的影响因素分析 ………………… 112
　　一、学生主动参与与高等职业教育实习质量的回归分析 ……………… 112
　　二、学校资源投入与高等职业教育实习质量的回归分析 ……………… 113
　　三、企业资源供给与高等职业教育实习质量的回归分析 ……………… 114
　　四、三大关键维度与高等职业教育实习质量的回归分析 ……………… 115
第六节　高等职业教育实习质量形成机理建模 ………………………… 117
　　一、模型检验 ……………………………………………………………… 117
　　二、正态性检验 …………………………………………………………… 118
　　三、高等职业教育实习质量形成机理理论模型拟合与评价 …………… 118
　　四、高等职业教育实习质量形成机理的研究结果分析 ………………… 121
本章小结 …………………………………………………………………… 124

第五章　高等职业教育实习质量的制度影响分析 …………………… 125

第一节　规制性制度要素及其影响 ……………………………………… 125
　　一、实习政策工具选择及其影响 ………………………………………… 126
　　二、高职院校实习制度及其影响 ………………………………………… 132
　　三、企业实习管理制度及其影响 ………………………………………… 137
第二节　规范性制度要素及其影响 ……………………………………… 141
　　一、"促进就业"的实习规范及其影响 ………………………………… 142
　　二、"学校本位"的实习规范及其影响 ………………………………… 146
　　三、"人才储备"的实习规范及其影响 ………………………………… 148
第三节　文化—认知性制度要素及其影响 ……………………………… 153
　　一、实习的"主动行为"认知图式及其影响 …………………………… 153
　　二、实习学生的"新员工"认知图式及其影响 ………………………… 156
　　三、实习指导者的"身份"认知图式及其影响 ………………………… 158
第四节　高等职业教育实习中的两套制度逻辑 ………………………… 163
　　一、"教育的实习"制度逻辑 …………………………………………… 164
　　二、"生产的实习"制度逻辑 …………………………………………… 165
　　三、两套制度逻辑下的实习困境 ………………………………………… 166
本章小结 …………………………………………………………………… 168

第六章　高等职业教育实习质量提升的制度保障策略 ……………… 170

第一节　提升高等职业教育实习质量的互补性制度优化思路 ………… 170
　　一、提升实习质量的互补性制度优化的可行性 ………………………… 170
　　二、提升实习质量的互补性制度优化设计框架 ………………………… 171
第二节　提升高等职业教育实习质量的规制性制度优化策略 ………… 172
　　一、倡导国家层面健全高等职业教育实习制度 ………………………… 173

  二、督促高职院校完善高等职业教育实习制度……………………… 175
  三、引导优质企业建立高等职业教育实习制度…………………… 178
 第三节 提升高等职业教育实习质量的规范性制度优化策略 ……… 180
  一、辩证地看待"促进就业"这项社会规范………………………… 180
  二、科学地利用"学校本位"这项社会规范………………………… 181
  三、有效地引导"人才储备"这项社会规范………………………… 183
 第四节 提升高等职业教育实习质量的文化—认知性制度优化策略 …… 184
  一、拓宽学生树立"主动行为"认知图式的路径…………………… 184
  二、规避企业"新员工"认知图式的弊端…………………………… 185
  三、打破学校教师和企业师傅"身份"认知图式的障碍…………… 186
 本章小结 …………………………………………………………………… 187

参考文献 …………………………………………………………………… 188

后记 ……………………………………………………………………… 199

第一章 绪 论

第一节 研究问题的提出

一、研究背景

教育与生产相结合不仅应反映在一些实践教学环节上,更应当被视为实施完整教育的一种重要形式。"生产劳动同智育和体育相结合,它不仅是提高社会生产力的一种方法,而且是造就全面发展的人的唯一方法。"[①]由于生产活动能够促进个体在认知、理解和解释世界的过程中建构自己的知识,在人际互动中通过社会性的协商完成知识的社会建构,体现教育与生产相结合的工作场所学习的理论研究和实践模式越来越受到职业教育研究者的关注。

职业教育源自人类生产经验和生存技能传递的需要[②],与工作世界、生产实践密切相关,强调学习者对所学知识和技能的应用。把在学校中的学习与在真实的工作情境中的学习相结合来开展职业教育是国际职业教育发达国家的共同经验。在职业院校内学习的重要性不言而喻,然而,在工作场所中学习也是职业教育的重要组成部分。研究表明,工作场所学习是职业教育领域备受推崇的学习形式,也是近年来国际职业教育的热点研究主题[③]。工作场所可以提供一种有意义的学习并促进学习者的知识和技能被真实的工作世界应用,已经被职业教育理论和实践领域所证实。德国的"双元制"人才培养模式、美国的合作教育项目、中国的"校企合作、工学结合"人才培养模式等,均是这一思想的具体实践形式。

"校企合作、工学结合"是我国高等职业教育快速发展的基本经验之一,在《现代职业教育体系建设规划(2014—2020年)》(教发〔2014〕6号)中指出,加强实训、实习和研究性学习环节等,是完善"校企合作、工学结合"人才培养体系的主要内容。实习既是"校企合作、工学结合"的核心环节,也是我国高等职业教育领域工作场所学习的主要形式。2022年新修订的《中华人民共和国职业教育法》中规定"职业学校和职业培训机构应当加强对实习实训学生的指导,加强安全生产教育,协商实习单位安排与学生所学专业相匹配的岗位,明确实习实训内容和标准,不得安排学生从事与所学专业无关的实习实训,不得违反

---

① 马克思,恩格斯. 马克思恩格斯全集:第23卷[M]. 北京:人民出版社,1972:530.
② 俞启定,和震. 职业教育本质论[J]. 中国职业技术教育,2009(27):5-10.
③ 肖凤翔,陈潇. 国际职业教育主流理论与研究热点的可视化分析[J]. 中国职业技术教育,2014(30):2-6.

相关规定通过人力资源服务机构、劳务派遣单位,或者通过非法从事人力资源服务、劳务派遣业务的单位或个人组织、安排、管理学生实习实训。"以实习、实训、现代学徒制为主要形式的工作场所学习,已成为我国职业教育理论和实践领域关注的重点。

然而,高等职业教育实习存在"放羊式管理""校热企冷""打工实习"等问题和困难,"实习实训难"一直是影响高校人才培养的瓶颈。带有问题的实习只是现象,其实质是实习难以实现工作的内在教育价值,从而削弱了实习强化学生技术技能训练的功能,也难以体现教育与工作之间的联系,导致高等职业教育实习质量成为一直没有实质性突破的老问题。因此,必须加以研究和解决。

(一)实习质量是我国职业教育深化发展的关键问题

实习是我国职业教育必需的实践教学环节,《国家中长期教育改革和发展规划纲要(2010—2020年)》将职业教育的培养模式细化为"实行工学结合、校企合作、顶岗实习的人才培养模式"。

实习质量是我国职业教育深化内涵发展的关键问题。政府层面通过众多政策,不断推动职业教育实习发展,提高实习质量。自2000年以来,实习成为政府层面职业教育政策的热点内容。《教育部关于职业院校试行工学结合、半工半读的意见》(教职成〔2006〕4号)中要求"推进学生到企业等用人单位顶岗实习,努力形成以学校为主体,企业和学校共同教育、管理和训练学生的教学模式。"2016年,教育部专门下发文件《职业学校学生实习管理规定》(教职成〔2016〕3号)中规范和加强了职业院校学生的实习工作,强调实习的教育、教学属性,要求学校与实习单位共同加强实习过程管理、提高实习质量。《国务院办公厅关于深化产教融合的若干意见》(国办发〔2017〕95号)中则进一步要求"健全学生到企业实习实训制度"。2022年,中共中央办公厅、国务院办公厅印发《关于深化现代职业教育体系建设改革的意见》中指出"鼓励学校、企业以'校中厂''厂中校'的方式共建一批实践中心,服务职业学校学生实习实训,企业员工培训、产品中试、工艺改进、技术研发等。"目前,已有政策的最终目标均共同指向了实习质量。

在实践层面,针对部分职业院校由于不规范的行为导致的低质量实习,教育管理部门也及时予以通报。2016年12月,教育部通报了5所职业院校违规组织学生顶岗实习,主要缘由包括职业院校监管不力致使实习企业擅自调整实习内容、学生劳动时间长、专业不对口、未正式签订实习合同、顶岗实习学生每天工作10小时等违规问题[①]。同时,教育部要求职业院校以《职业院校管理水平提升行动计划(2015—2018年)》(教职成〔2015〕7号)为依据,深入开展规范实习管理的专项治理活动,改变实习管理松散的现状,主动提升实习质量。

随着我国现代学徒制试点范围逐步扩大,学生在企业实习的时间逐渐增加。例如,有的现代学徒制试点院校,学生第一学年在校学习,第二、三学年每周2天在校学习、4天在企业顶岗实习;有的现代学徒制试点院校,学生前三学期分别在企业培训5、7、9周,后三学期在企业顶岗实习;有的现代学徒制试点院校,第五学期后10周和第六学期,学生

---

① 梁国胜.教育部通报5所职业院校违规组织学生顶岗实习[N].中国青年报,2016-12-21(07).

在企业轮岗和顶岗实习。①针对目前高职院校学生实习现状及其推进和发展需求,探寻一套科学而严格的实习管理体系,提升实习质量已成为高职院校深化内涵发展的关键问题。

党的二十大报告指出,要加快建设质量强国。随后,中共中央、国务院印发《质量强国建设纲要》,质量强国战略进一步被放在更加突出的位置。近年来,为贯彻落实质量强国战略,教育部开展了国家教学标准体系建设,如专业教学标准、课程标准、顶岗实习标准等,努力形成职业教育国家教学标准体系框架,提升技术技能人才培养质量。总体而言,实习质量将继续成为我国新时代职业教育发展中的关键问题,提升实习质量也符合新时代人民群众对"更好的职业教育"的期盼。

(二)实习质量是欧美职业教育发达国家的关注重点

实习作为职业教育实践教学的重要组成部分,对于职业院校学生未来职业身份认知、职业环境感受与职业能力培养具有重要意义。自19世纪起,实习便已作为职业教育的重要组成部分不断发展和创新,其开展形式主要包括学徒制、合作教育和在工作场所进行的其他学习形式。②在美国职业教育领域,社区学院提供的大多数合作教育被称为实习,实习和合作教育往往被简单地统称为实习,两者的不同之处在于"实习侧重于在工作中学习和培训,而合作教育则强调实现课堂教育和实践工作经验结构化"③。美国通过多种方式保障实习质量。在制度层面,美国专门建立合作教育和实习认证制度,由合作教育与实习认证委员会(the accreditation council for co-op and internship, ACCI)具体实施认证工作,这项制度在提升合作教育和实习质量上发挥了至关重要的作用;在教育实践层面,社区学院通过制订《合作教育和实习手册》等规范学生实习行为,通过课程化方式管理学生合作教育和实习,保障合作教育和实习质量。以美国北弗吉尼亚社区学院为例,所有学生必须按照《合作教育和实习手册》参加每个专业教学部门提供的合作教育和实习课程,完成以工作实践为基础的经验学习,并按照要求达到规定的考核标准。

欧洲职业教育领域基于工作的学习包括三种形式,即工学交替(alternance schemes)或学徒制、基于企业工作岗位的训练(on-the-job training periods in companies)、基于学校本位的工作场所学习(work based learning integrated in a school-based programme)。其中,基于企业工作岗位的训练的主要形式便是实习,其目的在于帮助学生熟悉工作世界、提升专业技能和职业素养,并顺利地由学校世界过渡到工作世界。欧盟成员国近年来认识到职业教育领域培养的人才素质与劳动市场技能需求的差距在逐步扩大,使得众多学生因为自身技能的结构性偏差而面临难以获得高质量和收入体面的工作机会的风险。同时,也越发认识到实习和学徒制在促进学生进入劳动力市场、有效缓解教育和就

---

① 张启富,邹琦妹.我国高职教育推行现代学徒制的对策思考:基于32个试点案例的实证分析[J].中国职业技术教育,2017(29):60-65.

② Wan C S, Yang J T, Cheng S Y, et al. A longitudinal Study on Internship Effectiveness in Vocational Higher education[J]. Educational Review, 2013, 65(1): 1-19.

③ Hoyle J A. Exploring Stakeholder Relationships in a University Internship Program: A Qualitative Study [D]. Michigan: Central Michigan University, 2013: 35.

业之间过渡的压力等方面的积极作用。鉴于此,欧盟于2012年制定了《欧洲实习和学徒质量宪章》(European Quality Charter on Internships and Apprenticeships),呼吁实习和学徒的提供者和公共决策者,采取系统的措施和识别认证体系,保证实习和学徒制的质量,确保学习者学到知识和技能。

欧美职业教育发达国家对实习质量的重点关注,源自实习的教育价值和促进学生就业的功能。在新工业革命背景下,新的经济结构和劳动力市场变革呼唤能与之匹配的人力资源,直接推动了对未来技能需求的变化。正如欧洲职业培训开发中心2016年的调查报告《欧洲未来的技能需求:关键的劳动力趋势》(Future Skill Needs in Europe: Critical Labour Force Trends)中所说:"了解未来的技能需求对于塑造教育和培训政策至关重要,特别是当劳动力市场经历人口变化、数字化、广泛的价值链和工作组织的复杂性,最终导致现成的人力资本将不再满足雇主需求。"[①]劳动者社会技能和方法技能将在未来职场中发挥重要作用,如沟通技巧、与人合作、时间管理、批判性思维、问题解决等。随着技术本身的飞速发展和工作对技能需要的快速更新,技能不确定性将成为常态。这要求劳动者必须保持开放的持续性学习心态,养成宽泛的技术技能组合,特别是注重"软"技能的开发。而相关研究已经证实,实习是培养学生多种专业技能和"软技能"的重要载体,实习也是在学生职业生涯早期逐渐形成终身学习思想的重要途径[②]。鉴于此,欧美职业教育发达国家对实习质量保持着持续的重点关注。

二、研究问题

如何提升实习质量是职业教育理论和实践两个层面亟待解决的问题。提升高等职业教育实习质量的研究视角较多,本研究基于对质量和实习质量的概念辨析,并不打算建立客观的实习质量标准来衡量和提升高等职业教育实习质量,而是从高等职业教育实习的规律性问题入手,揭示从哪些要素、通过哪些路径能够促进较高的实习质量形成,实现提升实习质量的目标。这一构思与朱兰的质量螺旋模型主张"质量的形成是有规律性的,质量并不是检验出来的"[③]具有一致性。本研究在论述高等职业教育实习的基本理论问题的基础上,首先,构建高等职业教育实习质量形成机理模型;其次,以高等职业教育实习质量形成机理为分析框架,分析现有的实习制度是如何影响实习质量的;最后,在分析现有的实习制度的基础上,结合实习质量形成机理理论模型,提出提升高等职业教育实习质量的制度保障策略,为健全学生到企业实习制度提供政策建议。

基于以上研究思路,本研究围绕"如何提升高等职业教育实习质量"这一核心问题,从"实习质量的形成机理"和"实习质量的制度保障"两个方面展开研究。研究前者不仅能够揭示高等职业教育实习的规律性问题,有助于分析制度是如何影响实习质量的,还能够为优化现有的制度来提升实习质量指明着力点和方向;研究后者则是希望通过更加

[①] Cedefop. Future Skill Needs in Europe: critical Labour Force Trends [R]. Publications Office of the European Union, 2016.

[②] Sides C H, Mrvica A. Internships: Theory and Practice [M]. New York: Baywood Publishing Company, Inc. 2007: 5-7.

[③] 龚益鸣.现代质量管理学[M].3版.北京:清华大学出版社,2003:33.

有效的制度,作用于实习质量形成机理的要素,进而促进较高的实习质量形成,提升高等职业教育实习质量。具体研究问题包括以下四个方面,即高等职业教育实习的基本理论问题包括哪些;如何构建高等职业教育实习质量形成机理模型;哪些实习制度作用于高等职业教育实习质量形成机理的要素,进而影响实习质量;提升高等职业教育实习质量的制度保障策略包括哪些。这些问题密切关联、层层递进,既有事先必须澄清的原理性问题,也有对原理性问题的回应和支持后续研究的实证问题。对这些问题进行研究,不仅需要深入实习现场调查,还需要对调查结果进行抽象和理论地概括,进而演化为指导实践的具体策略和健全实习制度的政策建议。

三、研究意义

技术、技能不仅是个人谋生和发展的需要,更是国家繁荣和富强的基石。实习作为高职院校和企业协同进行技术技能积累的平台,是培养技术技能人才的重要途径。系统地研究实习旨在促进其质量提升,符合国家建设人力资源强国的要求。此外,实习在我国高等职业教育发展历程中,既有成功的经验,又有需要改进的不足,梳理成功的经验和做法,揭示存在的问题与不足,都能够为进一步提升实习质量提供科学的依据和可行的措施。

(一)理论意义

1. 构建高等职业教育实习质量形成机理理论模型,深化对实习质量形成的规律性认识

我国高等职业教育经历了快速扩张,高职院校对校外实践教学越来越重视。为了达到有效地统筹高职院校校外实习和校内教学,强化工学结合、知行合一的目的,急需帮助高职院校、企业和学生等利益相关者增强对实习的必要性、重要性及其自身规律性的认识。本研究应用定量研究方法构建高等职业教育实习质量形成机理理论模型,增强高职院校、企业及学生对实习质量形成的规律性认识,进而从实践教学的微观层面,丰富新时代职业教育"校企合作、工学结合"的理论研究。

2. 探索影响高等职业教育实习质量的制度要素及其影响机制,促进实习制度知识积累

实习制度制约着实习系统内部不同利益主体的利益追求和分配,规范着不同利益主体的权利和义务。实习制度对提升实习质量具有决定性作用。本研究采用质性研究方法,通过对高职院校和企业进行实地调研、收集文本资料,对直接参与实习工作的相关人员进行深度访谈,全面地描述、解释、分析影响实习质量的制度要素及其影响机制,梳理出高职院校和企业两个组织的行为者在实习过程中面临制度引起的主要困难、迷茫和期望。这既促进了高等职业教育实习制度研究的知识积累,又为完善高等职业教育实习制度建设提供理论依据。

(二)实践意义

1. 为提升新时代高职教育实习质量提供基于证据的指引

实习是我国职业教育工作者经过摸索,认为能够较好地实现"校企合作、工学结合"的载体,并经过验证,效果明显,受到职业教育工作者的青睐。然而,实习又常常出现各种问题,有的被媒体已经披露,有的仍然隐藏在冰山之下。这些问题表明,实习作为职业

教育人才培养的实践教学形式,是被证实为成功的、可行的,但是实习还不能较好地实现工作的内在教育价值,实习质量仍有很大的提升空间。本研究尝试通过规范研究和实证研究相结合的研究范式,探究较高的实习质量是如何形成的,为提升新时代高职教育实习质量提供基于证据的指引,为相关政策制定提供基于研究的依据。

2. 为加强新时代高职院校实习管理提供基于调查的经验

不管是高职院校实践教学环节中原有的实习,还是现代学徒制试点项目中的实习,加强实习管理是新时代高职院校深化内涵发展的关键问题。本研究构建的高等职业教育实习质量形成机理模型为高职院校会同企业共同管理实习,提供了实证经验支持;本研究通过深入调查实习实践活动,详细地分析影响高等职业教育实习质量的现有制度及其影响机制,为实习组织者的制度建设,提供了实践参考依据;本研究提出的制度优化策略,从制度层面反思和改进了实习管理,提供了基于调查的经验。

第二节　核心概念辨析

一、实习

对实习概念的解释,基本集中于学生在专门人员组织指导下,在专业第一线参与实际工作的一种实践性教育教学活动,目的在于从实际工作中获得感性认识,帮助学生尽早地进入工作角色。例如,在我国《教育大辞典(第 3 卷)》中,实习是指"学生在生产、管理、服务等岗位上独立完成工作任务的一种学习,旨在提高操作熟练程度、解决问题的能力和职业心理的成熟度"[①]。由于高等职业教育以培养面向生产、管理、服务一线的应用型人才为主要目标,这一特定的培养目标和自身特殊的教育类型决定了实习在其人才培养过程中的重要作用。国务院在 2005 年颁布的《关于大力发展职业教育的决定》(国发〔2005〕35 号)中提出"建立企业接收职业院校学生实习的制度……高等职业院校学生实习实训时间不少于半年。"为了进一步规范职业学校学生实习,提高技术技能人才培养质量,教育部、财政部等 5 个部门联合印发《职业学校学生实习管理规定》(教职成〔2016〕3 号),并在其中对职业学校学生实习做了明确界定,即"实施全日制学历教育的职业学校学生按照专业培养目标要求和人才培养方案安排,由职业学校安排或者经职业学校批准自行到企(事)业等单位进行职业道德和技术技能培养的实践性教育教学活动。"根据实习的程度,可以分为认识实习、跟岗实习和顶岗实习等形式。与其他实习形式不同,顶岗实习要求学生掌握操作技能,履行工作岗位的职责,在相应实习岗位,相对独立地参与实际工作的一种实践性教育教学活动。不管是哪种形式的实习,实习是一项教育教学活动而不是生产活动,如果实习单位将学生视为廉价劳动力,将实习异化为简单劳动,不仅与职业教育人才培养目标相背离,还会使学生对实习失去兴趣,影响学生对本职业的正确认知。

基于以上认识,本研究对实习的理解倾向于顶岗实习的内涵,即由高职院校组织学

[①] 教育大辞典编纂委员会.教育大辞典(第 3 卷)[M].上海:上海教育出版社,1991:262.

生到企业的生产、管理、服务等岗位上,按照企业生产实践的要求和岗位规范,在专业人员指导下,独立或参与完成相应的工作任务,进而提升学生的技术技能操作熟练程度、解决问题能力、职业心理成熟度和个人全面成长的教育教学活动。在我国高职院校实习环节,顶岗实习时间最长、学校组织相对规范、对学生影响深远。为了获得学生对实习的全面而深刻的认知,本研究中的实习以高职院校顶岗实习为主,兼顾其他形式实习。以顶岗实习为主,具体表现为问卷调查和学生访谈对象都是即将完成顶岗实习经历的高职院校大三学生;兼顾其他形式实习,一是为了对实习进行全面的研究,二是希望它们同样能够被高职教育工作者重视和实施。

二、实习质量

对"质量"的理解,有狭义和广义之分。狭义的质量是指产品质量,例如,《辞海》将质量定义为产品或工作的优劣程度,这是质量的"符合性"定义。广义的质量则包括"过程"和"服务"的质量,即工作质量。产品质量是产品的使用价值,是满足使用要求所具备的特性;工作质量则是与产品质量直接或间接相关的工作对提高产品质量的保证程度。[①] 戈德茨和戴维斯在《全面质量导论》中认为,"质量不仅指产品和服务,还包括过程、环境和人员,质量是一种不断变化的状态"[②],这是质量的"过程性"定义。美国质量管理专家朱兰认为,"质量是满足顾客需求的程度,并用螺旋上升的曲线表示产品质量产生、形成和实现的过程,也表示了产品适用性不断提高的过程"[③],这是质量的"服务性"定义。

目前,对质量的理解大多采用综合性的理解。例如,中国国家标准 GB/T 19000—2008 把质量定义为:"一组固有特性满足要求的程度。"[④] 由于利益相关者的发展需求、可依赖资源、价值观及环境因素的不同,质量更不是一个绝对的概念,呈现出多元性和多层次性,倾向于满足需求、达到目标的程度。在教育研究领域,瑞典学者胡森(T. Husen)认为,"教育质量是教育活动的目标达到什么程度"[⑤],也就是说,教育质量的高低等同于教育活动所产生的结果,达到既定目标的程度,如满足社会或受教育者要求的程度。丹麦教育部在描述职业教育和培训质量战略时也提出:"在教育系统内谈明确和普遍的质量是不可能的,在方法、目标和价值观方面给出一个明确的概念既是不可能的也是不可取的,但是通过不同路径、采用不同的手段和方法实现相同的目标是可能的。"[⑥] 本研究根据研究内容及其性质,将实习质量界定为实习活动适应其目标的要求所具有的规定性,实习质量的高低用适应目标要求的程度来表示。高等职业教育实习质量对其目标实现的

---

① 陈德第,李轴,库桂生.国防经济大辞典[M].北京:军事科学出版社,2001:647.
② David L Goetesch, Stanley Davis. Introduction to Total Quality: Quality, Competitiveness [M]. London: Prentice Hall International, Inc. 1994:2-4.
③ 尤建新,邵鲁宁,武小军,等.质量管理:理论与方法[M].大连:东北财经大学出版社,2009:3.
④ 全国质量管理和质量保证标准化技术委员会.GB/T 19000—2008:质量管理体系—基础和术语[S].北京:中国标准出版社,2008:5.
⑤ 托斯坦·胡森.论教育质量[J].施良方,译.华东师范大学学报(教育科学版),1987(3):1-10.
⑥ Denmark, Ministry of Education, Department for Vocational Education and Training Programmes. The Danish Approach to Quality in Vocational Education and Training[J]. Ministry of Education,2005,50(5):280-288.

程度越高,则质量越高;反之亦然。学生是实习的主体,高等职业教育实习质量的高低最终体现在促进学生专业技能、职业素质、个人成长等方面发展的程度。

本研究对实习质量的理解与国际上职业教育相关研究具有一致性。例如,赫施巴赫认为,教育质量在狭义上等同于学校对学生成就的作用,在职业教育领域还包括工作岗位所必需的情感的、社会的及身体的发展条件等[①]。依据赫施巴赫的观点,本研究将实习质量体现在促进学生专业技能、职业素质、个人成长等方面的发展,既符合职业教育质量对学生成就的作用的规定,又是个体发展条件的具体化。萨宾·库尔兹(Sabine Kurz)则认为,"教育质量保障范式由投入控制的传统模式正向产出控制模式转变,这种转变的一个表现是通过引入教育标准来规定学生在教育过程中应当获得的能力和技能,这种转变也使得学生对自我评价方面的认同逐渐提高。"[②]这为本研究从学生自我认知视角评价高等职业教育实习质量提供了理论支持。

三、形成机理

机理即机制,原指"机器的构造和工作原理,后来被生物学和医学借用,说明生物功能或生理功能的内在工作方式,包括有关生物结构组成部分的相互关系,以及其间发生的各种变化过程的物理、化学性质和相互联系。"[③]在社会科学研究中,机理泛指为实现某一特定功能,在一定的系统结构中各关键要素的相互关系、相互作用的运行规则。从机理的概念分析,机理包括要素及要素之间的关系两个方面,且系统中的要素和相互关系是机理讨论的重要内容。

高等职业教育实习质量的形成是一个复杂的、系统的过程。高等职业教育实习质量的形成机理是分析较高的实习质量形成的要素和形成条件,寻找形成高质量实习的资源,发现并克服高质量实习形成的制约条件,最终促进较高的实习质量形成的一个过程。在本研究中,机理的要素由维度及其因素构成。对高等职业教育实习质量形成机理进行系统研究,首要任务是确定实习环节中影响其质量的因素,并探寻不同因素构成的维度与实习质量的相互关系和相互作用,从而优化各要素之间的运行规则,促进实习质量提升。探究高等职业教育实习质量的形成机理是提升实习质量的重要措施。

四、制度

不同学科或流派对于制度的理解也各不相同。新制度主义经济学代表人物诺斯(Douglass C. North)认为,"制度是社会的游戏规则,是为决定任命的相互关系而人为设定的一些制约,包括一系列被指定出来的规则、法律程序和道德行为规范,用以约束个人

---

① T.胡森,T.N.波斯尔斯韦特.教育大百科全书-职业技术教育[M].张斌贤,等译.重庆:西南师范大学出版社,2011:79.
② 菲利克斯·劳耐尔,鲁珀特·麦克林.国际职业教育科学研究手册(下册)[M].赵志群,等译.北京:北京师范大学出版社,2017:438.
③ 刘文英.哲学百科小辞典[M].兰州:甘肃人民出版社,1987:500.

追求自身福利或利益的行为。"① 坎贝尔（John L. Campbell）认为，制度是"一套正式与非正式的规则、监督与实施机制及意义系统，它们界定了人们与组织相互作用的背景。"② 组织分析的新制度主义代表人物斯科特（W. R. Scott）认为，制度包括为社会生活提供稳定性和意义的规制性、规范性和文化—认知性要素，以及相关的活动与资源。由于本研究基于组织分析的新制度主义理论分析高等职业教育实习质量问题，因此，采用斯科特关于制度的三要素的界定，即实习制度包括规制性、规范性和文化—认知性三种制度要素，以及相关的活动与资源。

制度的有效性是制度理论的核心问题③。罗纳德·米切尔（Ronald B. Mitchell）认为，制度的有效性是指制度影响主体行为的程度④。制度的有效性包含两个方面的含义：一是强调建立有效的制度，二是提升已有制度的有效性。有效的制度能够允许或鼓励个体最大程度上通过各种实践活动实现自己的社会价值和个人价值，使绝大多数人自觉自愿地在制度的框架内行事。基于此，本研究对影响实习质量的制度进行分析，旨在提升实习制度的有效性，促进较高的实习质量形成，发挥制度保障实习质量的效果，即通过有效的制度把实习利益相关者的实践活动置于既定的规范框架之下，促使他们共同提升实习质量。由于实习在我国拥有相对较长的发展历程，国家宏观政策层面和高职院校中观组织层面都已建立了保障实习质量的有意识的制度，实习的利益相关者也形成了相应的无意识的制度。因此，在本研究中制度分析的目的并不在于建立有效的制度，而是侧重于优化现有的有意识的、无意识的实习制度，即通过分析现有的实习制度及其影响实习质量的机制，从而针对性地提出优化当前实习制度的建议，进而保障实习质量的提升。

第三节 文献综述

本研究在广泛搜集国内和国外已有研究文献的基础上，对文献进行总体浏览、归类、分析后，按照相关主题对高等职业教育实习的研究现状和成果进行梳理，归纳出已有成果与本研究的关联和启示。

一、国外相关研究述评

本研究主要借助 Web of Science 数据库、Proquest 数据库、Springer Online Journals 数据库，以及一些专业网站等，搜集国外职业教育和高等教育领域相关的研究文献，希望从总体上把握、总结对本研究富有启示的经验。经整理，国外相关研究文献关于实习的研究主要集中在实习内涵、实习作用、实习质量和实习制度四个方面。

---

① 道格拉斯·C.诺斯.制度、制度变迁与经济绩效[M].刘守英，译.上海：上海人民出版社，1994：225.
② 约翰·L.坎贝尔.制度变迁与全球化[M].姚伟，译.上海：上海人民出版社，2010：170.
③ 冯务中.制度有效性理论论纲[J].理论与改革，2005(5)：15-19.
④ Mitchell R B. International Politics and the Environment[M]. London: Sage Publications，2009：146.

(一) 关于实习内涵的研究

1. 实习的本质研究

国外研究者将实习归属为经验教育范畴。有研究者认为,实习是经验教育的重要组成部分,实习不仅是学习的方法,也是官方或者非官方工作场所文化的社会化过程。有效的实习是帮助学生如何学习,即实习是进入专业环境的过渡经验改造,建立在情境认知、实践共同体和集体智慧基础上。实习还隐含维果斯基最近发展区的思想,给学生一个直接观察专家如何利用知识和技能完成工作任务,从而缩小自身与专家之间的差距。[①] 此外,实习中所获得的知识不仅是学科知识,而且包括适应模糊、不确定性、复杂性和超越学科界限的社会工作关系。[②] 因此,国外研究者通常认为,实习作为经验学习的一个种类而著称,是有组织的、以学生为中心的、整合了将课程学习结果应用到实践的教育活动,超越了传统的课堂教学环境。例如,高尔特(Gault)解释了教育领域三种类型的经验学习,即合作扩展(cooperative extensions)、合作教育(cooperative education)和实习(internship)[③];德格拉夫(Degravel)等人认为,经验学习包括服务现场体验、实习、合作教育等,实习则表现出以下属性:确定的时间段、合理的薪酬、学校教师和企业人员的共同指导、获得学分、将知识和技能应用到企业真实生产的机会[④]。也有研究者认为,作为经验学习的一种形式,一个典型的实习项目包括"指定数量的工作时间、有偿或无偿的工作、授予学分、配有来自教育机构和企业的监督者"[⑤]。

将实习视为经验学习也获得了相关理论的支持。尽管实习可以追溯到早期,甚至有人认为,实习已经有数千年的历史(主要是学徒制的形式),但大多数人认为,这种新的教育教学萌芽于 19 世纪的"通过经验学习"(learning through experience)[⑥]。最早的理论可以追溯到杜威(Dewey)的"体验式教育"或"经验学习"。杜威的"做中学"体现了他"经验至上"的哲学观。他认为,学习和实际经验之间存在联系,职业生涯发展是高等教育的主要目的,设想工作场所是一个培育学生应用课堂获得的理论解决实际问题能力的教育实验室。杜威的哲学理念为实习提供了以下的理论基础:大多数人是职业驱动,教育者应该使用这个特质来实现教育目标;学生只有在生活中应用理论才能达到最高水平的理论研究;教育机构应该消除理想世界和工作世界的二元对立;教育是一个终生经验,并取决于个人的自我学习。

基于此,研究者们提出了经验学习理论(experiential learning theory),强调经验在学

---

① Sides C H, Mrvica A. Internships: Theory and Practice[M]. New York: Baywood Publishing Company, Inc. 2007: 10-15.

② Hawse S, Wood L N. Fostering Wise Judgement: Professional Decisions in Development Programmes for Early Career Engineers[J]. Journal of Vocational Education & Training, 2018, 70(2): 297-312.

③⑤ Gault J, Redington J, Schlager T. Undergraduate Business Internships and Career Success: Are They Related? [J]. Journal of Marketing Education, 2000, 22(1): 45-53.

④ Degravel D, Hertz G, Koutroumanis D A. Internships as a Strategic Tool for Small Business: A Conceptual Study[J]. Small Business Institute Journal, 2012, 8(1): 30-46.

⑥ Champagne N. Service learning: Its Origin, Evolution, and Connection to Health Education[J]. American Journal of Health Education, 2006, 37(2): 97-102.

习过程的核心作用，有效地区分了与其他学习理论的差别。因此，经验学习理论通过"经验"来区分认知学习理论和行为学习理论，前者倾向于强调认知影响，后者否认角色主观体验的学习过程。经验学习的基本前提是个体可以从工作中学习。据此，奥伯恩（Auburn）等建立了工作场所经验角色转换模型，包括教育机构和工作机构，由学术课程（基于课堂教育的相关理论学习）、有指导的工作体验（实习）、回归学术课程学习（强化应用理论）、为选择和发展职业生涯做准备四个阶段组成①。经验学习挑战了"以教为主"的学习模式，人们也对学生"做中学"表示了担忧。为了解决人们对经验学习课程价值的质疑，研究者提出以下四种理由："一是工作环境的变化必然带来教育教学的变化，工作环境往往不同于学生在课堂中被教和所学；二是理论学习的任务是为工作环境准备的；三是虽然在实习中，从老师到学生没有直接转移知识，教育机构在学习过程中仍然发挥着重要作用，如实习指导、管理；四是经验学习（实习）是课堂学习的有效补充。"②

2. 实习的阶段与形式研究

国外对实习的阶段研究侧重于学生的实习心理变化，体现出立足学生本位的研究视角。加维（Garvey）和沃斯特（Vorsteg）将实习分为四个阶段，即第一阶段是兴奋，面对未来的实习，学生感到非常兴奋；第二阶段是拒绝，学生拒绝原先关于实习的期望；第三阶段是整合，学生开始思考他们的课堂学习和工作学习的过程；第四阶段是转换，学生开始发展自己的理论经验③。这些阶段反映了实习学生在经验学习中的心理现象，每一个阶段都有自己需要处理的障碍和面对的机会。在某种程度上，解决这些问题的过程本身也是一个经验学习。也有研究者认为，实习的五个发展阶段分别是预期（anticipation）、探究（exploration）、应对（confrontation）、能力（competence）和顶点（culmination）④，这种划分提供了一个检验实习期内实习学生心理发展的结构框架。实习的第一发展阶段是预期，包括克服焦虑，了解同事和客户，构建个人学习目标，理解学习环境的组织文化，以及熟悉组织的目的和任务。第二阶段是探究，学生调整与自我、他人和组织价值观的期望，并确定需要关注的问题。第三阶段是应对，在这个新的学习环境中，学生需要再次审视实习的期望、目标和自我角色，探究以恰当的技能和知识应对相应的责任。第四阶段是能力，学生被授权、完成有价值的任务、寻求优质项目的能力。此时，学生更接近社会学习环境，专业上更加自信，持续形成自我意识。第五阶段是心理发展顶点，在实习结束之前，要求学生评估他们的表现，确定可迁移的技能等。

此外，国外对实习形式的研究还体现了实习自身的变迁规律，以及与生产方式的密

---

① Timothy A, Ann L, John A. Psychology Undergraduates' Experience of Placements：A Role-Transition Perspective[J]. Studies in Higher Education,1993,18(3)：265-285.

② Ali A, Smith D T. An Internship Program at a Computer Science Department-Theoretical Foundation and Overall Coordination[J]. Issues in Informing Science and Information Technology,2015(12)：1-11.

③ Warren K E, Others A. The Theory of Experiential Education：A Collection of Articles Addressing the Historical, Philosophical, Social, and Psychological Foundations of Experiential Education [M]. Third Edition. Dubuque：Kendall/Hunt Publishing Company,1995：297-303.

④ Sweitzer H F, King M A. The Successful Internship：Personal, Professional, and Civic Development in Experiential Learning[M]. California：Brooks/Cole,Cengage Learning,2014：51-58.

切联系,这从研究者提出的三种实习形式及其各自特征可以得到佐证[①],见表 1-1。

表 1-1 实习的三种形式及特征

实习形式	实习特征
经典实习	• 时间期限; • 观察中训练、做中学; • 现场体验与学校正式教育结合; • 单一职业的专业技能训练; • 教授工艺和行业规则
现代实习	• 训练技艺的标准; • 监督、指导; • 现场体验与学校正式教育结合; • 雇佣合同; • 获得正式资格证书; • 技能迁移、跨领域技能训练; • 基于结果的经验、关注专业领域质量
后现代实习	• 训练技艺的标准; • 雇佣合同; • 进入职业领域的资格; • 技能迁移、跨领域技能训练; • 终身学习

尽管实习在各个时期的形式和特征不同,但实习为个体提供自我技能的提升、进行持续学习的功能并未改变。为了促进利益相关者在共同话语体系下讨论实习,国外研究者通过文献研究,提炼出 11 个关键维度来表征实习,进一步界定了实习的形式[②],概括如下:①有偿或无偿;②全职工作、暑期兼职工作、兼职工作伴随课程学习;③毕业实习或非毕业实习;④有课程学分和无课程学分;⑤高标准要求(如撰写实习目标、实习日记、实习反思等)和低标准要求(如学习经验、临时参与);⑥实习安排由实习学生、雇主决定或由学校统一安排;⑦有无清晰地规划实习职责或要求;⑧基于项目的工作模式、基于就业的工作模式;⑨有无教师、指导者帮助与指导;⑩有无明确的工作任务;⑪是否提供就业机会。这 11 种形式基本涵盖了所有的实习类型,为界定实习的边界提供了可操作性的思路。

随着信息技术的快速发展,一种新的实习形式——虚拟或网络实习已经在许多国家出现。虚拟实习的出现在一定程度上依赖于技术发展、虚拟移动和经济因素等。虚拟实习的特征包括两个方面:一是可以帮助实习学生从雇主那里获得工作经验,不会因为他们的位置、潜在的障碍等可能限制他们的机动性;二是在经济和就业不景气的情况下,虚

[①] Sides C H, Mrvica A. Internships: theory and Practice[M]. New York: Baywood Publishing Company, Inc. 2007: 8-10.

[②] Maertz J C P, Stoeberl P A, Marks J. Building Successful Internships: Lessons From the Research for Interns, Schools, and Employers[J]. Career Development International, 2014, 19(1): 281-282.

拟实习为公司和实习学生提供了互利互惠的机会①。虚拟实习的灵活性对工作时间、技术要求等方面的专业性判断带来了新的挑战,也将打破传统实习中相关方已有的关系。有研究者通过实证研究,分析了成功的虚拟实习活动中,实习学生、指导教师和企业之间相互关联的角色和双向关系②。随着远程办公的增加,雇主所追求的技能也在发生变化,使得具有虚拟实习经验的学生更具有竞争优势,例如,虚拟实习能够锻炼学生远程办公所需的自我管理和虚拟沟通等能力③。此外,虚拟实习需要较强的独立工作意愿,这也意味着成功地进行虚拟实习需要学习者具备自律、主动、负责等个人特质。

3. 启示

通过整体把握国外职业教育和高等教育领域对实习内涵的理解,本部分研究文献表明,实习是经验学习的一种形式,使学生介于教育和就业之间,为学生提供在工作环境中同时可以借助行动和互动进行学习的机会。在实习过程中,学校和企业发挥着重要作用,例如,为学生提供有指导意义的反思、提供与问题相关的真实工作任务、现场监督等,帮助学生在执行工作任务中内化互动经验、达成学习目标。国外关于实习的阶段与形式研究也表明,实习具有发展性特征和内在变迁规律,这种规律体现在实习内在要素和外在形态两个方面。以上研究文献将为分析高等职业教育实习的基本理论问题提供研究思路和理论支持。

(二) 关于实习作用的研究

国外已有研究主要从实习促进学生专业技能和软技能发展的两个角度讨论实习的作用,并进一步延伸到实习对学生就业和职业发展的影响。研究总体上呈现学生本位取向,凸显实习的教育价值。

1. 实习能促进学生专业技能发展

实习为学生提供了一个近距离观察、体验和训练专业技能和软技能,以及获得相关工作经验的机会。这一经历能够帮助学生训练工作技能、专注职业选择、关注职业价值和减少工作焦虑。有研究者认为,实习对学生的作用包括让学生处于课堂环境没有遇到过的技术问题中,促进他们将课堂知识转化为实际应用,有助于提高学业成绩;增强对职业世界的理解和自信,在雇佣前对公司进行较为详细的理解;提高评估和吸收课堂经验的能力,增强返回学校继续学习的动力④。有研究者通过定性和定量相结合的方法,探讨了实习对解决工程问题的专业技能的影响,研究问题包括实习是否影响学生对解决工程问题的专业技能的自我认知;参加实习的学生与未参加实习的学生相比,在解决工程问

---

① Debora J, Carolyn A. E-Internships: Prevalence, Characteristics and Role of Student Perspectives[J]. Internet Research, 2014, 24(4): 457-473.

② Ruggiero D, Boehm J D. Project-based Learning in a Virtual Internship Programme: A Study of the Interrelated Roles Between Intern, Mentor and Client[J]. Computers & Education, 2017, 110(6): 116-126.

③ Cecilia Woon. C T, Tar Lim R B, Shin Chow D W, et al. Internships Before and During COVID-19: Experiences and Perceptions of Undergraduate Interns and Supervisors[J]. Higher Education, Skills and Work-Based Learning, 2022, 12(3): 459-474.

④ Hager C J. Developing Standards for Undergraduate University Construction Education Internship Programs[D]. Texas: Texas A & M University, 2005: 15-20.

题的专业技能认知上有何不同。① 定量研究表明,参加实习的学生比未参加实习的学生更具有解决问题的能力,学生参与的时间越长,解决问题的能力、设计方案满足预期需求的程度越高;定性研究表明,学生的实习经验对理论知识、实践知识和程序性知识的学习具有重要的作用。该研究还提倡通过将实习课程化来提升学生理论知识、实践知识、程序性知识的学习。

也有研究揭示了实习与学生学业、就业机会的关系,认为学生的实习有助于他们发展专业技能,从而促进课程学习,并能够提升时间管理能力、交流能力、自律、创新能力、自我认知能力等②。从理论上来说,这能促进学生自信心提升和减少焦虑,同时也能增强特殊的专业技能。此外,实习还可以带来更多的工作机会,美国大学与雇主协会(The National Association of Colleges and Employers)年度学生调查报告显示:"52.1%具有实习经历的求职者至少会收到一个职业录取通知,而没有实习经历的求职者,只有38.6%的人会获得录取通知。"③在雇主看来,实习对学生的职业成熟度具有积极的作用,能使学生尽快地适应新的工作环境,这也是他们乐于提供就业机会的原因。高尔特等人开展的实习和职业成功的实证研究进一步验证了这一点。高尔特调查了近500名毕业生(一半有实习经验,另一半没有实习经验),研究发现,相对于没有实习经验的学生,拥有实习经验的学生收到工作邀请大约提早了10周,起薪高于10%;结果还表明,毕业后的收入差距继续扩大,有实习经验的学生比没有实习经验的同行收入多17%左右。④ 依据高尔特的研究,实习对职业准备和工作收入都有好处。

2. 实习能促进学生一般技能发展

除了已有研究结果表明,实习能促进学生把握就业机会,在工作情境中应用知识、习得技能,还有研究结果表明,实习能促进学生在自信、自我改善、自我意识三个层面的一般技能发展,这里的一般技能包括交流能力、人际交往能力和个人洞察力⑤。也有研究者提出相同的观点,认为实习对学生的作用主要包括"增强学生自信、自我认知和提升社会技能;强化实践知识和技能;增加被雇佣的机会;获得支持理论学习的必备技能;强化学生步入工作场所的专业技能。"⑥相关研究通过探索实习和毕业生职业成熟度的关系佐证了这一点。研究结果表明,具有实习经历的学生在工作世界的知识、自我认知、职业知识、职业决策、职业规划和生涯发展6个方面均比没有实习经历的学生成熟,即"实习对

---

① Yin A C. Learning on the Job: Cooperative Education, Internships and Engineering Problem-Solving Skills [D]. The Pennsylvania State: The Pennsylvania State University, 2009: 277.

② Knouse S B, Tanner J R, Harris E W. The Relation of College Internships, College Performance, and Subsequent Job Opportunity[J]. Journal of Employment Counseling, 1999, 36(1): 35-43.

③ Graham K. Collegiate Career Development: A Quantitative Study Comparing the Career Maturity and Internship Experience of Graduating College Seniors[D]. Boston: Northeastern University, 2015: 22-24.

④ Gault J, Leach E, Duey M. Effects of Business Internships on Job Marketability: the Employers' Perspective [J]. Education & Training, 2010, 52(1): 76-88.

⑤ Cord B, Clements M. Pathway for Student Self-development: A Learning Oriented Internship Approach[J]. Australian Journal of Adult Learning, 2010, 50(2): 287-308.

⑥ Garavan T N, Murphy C. The Cooperative Education Process and Organisational Socialisation: A Qualitative Study of Student Perceptions of Its Effectiveness[J]. Education & Training, 2001, 43(6): 281-302.

毕业生职业成熟度具有重要影响，并建议通过成立专门工作小组、优化教育资源、开发实习项目、强化教职员和学生合作等措施，促进实习质量提升。"[1]

研究者通过定量研究，分别调查参加过13周实习的学生和实习管理者，了解实习对学生软技能发展的影响，尤其是沟通、团队合作、创新及分析思维等。研究结果表明，学生和实习管理者都认为在整个实习过程中，学生的软技能不管在总体上还是在单个维度上，都得到了发展，即实习对学生的软技能发展具有积极作用[2]。有研究通过调查某学院20年(1986—2006年)来276名毕业生，评估他们对实习经验的认知，并调查实习经验对处于职业早期(工作5年及以下)、中期(工作6~10年)和后期(工作11~20年)三种毕业生的不同影响，调查的维度包括职业生涯、职业发展、个人成长和整体满意度。研究结果表明，毕业生认为实习经验给他们的职业发展带来了正面的影响，且与性别、种族、年龄或专业的差异无关，同时，职业后期毕业生认为正面影响的程度显著高于职业早期毕业生。[3] 从这项研究中可以看出，实习对学生职业生涯发展具有持续的影响，随着工作时间的增长，这种影响越发明显。

研究者还提出："实习是一个强大的个人成长催化剂，在经验丰富、技能熟练的企业员工监督和指导下，学生拥有发挥潜在能力、独立完成任务和测试自身创造能力的机会；学生通过实习能够获取职业的知识、技能、态度和价值观，最终促进个人的专业知识、技能及一个健康的民主价值观的发展。"[4]社区通过与实习学生建立合作关系，进行合作交流、信息交换，可以为组织带来新的资源和想法，增强社区社会资本，提高社区整体服务能力，创造共善的社区环境。[5] 实习影响已经超越个人家庭，延伸到社会和社区组织。因此，实习可以帮助学生成为一个更负责任和具有贡献精神的社会成员。针对一些企业可能消极地参与实习，国外研究者通过探索性研究，提出实习对企业有着重要的价值，尤其是小型企业，认为实习具有成为中小型企业重要战略的潜力[6]。该研究对于激发中小型企业参与实习具有重要的意义。

3. 启示

鉴于以上研究，国外研究者和实践者一直都支持将实习作为职业教育和高等教育的重要组成部分，人们对实习促进学生发展的作用已形成共识，并被学生和教育机构普遍接受。国外大量的实证研究已经证明了实习具有积极的教育价值。以上文献为本研究

---

[1] Graham K. Collegiate Career Development: A Quantitative Study Comparing the Career Maturity and Internship Experience of Graduating College Seniors[D]. Boston: Northeastern University, 2015: 137-153.

[2] Washor K S. Bridging the Soft-Skill Gap from Education to Employment Through Internships[D]. Rhode Island: University of Rhode Island, 2015: 47-49.

[3] Sawyer D. Career Benefits of Cooperative Education and Internships: Perceptions of Graduates from a Rural Midwest Engineering and Science Institution[D]. South Dakota: University of South Dakota, 2008: 82-90.

[4] Sweitzer H F, King M A. The Successful Internship: Personal, Professional, and Civic Development in Experiential Learning[M]. California: Brooks/Cole, Cengage Learning, 2014: 5-8.

[5] Trager B. Community-Based Internships: How a Hybridized High-Impact Practice Affects Students, Community Partners, and the University[J]. Michigan Journal of Community Service Learning, 2020, 26(2): 71-94.

[6] Degravel D, Hertz G, Koutroumanis D A. Internships as a Strategic Tool for Small Business: A Conceptual Study[J]. Small Business Institute Journal, 2012, 8(1): 30-46.

立足学生本位、从学生自我认知视角评价高等职业教育实习质量提供了研究视角和理论支持,并为调查问卷的编制提供了问题选项来源。

(三)关于实习质量的研究

国外有研究者提出疑问:所有的实习都是有益的吗?答案并非都是肯定的。实习已成为学生走向职业道路的共同选择,如何提升实习质量也引起人们关注。综合分析国外已有的研究,对实习质量的研究基本遵循两条研究路径,即通过完善实习内部要素和深化实习外部措施来提升实习质量。这两条研究路径并没有明确而严格的界限,研究者在研究过程中通常使两者相互渗透、交叉。

1. 关于完善实习内部要素提升实习质量的研究

有研究者认为,基于学生自我认知视角,衡量实习质量的维度包括自治权(autonomy)、同伴反馈(peer feedback)、社会支持(social support)、任务多样(task diversity)、学习机会(learning opportunities)、指导者指示清晰(supervisor instructions clarity)、指导者反馈(supervisor feedback)、指导者训练(supervisor training)、指导者支持(supervisor support)[1]。也有研究认为,构成高质量实习的结构要素包括明确的项目目标、开发特定的评估标准、规范实习的时间长度、实习基地选择、全程实习指导、教育机构实习管理者、合作企业实习管理者、学生选拔、实习项目评估[2]。有研究者基于学习的社会文化理论和利用社会情境学习环境,认为所有的学习都是以社会为中介,实习也不例外。因此,对实习的评价应该将其视为一个整体,包含学习的所有方面,即"计划目标、教育、教学、良好的学习特征和良好的学习环境、学习结果、学习的社会中介等"[3]。在欧盟国家学徒和实习计划中,保障实习质量的关键因素包括健全的制度和监管框架、积极的社会合作伙伴参与,强大的雇主参与,雇主和教育机构之间的紧密合作关系,雇主补贴和其他激励措施,密切与劳动力市场的需求,强大的质量保证,高质量的支持和指导学员,结合校本培训与实际工作经验,签订实习协议,获得知识与技能的认证,满足实习者的需求等[4]。因此,在实习企业和职业教育机构建立实习指导组织非常重要,这能提高实习项目的有效性。实习指导组织由实习企业员工和职业教育机构的教师共同组成。教师对学生实践技能的发展、反思实习期间的行为、对学生的职业选择至关重要[5]。

已有研究证实,实习指导者可以帮助学生在STEM领域获得成功,如果实习指导者

---

[1] Gamboa V, Paixão M P, Jesus S N D. Vocational Profiles and Internship Quality Among Portuguese VET Students[J]. International Journal for Educational and Vocational Guidance, 2014, 14(2): 221-244.

[2] Hager C J. Developing Standards for Undergraduate University Construction Education Internship Programs [D]. Texas: Texas A & M University, 2005: 143-151.

[3] Zegwaard K, Coll R K, Hodges D. Assessment of Workplace Learning: A Framework[J]. New Zealand Association for Cooperative Education, 2003: 9-18.

[4] European Commission. Directorate General for Employment, Social Affairs and Inclusion. Apprenticeship and traineeship schemes in EU27: Key Success Factors: A Guidebook for Policy Planners and Practitioners[R]. European Commission, 2013: 13-16.

[5] Wan C S, Yang J T, Cheng S Y, et al. A Longitudinal Study on Internship Effectiveness in Vocational Higher Education[J]. Educational Review, 2013, 65(1): 1-19.

接受相关的培训,学生的实习经验将更富有成效[1]。职业教育机构在保障实习质量上,也承担着不可替代的作用。为此,有研究者对职业教育机构的建议为:第一,教育机构在选择企业的时候,应该确保所选企业能满足学生实习技能训练的要求;第二,教育机构应该与企业部门协调管理实习;第三,教育机构应该让企业部门了解实习的重要性,向企业澄清学生的实习目的和教育机构的实习期望等问题;第四,教育机构应该全程关注学生的实习表现,并确保他们拥有良好的实习条件[2]。研究者进一步探索了设计实习项目时应考虑的五个因素,即工作任务、导师指导、实习内容、实习监督管理、实习职位可获得性,并建议利益相关方设法优化这五个因素,采取适当的措施,进而提高实习质量[3]。总体来看,人、财、物等物质性资源是教育资源系统中的基础性资源。职业教育实习涉及三个直接主体:学校、企业、学生。基于资源视角来看待学生实习过程、教师的专业教育过程、企业人员的工作过程,如何促进三个过程有机整合,帮助学生理解工作和在工作场所发展关系的重要性,是提高职业教育实习的个人效果和社会效应的关键[4]。

2. 关于深化实习外部措施提升实习质量的研究

梅斯默(Messmer)认为,没有一个公式能确保一个成功的实习项目,但几个具体的步骤可以改进实习质量:①确保实习学生的职业理想和公司发展目标形成良好匹配;②在实习项目中给予足够的时间和坚持反馈进度;③实习任务多样化,提供广泛的工作经验范围;④创建一个支持实习的环境,至少有一个导师可以提供指导、鼓励和咨询等[5]。

有研究者以实践共同体作为理论框架,跟踪访谈 6 位实习学生和 6 位实习指导者,为期 6~8 个月,揭示实习学生和指导者的实习经历,从访谈中提炼出实习的 4 种类型:发展的最优条件(optimal conditions for development)、实习生无发展(intern non-development)、指导者失望(supervisor frustration)和相互不满(mutual dissatisfaction)[6]。该研究结果表明,实习学生的特点(如实习动机)和实习指导者(如指导的意愿)可以降低或增强学生实习期间取得的成果。根据这项研究结论,并不是所有的实习都是有益的学习经验,还需要做大量的工作促使更多的实习经历归于"发展的最优条件"象限内,通过增强实习学生和实习指导者的动机和意愿,提升实习质量。也有研究者认为,对雇主和实习组织管理者来说,提升实习质量的第一个机制是有效的计划,如精细地设计实习、提高

---

[1] Fifolt M, Searby L. Mentoring in Cooperative Education and Internships: Preparing Proteges for STEM Professions[J]. Journal of Stem Education Innovations & Research, 2009, 11(1-2): 17-26.

[2] Seyitoğlu F, Yirik S. Internship Satisfaction of Students of Hospitality and Impact of Internship on the Professional Development and Industrial Perception[J]. Asia Pacific Journal of Tourism Research, 2015, 20(1): 1651-1659.

[3] Simona G, Virgil M C, Ștefania I R, et al. A Plea for Quality in Internship Programmes-Evidence from the Business and Administration Students' Experience[J]. Management & Marketing, 2017, 12(1): 49-60.

[4] Zehr S M, Korte R. Student Internship Experiences: Learning About the Workplace[J]. Education & Training, 2020, 62(3): 311-324.

[5] Messmer, M. Establishing a Successful Internship Program[J]. Business Credit, 1999, 101(4): 42-44.

[6] Holyoak L. Are All Internships Beneficial Learning Experiences? An Exploratory Study[J]. Education & Training, 2013, 55(6): 573-583.

组织的能力;第二个机制是管理实习学生,如设定目标、总结反馈;第三个机制是宣传参与实习的好处,如评估学生的实习结果;第四个机制是鼓励和激发实习学生的动力和热情。[①]

目前,国外还没有文献能清晰地表明,如何使不同类型的实习对每个主要的利益相关者而言都是成功的,但已有文献强调学校需要经常与雇主沟通,建立学校—雇主关系。这种关系可以为学校提供稳定的实习岗位,甚至赞助或捐款。

3. 启示

以上研究文献从实习内部要素和实习外部措施表明,保障实习质量的可行性举措,并揭示了影响实习质量的三个重要主体,即学生、学校和企业。学校和企业通过创设实习环境,如实习任务,提供指导、评估和管理等,激发学生参与实习的动力和热情,从而达到实习的预期目标。本部分研究文献为本研究梳理高等职业教育实习要素、构建高等职业教育实习质量形成机理研究框架提供了内容要素和理论支撑。

(四)关于实习制度的研究

国外已有的研究文献在实习制度研究方面呈现两个类属特征,一是聚焦于国家层面的制度战略;二是将制度作为推进实习发展的具体措施。

1. 作为宏观层面的国家制度战略

研究者比较分析了学徒制和实习在美国发展存在差异的缘由。学徒制在美国并不能蓬勃发展的重要原因在于,美国国家文化具有独立的特征[②]。在政府管理层面,独立宣言和自由信仰渗透政治和经济生活的各个方面,甚至在学徒培训中也必须追求尊重学徒地位。而实习在美国的发展则不会遇到类似的文化阻碍。实习作为以工作实践为基础的学习,其重要性起初并没有得到迅速认可,而是一个逐步协调的过程。实习的发展和规范化,尤其是课程领域的重大变化,体现了众多社会力量和大范围内文化争论的结果。促进实习发展的一个重要推动力量是政府政策,尤其是约翰逊政府向贫困宣战,投入数千万美元来帮助弱势群体,通过建立学习计划从而提升劳动力素质。[③]

在澳大利亚,联邦政府教育、科学和训练部门(DEST)将实习和学徒制统称为新学徒制(new apprenticeships)。针对澳大利亚不参加"新学徒制"的年轻人难以在工作和学习中养成学习的习惯,并在将来的工作生活中可能会遭遇不利。有研究者建议联邦政府可以通过相关政策解决这些问题,并提出学徒或实习培训合同能促进年轻人认为工作是一个学习的环境[④]。澳大利亚政府这一举措体现了国家战略思维,正如澳大利亚大学首席执行官格伦·威瑟斯(Glenn Withers)所言,国家层面的实习计划将会实现与政府的议程

---

① Maertz J C P, Stoeberl P A, Marks J. Building Successful Internships: Lessons From the Research for Interns, Schools, and Employers[J]. Career Development International, 2014, 19(1): 281-282.

② York N L. Rorabaugh W J. The Craft Apprentice: From Franklin to the Machine Age in America[J]. Papers of the Bibliographical Society of America, 1988, 46(4): 1061-1063.

③ Frenette A. From Apprenticeship to Internship: The Social and Legal Antecedents of the Intern Economy [J]. Triplec, 2015, 13(2): 351-360.

④ Smith E. Learning to Learn Through Work? The Importance of Australian Apprenticeship and Traineeship Policies in Young Workers' Learning Careers[J]. Australian Educational Researcher, 2004, 31(1): 15-35.

相一致的多重利益,包括解决技能短缺,提高生产力及社会包容[1]。由于工作和学习相结合可以让年轻人获得第一次工作经验,实习和学徒制都可以帮助年轻人从学校过渡到工作(school to work),这已经引起欧盟及其成员国家的兴趣。因此,实习和学徒制在欧盟近年来的青年就业政策中更加突出。例如,在欧盟国家学徒制和实习计划中,保障学徒和实习质量的第一关键因素是健全的制度和监管框架[2]。

2. 作为微观层面的具体制度措施

作为微观层面的具体制度措施旨在促进实习质量提升,保障实习运行顺畅。有研究者提出,国家层面应通过完善制度来提升实习质量,该研究建议:确保国家层面的实习政策有利于有效的学校主导,开发一个有效的和可靠的绩效评估系统,建立指导者全面培训制度[3]。针对当前许多中小型企业对毕业学生职业技能的担忧,促使他们希望在公司内部培养员工专业知识和专业技能的现状,有研究者提出从政策层面明确界定企业是实习的利益相关者,赋予企业工作场所技术技能积累的专家身份,引导他们树立教育学专家的意识,积极参与工作场所学习活动,通过政策措施促使企业和实习学生建立更紧密的关系[4]。此外,也有研究者提出,通过政策激励措施,鼓励企业、职业学校及学生都能参与职业教育实习,创建使所有的利益相关方聚集在一起平台,形成共同的标准,促进实习制度化[5]。

3. 启示

从检索到的研究文献来看,虽然国外关于实习制度的研究并不像其他主题那样丰富,但仍然在国家战略层面和具体举措上表明,制度是保障实习顺畅运行的可行措施。本部分研究文献为本研究选择从制度层面提升高等职业教育实习质量提供了研究视角和理论依据。

二、国内相关研究述评

实习是我国高等职业教育"校企合作、工学结合"人才培养模式的重要内容。正如国内学者所说:"如何利用企业资源指导职业院校建立实训基地,鼓励企业派出专家指导学生实习、接收学生顶岗实习等,是深化校企合作,做实工学结合不可回避的问题。"[6]本研究首先对国内已有研究进行总体描述;其次分主题对职业教育实习的相关研究进行综

---

[1] Alpert F, Heaney J G, Kuhn K L. Internships in Marketing: Goals, Structures and Assessment-Student, Company and Academic Perspectives[J]. Australasian Marketing Journal, 2009, 17(1): 36-45.

[2] European Commission. Directorate General for Employment, Social Affairs and Inclusion. Apprenticeship and Traineeship Schemes in EU27: Key Success Factors: A Guidebook for Policy Planners and Practitioners[R]. European Commission, 2013: 13-16.

[3] Gaudreau P A, Kufel A P, Parks D J. Quality Internships for School Leaders: Meeting the Challenge[J]. Aasa Journal of Scholarship & Practice, 2006(3): 27-32.

[4] Pegg A, Caddell M. Workplaces and Policy Spaces: Insights from Third Sector Internships Scotland[J]. Higher Education, Skills and Work-based Learning, 2016, 6(2): 162-177.

[5] Polat Z, Uzmanoğlu S, İşgören N Ç, et al. Internship Education Analysis of Vocational School Students[J]. Procedia-Social and Behavioral Sciences, 2010, 2(2): 3452-3456.

[6] 石伟平. 当前我国高职改革发展中的若干问题思考[J]. 泰州职业技术学院学报, 2014(1): 1-5.

述,以期从总体和局部综合把握研究现状。

(一)职业教育实习研究的概况

本研究所采集的数据来源于中国知网和万方数据库,以"实习"为主题,检索时间段为1980—2022年,期刊来源包括CSSCI索引期刊、《中国职业技术教育》《职业技术教育》《职教论坛》《教育与职业》,本研究进行数据库检索的时间为2022年12月。除CSSCI索引期刊外,其余4种期刊是职业教育学科的专业核心期刊,其发文的数量和质量能充分代表职业教育实习研究现状。在去重分析之后,排除书评、访谈、新闻报道等学术研究相关性不大的论文,最终提取出913篇高相关性、高学术性的高等职业教育实习类研究论文。

基于严格筛选后的高等职业教育实习的研究论文,绘制出如图1-1所示的文献年度分布折线图。从发展趋势来看(图1-1中斜虚线),高等职业教育实习论文数量经历了从缓慢增长到快速攀升又趋于相对稳定的过程。其中,本研究检索到最早的文献是1987年发表在《教育与职业》,题为《改一改生产实习教学方法》。该文根据职业教育培养人才的任务,立足人才适应生产和工作的需要,认为职业院校一般的教学规律应突出操作技能的训练,而实习恰是这一主要环节。在1987—2005年,高等职业教育实习论文数量增速缓慢,说明这期间实习开始逐渐引起学术界关注,这与我国高等职业教育发展背景和研究进程密切相关。2005—2013年是高等职业教育实习论文总发文量增长最为快速的时期。其中,2010—2012年连续三年发文量维持在67~69篇,2013年论文发表数量达到76篇,说明实习的理论研究在这一时期发展较快。自2014年以来,高等职业教育实习论文数量呈现相对下降状态,虽然2020年论文发表数量有所增加,但论文数量增速有所减少,且每年的发文量维持在30~50篇。

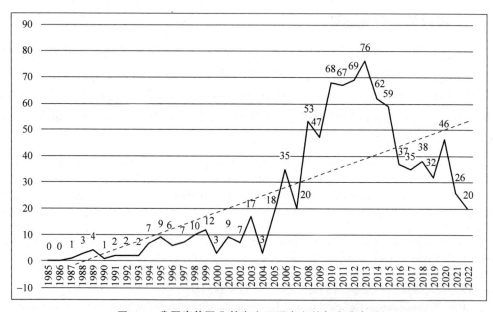

图 1-1 我国高等职业教育实习研究文献年度分布图

在高等职业教育实习研究机构空间分布上,我国实习研究呈现明显的分散趋势,并且实习研究的任务主要由高职院校承担,而大学或科研院所则相对较少关注该领域。这一方面与大学或科研院所的研究侧重宏观层面有关,另一方面与实习研究的本身特征也有较大的关系。实习通常跨越学校和企业两个场所、涉及教学和生产两种活动,高职院校理论工作者在研究过程中更具有实践优势,也体现了坚持问题导向、工作与研究相结合的特点。这也符合高职院校理论工作者研究关注面较窄,研究更加倾向于教育教学实践的微观层面的规律。此外,我国关于高等职业教育实习的研究主要聚焦于顶岗实习范畴,谈论实习往往是指顶岗实习。

本研究进一步搜索了已出版的书籍和1980—2022年来以实习为主题的硕博学位论文。其中,以实习为核心研究内容的硕士论文共计177篇,博士学位论文1篇,而涉及实习内容的博士学位论文仅为6篇。通过对已有文献进一步分析,本研究归纳为以下5个研究主题,即存在问题、过程管理、实习质量、制度保障和国际经验。

(二)关于实习存在问题的研究

1. 经济与制度造成的问题研究

职业教育是与经济联系最为紧密的教育类型,区域经济社会背景必然影响职业教育发展,也将影响到高职院校学生实习。由于我国大多数高职院校位于地级城市,与省会城市相比,整体上这些地区经济社会发展相对滞后,产业群或企业群集中度不高,大中型企业少。因此,有研究者认为,发展相对滞后的地方经济社会通常难以满足高职院校学生就地实习或相对集中实习的需求①。这必然会带来学生异地、分散实习,增加了高职院校实习组织与管理、监控与指导的难度。

除了经济的影响,外部制度环境也是造成实习问题的重要原因。有研究者提出,在我国高职院校办学体制机制不够开放的现实背景下,政府、企业、社会并未意识到各自应当承担的职业教育的义务和责任,造成实习由高职院校一手包办、统一安排,企业消极地接收学生实习,学生被动地参与实习②。具体而言,有研究者认为,政府对顶岗实习的开展缺乏有效的制度和立法保障,对顶岗实习过程中的学生和企业双方权利和义务缺少必要的利益保护和责任监督③。也有研究者提出,由于实习制度的缺失,企业不愿接收学生实习且能提供的实习岗位类型单一、有限,以及学生非"劳动者"身份容易产生劳务纠纷等问题,不仅影响了实习质量,也损害了学生的合法权益④。还有研究者提出,虽然国家层面出台了众多的政策文件,但是多数地方政府在具体的实施过程中并未制订配套条例或实施细则,在组织实习、处理利益冲突时,难以找到充分的政策依据,从而直接影响到实习质量⑤。

---

① 李军雄,曾良骥,黄玲青.地方高职院校学生顶岗实习中存在的问题与对策[J].教育与职业,2010(3):43-45.
② 童卫军,范怡瑜.高职院校顶岗实习的系统设计[J].中国高教研究,2012(5):102-104.
③ 陈玲.高职院校学生顶岗实习存在的问题及对策分析[D].曲阜:曲阜师范大学,2010:24-25.
④ 徐丽香,黎旺星.高职院校学生顶岗实习中存在的问题及对策[J].职业技术教育,2008(23):65-67.
⑤ 石骏.职业技术院校顶岗实习研究[M].杭州:浙江大学出版社,2013:125.

2. 企业方面造成的问题研究

由于地方企业规模偏小,且大都为民营或个人承包性质,它们对高素质技术技能型人才的需求并不迫切。同时,接收学生实习,企业既要承担生产经营质量、学生人身安全及机密外泄的风险,又要承担指导和管理学生的责任,甚至还要给予一定的报酬。因此,有研究者提出,当企业认为没有义务参与实习的时候,通常是不愿意接收学生实习的,即使接收学生实习,学生在企业实习中,一般也会被安排在技术技能性不强的岗位,进行重复地简单劳动,很少有机会从事专业技能较强、涉及企业核心技术的工作[1]。这又造成另外一个问题,即学生到企业后感到自己所学的专业与从事的工作不对口,发挥不了顶岗实习的作用[2],导致学生难以完成实习计划和内容,实习质量和实效不高。

此外,有研究者通过实证研究表明,"企业参与职业教育办学的成本主要集中在为实习学生提供补贴、福利和社会保险等,这些成本可以通过学生实习结束后留任得到补偿,若学生离开则会面临培养成本的风险。"[3]因此,有研究者提出,追求利益最大化的企业缺乏育人观点,不愿意承担由于管理顶岗学生而带来的额外成本,更愿意将实习学生视为一般工人对待[4]。对此,有研究者呼吁,解决实习中的"打工实习"、实习权益保障难等问题是当务之急[5]。

3. 学校层面造成的问题研究

针对学校层面造成的问题,有研究者提出,高职院校实习机制建设亟待健全和完善,一方面是实习基地的建设机制,另一方面是实习管理制度的建设机制[6]。前者表现为,高职院校实习基地建设带有随意性,缺乏考虑长远效益和长久管理机制,尚未和企业建立长期型、稳定型的实质性合作关系;后者表现为,高职院校在实习的教学和管理上缺乏系统的制度设计,就管理而言,轻过程管理、重终结性考核,并未将实习视为学校教育教学的延伸或补充,也难以对学生实习进行全程跟踪和指导,忽视学生实习过程的考核和管理。学校考核制度不完善、评价流于形式,甚至有些教师在学生实习期间开设的课程也流于形式,存在随意评价学生成绩的现象。[7][8]

由于顶岗实习制度设计不完善,高职院校不会系统化地像课堂教学那样设计实习,而是简单地将学生大批量地送到工厂车间,在实习管理滞后、实习指导不足的情况下,造成教学目标的缺失和实习的低效性[9]。也有研究者指出,高职院校管理者和教师参与不够,放任自流[10],尤其是顶岗实习期间,学生临近毕业、已完成大部分学业,学校简单地认为学生只要在实习单位工作良好,其他已无关紧要。

实习指导教师的缺失,并不是指实习学生没有指导教师,而是实习指导教师没有发

---

[1][6] 李军雄,曾良骥,黄玲青.地方高职院校学生顶岗实习中存在的问题与对策[J].教育与职业,2010(3):43-45.
[2] 刘学文.高职学生顶岗实习存在的问题及对策研究[J].武汉职业技术学院学报,2008(2):58-61.
[3] 冉云芳.企业参与职业教育办学的成本收益分析[D].上海:华东师范大学,2016:83-85.
[4][8][10] 李娟.高职院校顶岗实习存在的问题与对策[J].中国成人教育,2009(9):89-90.
[5] 邓东京,易素红,欧阳河,等.职业院校顶岗实习现状调查[J].中国职业技术教育,2015(12):88-91.
[7] 刘学文.高职学生顶岗实习存在的问题及对策研究[J].武汉职业技术学院学报,2008,7(2):4-5.
[9] 童卫军,范怡瑜.高职院校顶岗实习的系统设计[J].中国高教研究,2012(5):102-104.

挥指导作用或尽到指导责任,"一是有些指导教师有能力,但没有承担起指导的责任,只是应付工作;二是有些指导老师根本不具备指导的水平与能力。"①有调查研究表明,学校实习指导教师经常临场指导学生实习的不足35%。②这暴露出当前高职院校实习管理责任的缺失,也影响到学校与企业双方的合作。

在实习时间安排上,有研究者提出,顶岗实习与学生毕业设计在内容和时间上存在矛盾③,一方面部分学生实习岗位的工作内容与毕业论文或毕业设计题目的关联度不大,另一方面学生为完成毕业设计不得不频繁地请假,回校接受教师毕业设计指导,两方面都会影响到学生顶岗实习的效果。此外,也有研究者认为,学生在顶岗实习过程中面临角色的转变、环境的变化及人际关系更加复杂等,冲击和考验了学生心理,而高职院校对学生心理关注却不够④。

4. 学生自身造成的问题研究

实习的过程是学习的过程,具备一定的时间跨度和稳定性。目前,政策明确规定高职院校学生至少要有半年的实习时间,时间跨度得到了政策的保障。然而,有研究者提出,学生在顶岗实习过程中,存在频繁地更换实习企业的现象,缺乏相对的稳定性⑤。有调查表明,高职院校学生在实习期间更换实习单位1~2次的达86%,没有换过实习单位的仅占3%,原因包括专业不对口、工作压力过大、待遇低及其他原因⑥。实习的不稳定性从侧面反映出学生诚信意识的淡薄,也在一定程度上影响了实习任务的完成和实习的预期效果,还会影响到校企合作的正常、持续发展。

有研究者认为,高职院校学生在实习过程中,"存在不能正视岗位分配、不能正确对待工作中的挫折和难以适应环境等问题,从而中断实习"⑦。有研究者建议,学生在实习前的职业素质教育亟待加强,因为学生在实习过程中缺失吃苦耐劳、爱岗敬业等方面的职业素养。⑧高等职业教育实习要求学生在工作过程中完成学习任务,这种学习要求学生"将知识和技能进行有效地整合,这一整合过程并不能通过语言或示范等方式进行传授,只能在学生内部以隐性的方式进行"⑨。因此,实习还是一个学生主动参与、积极建构知识的过程,如何建立学校、企业、家长、学生互通的渠道,提高家长和学生的实习知情意识⑩,避免学生自身造成的问题是完善高等职业教育实习工作必须重视的课题。

5. 启示

从本部分研究文献中可以看出,国内研究者对高等职业教育实习存在的问题给予了

---

① 陈玲.高职院校学生顶岗实习存在的问题及对策分析[D].曲阜:曲阜师范大学,2010:25.
②⑥ 邓东京,易素红,欧阳河,等.职业院校顶岗实习现状调查[J].中国职业技术教育,2015(12):88-91.
③ 李俭.高职院校学生顶岗实习存在的问题与对策[J].职业教育研究,2009(11):26-27.
④ 李玲.高职院校学生顶岗实习问题研究:以长沙民政职业技术学院为样本[D].武汉:华中师范大学,2012:23.
⑤ 李玲.高职院校学生顶岗实习问题研究:以长沙民政职业技术学院为样本[D].武汉:华中师范大学,2012:22.
⑦ 刘学文.高职学生顶岗实习存在的问题及对策研究[J].武汉职业技术学院学报,2008,7(2):58-61.
⑧ 李军雄,曾良骥,黄玲青.地方高职校学生顶岗实习中存在的问题与对策[J].教育与职业,2010(3):43-45.
⑨ 赵志群.对工学结合课程一些基本概念的认识[J].中国职业技术教育,2008(33):50-51.
⑩ 郑琼鸽,许世建,夏光蔚,等.职业学校实习学生和家长的政策知情现状分析:基于全国28 805名学生和19 564位家长的调查研究[J].中国职业技术教育,2023(5):56-62.

高度关注,既从区域经济和外部制度层面,也从企业、学校、学生等主体层面,细致地剖析了实习亟待改进之处。以上研究文献呈现了问题导向的特征,同时,也表明问题背后隐藏了造成实习质量不高的原因,既有经济与制度方面的客观原因,也有学校、学生、企业等实习主体方面的主观原因。其中,前者对实习质量的影响是间接的,而后者对实习质量的影响则是直接的。总体而言,本部分研究文献为本研究从实习的确定型利益相关者分析其质量形成的影响因素提供了理论支持,也为本研究分析影响实习质量的制度,提供了研究思路。

(三) 关于实习过程管理的研究

针对实习存在的问题,已有研究表明应多从管理学中借用质量管理理论,来讨论实习过程管理,如运用朱兰三部曲理论、戴明 PDCA 质量环、质量杠杆原理。

1. 管理模式的研究

针对实习过程中,学习场所由"学校"转变为"企业",学习地点由"学校课堂"转变为"工作岗位",学习时间由"课表作息制"转变为"8 小时工作制",身份由"学生"转变为"工人",传授方式由"教师教授学生学习知识"转变为"师傅传授徒弟生产技能"等变化,有研究者提倡,建立实习运作体系,通过规范地设计实习流程,实施实习过程全程监控的方案,形成严格的实习管理、监督、反馈、考核机制,包括"前期的实习观念引导、中期的师生沟通、后期的考核评价"[①]。有研究者提出,构建高职院校顶岗实习质量监控体系的三种模式。一是构建以企业为主、学校为辅的实习质量监控体系;二是由学校教学质量管理处、教务处、二级学院教学督导组组成二线三级实习质量监控体系;三是学校指导教师和企业指导师傅共同管理实习过程、评价实习结果,实行"两级、双导师、双考核"制度[②]。有研究者在顶岗实习实践过程中,总结、构建了以三阶段浮动管理(体验性顶岗实习、技术应用性顶岗实习、预就业顶岗实习)、三层次目标驱动(通用能力目标、专业基本能力目标、专业综合能力目标)、四途径组织保障(校内生产性实习基地、校外实习基地、订单企业、学生自主联系的企业)的"三三四"管理模式。[③] 也有研究者认为,学生在企业顶岗实习期间是企业的准员工,应当接受学校和企业的双重管理,可以通过深化校企合作,加强学校教师、企业师傅的配合,进行"无界化"管理,在技术指导上以企业为主,在管理工作上以学校为主。[④] 此外,有研究者以系统科学为理论基础,认为实习管理体系分为目标管理、运行管理、资源管理、安全管理和评价管理五个子系统。[⑤]

有研究者通过实证研究发现,统一实习由于专业对口性强、学用结合程度高,通过实习能够提升学生的专业能力,容易被专业对口单位聘用;而自主实习由于对专业对口性关注较少,学用结合的程度低,自主实习学生通过实习履历积极地向用人单位释放能力

---

① 吴君,陈开考,谈黎虹,等.高职顶岗实习过程管理有效机制研究[J].职业技术教育,2012(2):54-56.
② 张雅娜,康强,张艳红.高职院校学生顶岗实习质量监控体系探究[J].职业技术教育,2012(33):29.
③ 朱月红,郭秀华.顶岗实习运行机制的构建[J].职业技术教育,2010(35):58-60.
④ 秦传江,胡德声,兰成琼.高职学生顶岗实习教学环节的管理与实践[J].教育与职业,2009(24):37-39.
⑤ 张海平.基于校企深度合作的职业院校实习管理体系创新实践[J].职业技术教育,2021(2):15-18.

信号,从而获得更好的就业机会及更高的就业起薪。①

2. 实习管理的内容

高职院校实习管理内容包括教师的指导质量和学生的实习质量两方面,实习的管理机制主要由激励机制和约束机制两部分构成,实习的管理流程则包括实习前的准备、实习中的管理、实习结束后的经验交流及表彰三个阶段②。也有研究者提出,高职院校顶岗实习管理包括实习的组织管理、细化实习前的准备工作、加强实习的过程指导3个方面,其中,组织管理侧重于建立健全的顶岗实习组织保障体系,完善顶岗实习的教学管理制度③。有研究者认为,当前高职院校未能充分承担顶岗实习的管理职责、实习单位对顶岗实习管理不足、学生自我管理能力欠缺,需要建立实习外部和内部管理体系,外部管理体系包括建立健全职业教育法律法规、发挥行业参与实习管理的积极性;内部管理体系则立足于企事业单位、高职院校和学生三个方面,从计划、执行、检查和处理4个环节加强高职院校学生实习过程管理。④ 有研究者基于目标管理视角,从顶岗实习前期管理、过程管理、结果管理三个方面,指出学生顶岗实习管理对策,即"建立顶岗实习管理目标体系、有效进行实习过程管理、科学评估实习管理、建立管理保障系统"⑤。还有研究者提出,高职院校顶岗实习管理应着重解决的观念、覆盖率、管理、评价、保障五个方面问题⑥。也有研究者在实践基础上,提出通过实习管理平台强化实习管理,其内容包括教师利用平台指导实习学生,及时解答学生通过网络提出的问题,从而借助信息技术对学生分散实习进行跟踪指导,并提倡专职管理人员进驻企业、学生实习与考证相结合等⑦。

3. 风险管理的研究

有研究者认为,高职院校学生在实习过程中,存在签订合同、安全事故、学生角色认同、犯罪行为、突发事件及学生心理危机等风险,面对客观存在的风险,应当建立、健全相应制度,加强风险管理,实现校企共赢,提高高职院校学生实习效益⑧。也有研究者针对实习中的安全事故,提出实习前做好学生安全教育工作,实习中加强教师安全指导,实习后善于安全总结,并通过完善防御机制、健全预警通报和建立善后处理机制,推动社会支持体系积极参与实习风险管理⑨。

4. 启示

本部分研究文献既突出了加强高等职业教育实习管理的重要性,也表明了学校在实习管理过程中的基础性作用和企业的推动性作用。这些研究文献为本研究从学校管理

---

① 丁小浩,马世妹,朱菲菲.大学生实习参与方式与就业关系研究[J].华东师范大学学报(教育科学版),2018(5):33-41.
② 龚迎春.高职高专学生顶岗实习管理模式的探索和实践[J].教育与职业,2011(15):47-48.
③ 刘凤云.高职学生顶岗实习的管理[J].江苏社会科学,2010(S1):127-131.
④ 王琳.高职院校学生顶岗实习的过程管理研究[D].南京:南京师范大学,2012:20-39.
⑤ 张兰洁.目标管理视角下高职学生顶岗实习管理研究[D].长沙:湖南师范大学,2012:13-41.
⑥ 耿పు荃.高职院校落实顶岗实习应重点解决的问题[J].职教论坛,2009(2):15-16.
⑦ 林润惠.高职院校校企合作:方法、策略与实践[M].北京:清华大学出版社,2012:152-153.
⑧ 潘久政,潘多,钟洪燕.法律视角下顶岗实习的风险与管理对策[J].教育与职业,2008(24):166-167.
⑨ 石骏.职业技术院校顶岗实习研究[M].杭州:浙江大学出版社,2013:132-138.

和企业管理两个方面确定高等职业教育实习质量形成的影响因素提供了思路和理论依据。

(四)关于实习质量提升的研究

随着我国高等职业教育进入内涵发展阶段,高等职业教育质量也越来越引起人们的关注,实习质量亦是如此。国内对实习质量提升的研究主要集中在两个方面:一是通过评价促进质量提升;二是通过保障措施提升质量。

1. 通过评价促进质量提升

研究者在进行实习质量相关研究的过程中,往往离不开对实习评价的研究。然而,目前高职院校学生实习评价存在诸多问题,有研究者总结如下:过程考核缺失,以简单的总结报告或答辩代替评价;缺少实习基地管理人员的有效参与;缺乏必要的反馈等。对此,需要建立合理量化、标准化的评价指标体系,针对具体的实习内容和实习效果,分别对实习的计划阶段、实施阶段、检查阶段、总结阶段进行分阶段过程考核;同时,强化实习手册审核和成果鉴定,颁发实习工作经历证书等措施,提升学生实习质量。[①]

在实习质量评价指标体系设计上,有研究者认为,应从学生自我评价、学校指导教师评价和企业评价三个方面进行设计,并通过优化外部政策环境、建立质量考核机构、完善评价制度和文件、建立科学的管理流程、建立管理平台系统等对策落实实习质量评价[②]。

在评价内容上,有研究者从能力本位的观点指出,学生实习质量评价体系包括校内实习评价和企业实习评价,评价内容包括学生是否获得相关知识、技能和态度,以及将它们用于工作场所的能力,主要由两大部分组成:一是通识能力,二是专业能力[③]。有研究者构建了实习质量监控及评价指标体系,形成基于能力本位的三级评价指标体系[④];也有研究者构建了以专业为单元的顶岗实习评价指标体系,该体系包括学校、二级学院及实习单位对专业顶岗实习质量的全面评价和指导教师对学生个体的实习成绩评价这两个部分[⑤]。我国台湾地区研究者运用德尔菲法,建构了高职院校保险教育专业学生校外实习能力指标,包括专业能力和一般能力两个维度,前者包括4个能力项目、19个指标,后者包括3个能力项目、16个指标。[⑥] 这套实习能力指标为评价保险教育专业学生校外实习质量提供了重要依据。

在评价主体上,研究者从利益相关者视角提出高职院校实习质量评价的主体应包括实习学生、学校指导教师、学校实习督查人员、企业指导师傅、企业顶岗实习负责人,并通

---

① 张雁平,成军.高职学生顶岗实习评价体系的研究和实践[J].中国职业技术教育,2008(15):10-11.
② 孙百鸣,袁冰滨,陈志平.高职学生顶岗实习质量考核评价体系构建研究[J].高等职业教育(天津职业大学学报),2012(1):72-74.
③ 时会美,张殿明.高职学生实习实训质量评价体系的构建[J].职教论坛,2010(9):67-69.
④ 王元元,田永力.高职院校顶岗实习质量监控和评价机制实践研究[J].河北师范大学学报(教育科学版),2012(12):80-83.
⑤ 翟思成,王文才,闫肃.以专业为单元的顶岗实习评价指标体系实证研究[J].中国青年社会科学,2013(2):40-44.
⑥ 林伦豪.高等技职院校保险教育校外实习能力指标之研究[D].台北:台湾师范大学,2011:171-181.

过访谈、问卷调查及德尔菲法，构建了高职院校顶岗实习教学质量多元化评价指标体系。该指标体系一级指标是顶岗实习教学质量，二级指标是学生和学院方指导教师。其中，学生指标下含有实习态度、实习组织、实习指导过程、实习效果四个三级指标；教师指标下含有实习准备、实习过程、实习效果三个三级指标。[1]

规范的考核制度能够提升实习质量，为顺利开展实习提供有力的保障，是实习成功的必要条件[2]。通过考核制度促进学生完成实习任务，能有效地提高学生的操作技能和核心竞争力，已经获得广泛的认可。有研究者提倡，"校企双方共同制订《学生顶岗实习质量监控制度》，共同制订评价标准和实施评价过程，学校方制订《顶岗实习手册》《顶岗实习管理办法》《双导师指导办法》等管理文件，对评估实习各项内容作出明确规定，从制度建设上确保实习质量。"[3]随着信息技术在教育领域的广泛应用，有研究者按照软件工程的原理和方法学，设计与开发了高职院校顶岗实习评价系统，该系统依据顶岗实习阶段的工作流程，将系统功能划分为"权限数据配置管理""信息和资料发布管理""数据维护管理""实习运行管理""实习评价管理"五个模块，从而实现为学生顶岗实习企业相关信息、学生实习互动、实习主体综合评价等一系列过程提供合理有效的支持，促进实习质量提升[4]。

此外，还有研究者从以下两个方面来评价实习的质量和实习企业的质量，"一是以毕业生被顶岗实习的企业录用的比率来评价实习的质量和成效；二是以毕业生愿意被顶岗实习的企业录用的比率来评价实习企业的质量"[5]。这种基于外在就业机会的评价思路，将学生在与所学专业相关的岗位上就业的百分比作为评价一个实习机构满足学生实习需求的衡量指标，拓宽了高等职业教育实习评价研究的视野。

2. 通过保障措施提升质量

有研究者基于高职院校实践情况，建议从组织保障、制度保障、监控保障、评价保障4个方面构建高职院校实习质量保障体系[6]。在信息技术环境下，有研究者提出，通过开发顶岗实习在线管理系统，将校内教学内容与校外顶岗实习有效对接，促进实习质量提升[7]。实习在线管理系统主要运用现代信息技术对实习进行在线管理，达到远程管理实习过程的目的，师生可以借助在线管理系统彼此及时地了解相互间的信息，便于教师解答疑惑和学生提交实习成果。

有研究者提出，建立"四线三级"实习质量监控模式，"四线"是通过指导教师、辅导员、教学督导与学生家长对学生顶岗实习进行监控与反馈；"三级"是由校领导、院（系）领

---

[1] 易兰华.高职院校顶岗实习教学质量多元化评价指标体系构建：基于利益相关者视角[J].国家教育行政学院学报,2014(7):64-69.
[2] 刘晓刚.破解难题 健全顶岗实习考核机制[J].中国高等教育,2008(10):42-43.
[3] 张雅娜,康强,张艳红.高职院校学生顶岗实习质量监控体系探究[J].职业技术教育,2012,33(29):43-45.
[4] 方科亚.基于AHP的高职院校顶岗实习评价系统的设计与实现[D].杭州：浙江工业大学,2011:16-65.
[5] 刘云波.高职院校专业投入和学生就业：教师、课程与校企合作的影响分析[D].香港：香港中文大学,2012:39-40.
[6] 徐礼丰.校外实习质量问题及其对策研究[D].上海：华东师范大学,2008:29-41.
[7] 俞校明,张红.高职生顶岗实习过程设计与质量控制研究[J].职业技术教育,2009,30(29):66-67.

导、指导教师或由校领导、教学督导人员、指导教师组成的三级监控体系[①]。有研究者认为,保障高等职业教育实习质量的措施包括建立稳定的实习基地,定期保持校企联络;严格筛选实习岗位,善于充分利用岗位;科学设计实习方案,提高实习的有效性;加强对学生的教育,提高学生对企业和岗位的适应性;实行规范化、契约化管理,确保实习质量和安全性。[②] 还有研究者提出,职业院校和实习单位必须加强实习成本管理,建立成本收益核算机制,[③]政府加大财税政策的支持力度,完善实习成本分担与补偿机制,实现实习成本的合理分担,[④]进而提高实习质量。

3. 启示

通过评价促进质量提升充分表明了实习考核的重要性,对本研究从扩大实习考核政策供给的角度,完善高等职业教育实习制度建设具有积极意义。通过保障措施提升质量则体现出从实习的外部来保障其质量的研究特征。然而,不管是作为高等职业教育人才培养的理念还是模式,"校企合作、工学结合"应当体现教育的内涵及其价值。因此,高职院校学生在实习之前必须要充分认识到实习的教育价值,即从实习的内部来保障其质量。正如有研究者提出,实习并不是将"学生随意地安排到企业的某个岗位上从事简单的劳动,只有在有学习价值的岗位上工作,实习才有学习价值"[⑤]。这就要求实习组织者在企业寻找到相应的"工作和学习一体化的学习岗位",其条件如下:岗位工作时间适度,工作进程具有一定的自由度;工作内容包括完整的工作过程;工作岗位具备学习条件,以及拥有和同学、专家(包括教师和企业技术人员)交流的机会。本研究在批判吸收本部分研究文献的基础上,拟强化对实习的本质特征研究,从而希望从实习的内部来保障其质量。这也启发本研究选择从实习质量形成机理的角度来提升实习质量,体现了与已有研究的不同。

(五)关于实习制度保障的研究

针对高职院校普遍面临的学生实习难问题,有研究者将其归纳为两方面原因:一是企业对实习缺乏认同感,二是已有的法律不足以保护学生的权益。[⑥] 从制度层面,有效保护实习学生权益的对策包括国家层面通过制定、实施优惠政策,鼓励企业接收实习学生;按照已有法律,实习学生应与企业签订实习合同或劳动合同;制定专门的法律法规,或者修改《劳动法》《劳动合同法》等现行的法律法规,在法律层面上明确实习学生的合法权益。

---

① 王万刚,胡先富,袁亮.高职院校学生顶岗实习质量监控体系存在的问题与对策[J].教育探索,2013(10):58-59.
② 万平.提高高职顶岗实习质量的策略[J].洛阳理工学院学报(自然科学版),2006(5):59-62.
③ 冉云芳,石伟平.企业参与职业院校实习是否获利:基于109家企业的实证分析[J].华东师范大学学报(教育科学版),2020(1):43-59.
④ 徐志刚,孙长坪.职业教育顶岗实习的成本构成、成本管理与成本分担[J].中国职业技术教育,2020(13):19-22.
⑤ 赵志群.岗位学习是职业教育的重要形式[N].中国社会科学报,2011-06-23(10).
⑥ 苏运来.顶岗实习学生的合法权益保护问题初探[J].中国职业技术教育,2008(36):12-13.

针对高等职业教育实习的"校热企冷"、学生权益难以保障等问题。有研究者认为，其根本原因在于学校、企业和学生等主体的利益未得到合理的确认、协调和保障，[①]需要加强《职业教育法》的配套立法，建立多部门协同执法机制，拓宽实习纠纷解决渠道。[②] 然而，当前我国高等职业教育实习立法明显缺失，一是早在20世纪60年代颁布的《高等学校毕业生劳动实习试行条例》已经不再适合当下新时代教育特征；二是《高等教育法》《职业教育法》缺乏全面地规范学生实习的细节，对学生实习规定滞后于社会发展实际；三是《劳动法》和《劳动合同法》均未将实习纳入，也没有将实习学生列为劳动者。因此，有研究者提出，实习的相关制度建设是决定实习质量的核心，政府主管部门必须高度重视大学生的实习制度建设问题。[③] 此外，实习权益保障政策工具整体结构不合理，实习生休息权和保险权保障力度不足。[④]

针对以上问题，有研究者指出，要解决学生实习存在的问题，"国家有关部门需要制定相关法律法规，推动建立学生实习制度，落实已有政策，引导高校通过多种途径建设一批学生实习基地、加强学生的实践能力培养等措施，从根本上整体推进、解决问题"[⑤]。

也有研究者从顶岗实习学生的身份界定，实习期间学生是否应该享受同工同酬，实习学生因公受伤能否享受工伤待遇，以及实习期间学生侵害到他人合法权利等所涉及的法律问题，认为应当从以下方面解决：一是健全和完善相关法律法规，构建科学的顶岗实习法律责任体系；二是修订劳动保障法律，明确实习学生的法律地位；三是将实习学生在实习期间受到的人身伤害事故处理纳入工伤保险体制；四是建立学校—企业—学生三方风险共担机制，启用国家统一版本的学生顶岗实习协议书；五是提供特别险种，以保险的方式解决学生实习期间的伤害责任、赔偿等难题；六是完善职业院校学生顶岗实习风险管理制度。[⑥]

保险保障机制的构建对校企合作的有效开展及制度化有着重要的作用。面对目前国家政策对顶岗实习学生保险保障的真空状态，有研究者提出，由教育部门和社会保障部门共同制定相关政策，补充和细化《工伤保险条例》和《社会保险法》，切断"实习套利"操作，[⑦]建立实习薪酬制度[⑧]，保障实习学生的利益，促进校企合作制度化[⑨]。

---

① 刘一展.从法与利益的视角看高职学生顶岗实习[J].湖北经济学院学报(人文社会科学版),2010(10):104-105.
② 申素平,马钰,贾楠.职业学校岗位实习学生的权利保障研究：基于573份裁判文书的考察[J].陕西师范大学学报(哲学社会科学版),2023(1):115-128.
③ 朱红,凯伦·阿诺德,陈永利.制度的基石、保障与功能：中美大学生实习比较及对就业的启示[J].北京大学教育评论,2012(1):107-123.
④ 陈丽君,赖珊珊.职业教育实习权益保障政策文本的Nvivo研究[J].教育与职业,2020(8):26-33.
⑤ 都昌满.高校学生实习：问题分析与解决途径[J].高等工程教育研究,2010(5):144-149.
⑥ 陈萍.高校学生顶岗实习若干法律问题研究[J].宁夏社会科学,2011(6):32-35.
⑦ 杜文静,黄德桥.职业院校学生企业顶岗实习权益保障研究[J].教育与职业,2021(20):108-112.
⑧ 问清泓.实习薪酬制度塑造路径探究[J].中国职业技术教育,2021(34):38-47.
⑨ 章金萍.高职顶岗实习保险保障机制的构建[J].黑龙江高教研究,2011(2):64-66.

以上研究文献充分表明了实习制度对提升实习质量的重要作用,也表达了人们希望通过完善制度保障实习顺利实施的愿望。同时也表明,已有研究多从应用层面,很少从实习制度的实然层面对其加以研究。这部分研究文献为本研究选择制度视角及制度的实然状态,分析高等职业教育实习制度对实习质量的影响,提供研究思路和理论支持,并为本研究提出提升高等职业教育实习质量的互补性制度优化策略,提供理论依据。

(六) 关于实习国际经验的研究

国内学者通过研究国外大学生实习的相关问题,引介先进经验,以期更好地指导我国大学生参与实习实践。从检索到的研究文献来看,国内对实习国际比较研究主要集中在美国、德国、法国等国家。

关于美国的实习研究,包括实习类型、实习制度及其教育哲学理念。有研究者提到,美国大学生的实习一般包括两种类型,"一是工作经验式的实习,二是研究型实习或毕业论文实习"[①]。也有研究者认为,美国职业教育的实习实训模式主要包括并行式模式,即学生每周在理论学习之外,还要参加20小时左右的工作实践学习;交替式模式,即学习与工作交替,在学习学期学生进行全日制学习,在工作学期学生作为工作人员进行实习;双重制模式,即既采用交替式又采用并行式;学徒制合作训练,即把学徒制和实习实训结合起来。[②] 随着全球化趋势愈演愈烈,海外实习(overseas internship)项目在美国大学越来越流行。

虽然美国大学生经验学习有多种形式,但实习是最常见的一种。美国的实习制度规定,实习通常被视为一门课程的时间长度,实习单位会任命一名正式的、经验丰富的资深专业人员作为学生的实习主管并给予指导,学生在实习期间有明确的任务、工作和项目[③]。有研究者认为,美国大学生实习制度具有"实习活动类型多样、学校组织工作周密、细致,无薪或低薪的实习较普遍,学生以获取工作经验和个人成长为主要目标等特征"[④]。

在实习的哲学理念上,有研究者认为,美国大学生实习制度建立受到以下思想的影响:一是全人教育(education for the whole person)哲学理念;二是经验教育理念[⑤]。全人教育哲学理念意味着大学要让学生体验不同的职业发展路径,给予他们为了有意义的成人生活去发展技能的机会,让学生为个人的、职业的和公民的责任做好准备。经验教育(experiential education)出现在19世纪中期赠地学院创立之时,杜威的"做中学"(learning by doing)观念是其核心。随后,大卫·库伯(David Kolb)创立了影响深远的体验学习理论,而舍恩(Donald A. Schon)在杜威理论的基础上又进一步发展到技术理性的实践认识论,提出实际情景问题的差异对专业知识和专业教育的信心危机。

关于德国实习方面的研究,在学术型教育方面,德国的大学根据专业不同将"实习

---

①④ 王景枝.大学生实习制度的国际比较及启示[J].黑龙江高教研究,2011(2):1-3.
② 祝士明.高职教育专业质量保障体系的研究[D].天津:天津大学,2006:10-11.
③⑤ 朱红,凯伦·阿诺德,陈永利.制度的基石、保障与功能:中美大学生实习比较及对就业的启示[J].北京大学教育评论,2012(1):107-123.

分为义务型和自愿型,不同的专业实习时间也不同,2个月到6个月不等,学校也在《学习准则》中明确规定实习的内容甚至岗位"①。在职业教育方面,有研究者认为,德国职业教育的实习模式主要是"双元制",②③这是一种国家立法支持、校企合作共建的办学制度。

总的来看,有研究者认为,德国的大学实习制度主要内容包括"德国政府以立法和制定政策法规等形式为实习提供制度支撑;企业积极响应政府号召,主动为学生提供实习岗位;学校通过实行有弹性的教学管理,为学生提供实习便利"④。也有研究者认为,"实习制度"是德国"双元制"职业教育成功的秘籍,实习制度成功地融合教育系统和劳动力市场,德国劳动局还通过专门的条例来保障实习学生的各种权益,如学习时间、工作时间、工资待遇、休假和保险等⑤。

还有研究者对法国和加拿大高等教育领域的实习进行了研究。研究者还以法国工科大学生实习为研究对象,认为学生实习的系统包括政府、学校、学生、企业和中介组织5个元素。法国政府在该系统中具有显著的主导作用,通过出台系列实习法律法规,保障和规范各主体的权利和义务;制订实习指导手册,促进实习规范化;建设实习平台,为实习提供信息服务等方式主导和协调学生实习⑥。有研究者认为,加拿大职业教育顶岗实习的实施依赖于学生、专门的顶岗实习管理机构和用人单位三方伙伴关系,加拿大职业教育顶岗实习模式的特点包括实习是一种教育模式而不是就业策略;顶岗实习注重课堂和在职学习的有机结合;使用现代科技手段加强对顶岗实习过程的管理⑦。

国内学者对实习的国际经验研究与引介,开拓了本研究的视野,对本研究提出具体的提升高等职业教育实习质量的制度优化策略具有重要的启示。

三、国内外研究评论

(一)国内外研究特征与共识

分析国外已有研究,呈现以下特征。其一,国外强调对实习的本质进行研究。国外研究者普遍认识到,清晰的实习内涵、哲学基础及实习的形式等,能够促进实习的利益相关者在共同的话语体系下讨论实习,从而实现实习朝着一个共同方向发展。其二,国外强调从学生本位对实习进行研究,尤其在实习作用方面,国外研究者侧重于从学生本位探讨实习的价值。例如,实习对学生专业技能和软技能发展的重要作用,进而对学生就业选择和职业生涯发展产生深远影响,这些突出地体现了实习的教育价值。其三,国外注重实习质量的提升,并且重视通过制度策略来提升实习质量。国外关于实习质量的研究基本遵循完善实习内部要素和深化实习外部措施这两条研究路径,并提倡通过制度来

---

① 张颂.德国大学生的就业指导和实习管理[J].河北师范大学学报(教育科学版),2009(12):77-80.
② 华北庄,胡文宝,黄义武,等.中国产学合作教育探索[M].武汉:武汉大学出版社,2005:61-62.
③ 祝士明.高职教育专业质量保障体系的研究[D].天津:天津大学,2006:11.
④ 赵明刚.德国大学的实习制度探析[J].教育评论,2010(6):163-165.
⑤ 陈萍.高校学生顶岗实习若干法律问题研究[J].宁夏社会科学,2011(6):32-35.
⑥ 陈敏,蒋志鸿.五元合一:法国工科大学生企业实习系统研究[J].高等工程教育研究,2014(5):139-146.
⑦ 杨静丽,查英华.加拿大高职教育顶岗实习模式探析[J].职业技术教育,2012(29):88-90.

提升实习质量。这与国外研究对实习本质的把握具有密切联系。其四,国外强调实证研究方法在实习研究中的应用。大部分研究者采用定量研究探索实习的作用和质量,也有少数研究者利用质性研究挖掘影响实习质量的要素。例如,有研究者通过质性研究提出促进实习质量提升的"最优条件"象限。

国内已有研究则呈现以下特征。其一,坚持问题导向。国内研究大多从实习存在的问题出发,针对实习的现象和问题,提出完善实习的对策。这与研究者群体密切相关,正如前文所述,我国研究高等职业教育实习的主要力量集中于高职院校,而实习也作为高职院校一项重要工作。因此,问题驱动是促进实习研究的主要动力。其二,关注实习质量。研究者不管是对实习过程管理,还是对实习制度保障的研究,最终目的都是促进实习质量提升。实习质量已成为实习的核心问题,并将会持续较长一段时间。其三,加强实习制度研究。"实习难"是职业教育理论和实践界迫切需要解决的问题,已有研究充分表明制度缺失是造成"实习难"的重要原因。从研究趋势来看,制定专门的法律法规或通过修改现行的《职业教育法》《劳动法》等,在正式制度层面强化实习是研究的重点,而无意识的和被视为理所当然的非正式制度却鲜有关注。其四,注重国际经验引介。虽然我国拥有漫长的职业教育历史,但是发展现代职业教育的经验尚不丰富。在我国现代职业教育快速发展的阶段,我们吸收了国外许多优秀的经验,职业教育实习也不例外。

综合分析国内外已有研究,至少达成以下两点共识。其一,实习是技术技能人才培养的有效形式,能促进学生顺利地由学校过渡到工作世界,并对学生的专业技能、职业生涯及个人成长产生持久的影响。其二,实习质量已经引起国际职业教育发达国家的关注,通过制度策略来提升实习质量,是各国积极采取的可行的做法。

(二)国内外研究存在的问题

总体来看,已有的国内外研究文献为本研究提供了丰富的素材,但也存在一些问题和有待于进一步研究的空间。

国内关于实习研究存在的问题包括:其一,大多数研究还停留在表面上的探讨,研究特点表现为"现状—问题—对策"的单向研究路径,较少深入地涉及实习过程中高职院校、实习场所、实习学生等利益相关方对实习效益的影响,对于实习质量的形成规律还没有给予应有的关注与探究,对于影响实习质量的关键因素、影响机制,以及实习质量形成中的制度作用缺乏系统而深入的研究;其二,多视角的研究较少,已有的研究很少从哲学、心理学、学习理论的角度看待实习的本质,对实习的教育价值探索不深刻;其三,研究宽泛、浅显且视角单一,介绍现状的多,深挖原因的少,相关研究多集中于"应然"式的规范研究,提出宏观性的政策建议或具体化的实践策略,缺乏实证研究基础,从而显得说服力不强,体现了对实习研究的认知、分析工具的缺失。

国内研究存在以上问题究其原因,首先,我国近代职业教育从洋务运动开始,现代职业教育也是在改革开放以来得到快速发展,职业技术教育学学科建设并未发展到细致化阶段,因而研究者选题多集中于宏观问题的探讨,实习恰恰属于微观层面的教学问题,尚未引起足够的重视;其次,实习本身是一项复杂的活动,跨越学校教学环境和企业生产现场,研究高等职业教育实习必然面临更多的挑战。

国外关于实习的研究以高等教育领域偏多,职业教育领域讨论实习问题尚不丰富,这与每个国家发展职业教育的方式不同有关,如美国的合作教育、德国的学徒制等。本研究为了从总体上把握实习的本质和研究现状,在梳理研究文献中融合了高等教育和职业教育两个领域关于实习的研究内容,同时也兼顾合作教育和现代学徒制的相关研究,希望为本研究积累丰富的资料和开阔的研究视野。此外,国外研究者倾向于将实习作为学校理论教育的补充,帮助学生在实践中获得新技能和经验,过于强调实习对学生职业生涯发展的作用,缺乏实习对学校和企业价值的准确认识。然而,优质的实习项目对学生、职业教育机构和企业三方都有利,如何激发企业参与实习是一个不断发展的问题,如何通过制度建设促进实习持续发展,国外已有的研究文献显得相对薄弱。

(三) 国内外已有研究的启示

国内外已有研究的启示在前文中已逐一说明,总体而言,本研究将基于已有的研究成果,从以下三个方面进一步深化。

1. 研究内容:阐明高等职业教育实习的本质及其教育价值

国外研究文献注重讨论实习的本质与国内研究问题导向的研究范式,启发本研究首先要对高等职业教育实习的基本理论进行研究。只有厘清了高等职业教育实习的内涵与要素、学习特征、实习的质量特性,以及实习的教育与生产、学习与工作的关系等本源问题,才能针对性地从内部和外部两个方面提升高等职业教育实习质量。

2. 研究视角:提升高等职业教育实习质量的迫切性和制度保障的可行性

首先,高等职业教育实习涉及众多利益相关者,汇聚各方利益的焦点是实习质量。国内外已有的研究文献充分表明实习质量对学生、教育机构、企业的作用。因此,以高等职业教育实习质量为切入点,更符合各利益相关者的诉求。其次,高等职业教育实习是一种教育制度,实习过程中存在的问题,很大部分是制度缺失的原因。从制度层面对实习质量的相关问题进行归因,并通过制度建设提升实习质量,是国内外已有研究的一个发展趋势。

3. 研究方法:强化实证研究方法在高等职业教育实习研究中的运用

与国外研究相比较,国内研究多集中于"应然"式的规范研究和现象描述,研究方法单一,跨学科研究高等职业教育实习问题不足,缺乏实证研究和对实习过程的真实描绘。规范研究固然重要且不可或缺,但高等职业教育实习发生在复杂的、真实的生产情境中,还需要研究者通过量化研究或质性研究,深入实习现场进行系统的实证研究。

第四节 理 论 基 础

一、利益相关者理论

(一) 利益相关者理论概述

利益相关者(stakeholder)是指对组织生存和发展起到重大影响的群体或个人。弗里曼(Freeman)在《战略管理：利益相关者方法》中，批判地吸收了系统理论、企业社会责任、组织理论等视野下有关利益相关者的论述，将其界定为："任何能够影响组织目标的实现，或者受组织目标实现影响的团体或个人。"[①]这一定义具有对称性特征，首先，影响组织的团体或个人可以明确地被视为利益相关者，因为战略管理关键在于为组织制订发展方向，这就必须要考虑能够影响组织发展方向及其执行的团体或个人；其次，并不是所有影响组织的团体或个人都受组织影响，因为他们不一定在组织内部，或者组织忽视对他们的影响。这个对称性定义要求组织管理者从战略层面，必须与这些影响组织的团体打交道，还必须与受组织影响的团体打交道。虽然弗里曼在本书中还没有形成系统的、清晰的利益相关者理论，但他对米切尔(Mitchell R K)的战略管理思想起到了重要的启示作用。

米切尔等人将利益相关者的概念与分类结合起来，从影响力(power)、合法性(legitimacy)、紧迫性(urgency)三个维度区分了利益相关者关系，并进行评分[②]。米切尔等人认为，至少应该符合以上三种属性中的一种才能成为某个组织的利益相关者，并根据评分的分值将组织的利益相关者分成三种类型。其一，确定型利益相关者，同时具备以上三种属性，对组织的生存和发展具有重大影响。其二，预期型利益相关者，具备以上三种属性中的两种，按照不同搭配可进一步分为：对组织拥有合法性和影响力的支配型利益相关者，如投资者、政府部门；对组织拥有合法性和紧迫性的依赖型利益相关者，如协会或社团；对组织拥有紧迫性和影响力的危险型利益相关者，如罢工的员工等。其三，潜在型利益相关者，具有三种属性中的一种，按照其具有的属性不同可以分成静态型、自主型、苛求型三种类型的利益相关者。

针对不同类型的利益相关者，依据米切尔的观点，"组织管理者应给予确定型利益相关者最高的关注度，优先回应这类群体的要求，否则可能对组织目标的实现造成重大的不利影响；组织管理者还需要关注预期型利益相关者，他们有动机和机会找到第三种属性从而成为确定型利益相关者；对于潜在型利益相关者，则可以给予较低的关注度，他们暂时还不会对组织产生重大的影响。"[③]米切尔关于利益相关者分类的独特之处在于，用动态变化的视角评估组织利益相关者，即任何利益相关者在组织发展的不同阶段因为失去或获得某些属性后，将从一种类型转化为另一种类型的利益相关者。相比较而言，米切尔对利益相关者的界定更加具有可操作性，扩大了利益相关者理论的应用。

尽管弗里曼、米切尔等人的利益相关者理论中的组织大多数是企业组织，但并不表明"利益相关者理论只适用于企业，其他企事业单位、组织和团体都可以运用这种方法来解决类似问题"[④]。根据利益相关者理论的分析框架，分析者可以确定组织与相关群体的关系，从而更加理性地处理这些关系，获得更贴近实际、考虑更加周全和负责任的实施战

---

① R.爱德华·弗里曼.战略管理：利益相关者方法[M].王彦华,梁豪,译.上海：上海译文出版社,2006：37-55.
②③ Mitchell R K,Agle B R,Wood D J. Toward a Theory of Stakeholder Identification and Salience:Defining the Principle of Who and What Really Counts[J]. Academy of Management Review,1997,22(4)：853-886.
④ 约瑟夫·W.韦斯.商业伦理：利益相关者分析与问题管理方法[M].符彩霞,译.3版.北京：中国人民大学出版社,2005：30.

略,实现共赢的合作方案。通常而言,利益相关者分析步骤包括确定利益相关者关系、确定利益相关者联盟、评估每一位利益相关者的利害关系本质、评估每一位利益相关者的力量本质、构造利益相关者的道德资任矩阵、制订明确的战略和战术、监测联盟更替7个环节[①]。伴随利益相关者理论不断地丰富和完善,该理论在教育组织中逐步流行,在高等教育和职业教育研究领域的运用更为广泛。

(二)对本研究的启示及应用

高职院校作为非营利组织,从事社会公益事业,在运作过程中必然要考虑和满足利益相关者的诉求。实习作为高等职业教育履行社会公益职能的重要环节,其运行过程同样和参与其中的任何一方都密切相关,并且任何一方都不会擅自决定或独自享有其中的利益。高等职业教育实习是一个利益共享的过程,政府、行业、企业、高职院校、学生及家长等围绕实习形成了一个环环相扣的利益圈,需要各利益相关主体共同参与治理。具体而言,利益相关者理论对本研究的启示及应用集中体现在以下两点。

首先,利益相关者分类模型为识别和分类高等职业教育实习的利益相关者提供了较好的理论借鉴。高等职业教育实习质量的形成是一个系统的过程,且受到多种因素影响,确定实习的利益相关者是研究实习质量形成机理的重点。然而,如何识别高等职业教育实习的利益相关者,如何区分不同类型的利益相关者对实习的影响程度,以及实习对不同类型的利益相关者的影响等问题,并不能依靠主观判断。在高等职业教育实习的众多利益相关者中,一些利益相关者会对实习主动施加影响,而另外一些利益相关者则是被动地参与实习。不同的利益相关者影响实习发展的行为存在差异,不同的利益相关者对于实习的重要性也存在差异。根据米切尔等人的利益相关者分类模型及评分方法,本研究在综合分析、比较和评分的基础上,将高职院校、企业、学生划分为实习的确定型利益相关者。这样划分与国内外相关研究具有一致性,例如,阿里(Ali)和霍伊尔(Hoyle)等人认为,高等教育机构、实习机构和学生是协调实习工作的确定利益相关方[②][③];国内有研究者认为,高职院校、企业和学生三方是职业教育实习的确定型利益相关者,他们的利益诉求形成了实习的动力机制[④]。本研究进一步将政府、行业和学生家长划分为预期型利益相关者。这样划分与米切尔的预期型利益相关者分类具有较高的匹配度。政府可被视为支配型利益相关者,行业协会可被视为依赖型利益相关者,当实习过程中出现安全、危险行为等问题时,学生家长则会成为危险型利益相关者。根据研究的需要,本研究并不打算挖掘实习的潜在型利益相关者。此外,依据利益相关者管理理论,给予高等职业教育实习的潜在型利益相关者较低的关注度,暂时也不会对其产生重大的影响。高等职业教育实习的利益相关者分类如图1-2所示。

---

① 约瑟夫·W.韦斯.商业伦理:利益相关者分析与问题管理方法[M].符彩霞,译.3版.北京:中国人民大学出版社,2005:32-41.

② Ali A, Smith D T. An Internship Program at a Computer Science Department-Theoretical Foundation and Overall Coordination[J]. Issues in Informing Science and Information Technology,2015(12):1-11.

③ Hoyle J A. Exploring Stakeholder Relationships in a University Internship Program: A Qualitative Study[D]. Michigan: Central Michigan University,2013:46.

④ 肖霞,贺定修.利益相关者理论视野下的高职教育顶岗实习[J].教育与职业,2016(20):103-106.

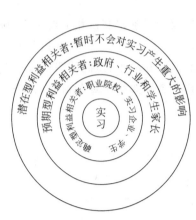

图 1-2 高等职业教育实习的利益相关者分类

其次,利益相关者理论对构建高等职业教育实习质量形成机理的理论假设框架、提升实习质量的制度优化策略提供了理论指导。米切尔的利益相关者管理理论要求给予确定型利益相关者最高的关注度,因为他们能够对实习目标的实现产生重大的影响。基于此认识,如何使高等职业教育实习更有意义,形成较高的实习质量,首先需要厘清高职院校、企业和学生各自参与实习的动机、利益诉求和对实习的具体影响,这些因素都是促进实习质量形成的关键性因素。本研究在利益相关者理论指导下,通过理论研究,将实习的确定型利益相关者——高职院校、实习企业、学生,三者视为影响实习质量形成的核心因素,据此构建实习质量形成机理的理论假设框架,并进一步进行实证检验。由于高等职业教育实习的预期型利益相关者大多数情况下直接作用于确定型利益相关者,间接地影响实习质量,这也是本研究没有将其引入实习质量形成机理理论框架的原因。然而,正如米切尔所强调的预期型利益相关者应该纳入工作视野。本研究在实习制度优化策略中,充分考虑了确定型和预期型利益相关者的共同作用。此外,利益相关者理论的分析步骤对评估高等职业教育实习利益相关者的利害关系、角色与资源、制度要求等环节,也提供了操作性的分析思路,为本研究梳理每种类型利益相关者的行动信念、实际角色、拥有资源提供了开阔的视野和客观的认知,确保本研究的制度优化策略更加合理和可行。

二、新制度主义理论

(一) 新制度主义理论概述

20世纪70年代,西方学者重新认识到制度分析在解释现实问题的作用后,逐步形成新的制度理论,即新制度主义(new institutionalism)。新制度主义是一种跨学科思潮,具有内部多样性特征。霍尔(Hall)和泰勒(Taylor)将新制度主义分为"理性选择制度主义、历史学制度主义、社会学制度主义三个主要流派"[1],这种观点被广泛采用。社会学制度主义主要从组织研究发展而来,又称组织分析的新制度主义,产生的标志是约翰·W.迈耶(John W. Meyer)于1977年在《美国社会学杂志》发表的两篇奠基性论文,即《作为一种制度的教育之影响》和《制度化的组织:作为神化和仪式的正式结构》[与布利安·罗恩(Brian Rowan)合作],确立了组织分析的新制度主义核心思想因素[2]。组织分析的新制度主义学者认为生存在制度环境中的组织受到法律制度、意识形态、社会共识等制度环境的影响。与旧制度主义对制度内涵宏大的和静态的单一理解不同,新制度主义将制度

---

① Peter A. Hall, Rosemary C R. Taylor. Political Science and the Three New Institutionalisms[J]. Political Studies,1996(11):936-957.

② 沃尔特·W. 鲍威尔,保罗·J. 迪马吉奥. 组织分析的新制度主义[M]. 姚伟,译. 上海:上海人民出版社,2008:13.

要素由法律、法规、规则等正式制度,扩展到规范及文化和认知等非正式制度①。本研究主要采用组织分析的新制度主义理论,其主要内容包括以下几个方面。

1. 制度的内涵

新制度主义对制度的理解更加宽泛,认为制度不仅包括正式和非正式规则,还包括赋予人类行为意义的认知。斯科特(W. R. Scott)的观点最能代表新制度主义对制度内涵的理解。他在综合分析各种制度的理论之后,认为一套复杂的制度具有三种类型的制度形态或要素,即制度包括"为社会生活提供稳定性和意义的规制性、规范性和文化—认知性要素,以及相关的活动与资源"②。规制性(regulative)制度要素是指必须遵守的法律和规章等制度形态,具有强制性和权威性;规范性(normative)制度要素是指行为者应当遵守的规范、义务和责任等制度形态,强调价值观和规范的作用;文化—认知性(cultural-cognitive)制度要素是指那些被视为理所当然、广泛接受的知识和特定的看问题的方式。这也是组织分析的新制度主义对制度内涵理解最显著的特征。它们是不同层面、不同类型的三种制度要素,是构成制度的主要成分,共同诠释了制度的内涵。

2. 制度的合法性机制

组织分析的新制度主义理论强调"合法性"(legitimacy)机制的重要性。这里的"合法性不仅仅指法律制度的作用,还包括社会规范、观念制度及文化期待等制度环境对组织行为的影响"③。当社会的法律制度、社会规范、文化期待等成为人们普遍接受的社会事实,就能够有效地规范和约束人们的行为。这种合法性机制思想与斯科特的三大制度要素的合法性及其对行为的影响机制,具有内在一致性,见表1-2。规制性制度要素强调明确的、外在的各种规制过程,对可以做的或不可以做的行为进行明确规定,并通过规则和奖惩来影响行为;规范性制度要素则通过约束性期待机制来影响行为,社会规范通过社会公众所认可的价值观念和行为准则,从而对行为者的行为产生约束性的期待,行为者在面对具有道德合法性的规范性制度时,往往基于社会责任而遵照期待,规范自我行为;文化—认知性制度要素则通过图式机制来影响行为,常以图式呈现,通过以社会为中介的共同意义框架,为行为者提供行为模板,行为者在面对具有可理解、可认可的文化—认知性制度时,往往会视若当然地模仿和遵照,是一种"最深层次"的合法性。合法性机制能够促进本研究更加客观地认识三种类型的实习制度是如何影响高等职业教育实习质量的。

表 1-2　制度的三大基础要素

类　别	规制性要素	规范性要素	文化—认知性要素
遵守基础	权宜性应对	社会责任	视若当然、共同理解
秩序基础	规制性规则	约束性期待	建构性图式

---

① 沃尔特·W.鲍威尔,保罗·J.迪马吉奥.组织分析的新制度主义[M].姚伟,译.上海:上海人民出版社,2008:17.

② W.理查德·斯科特.制度与组织:思想观念与物质利益[M].姚伟,王黎芳,译.北京:中国人民大学出版社,2010:56.

③ 周雪光.组织社会学十讲[M].北京:社会科学文献出版社,2003:74.

续表

类　别	规制性要素	规范性要素	文化—认知性要素
扩散机制	强制	规范	模仿
逻辑类型	工具性	适当性	正统性
系列指标	规则、法律、奖惩	合格证明、资格承认	共同信念、共同行动逻辑、同形
情感反应	内疚/清白	羞耻/荣誉	确定/惶惑
合法性基础	法律制裁	道德支配	可理解、可认可的文化支持

注：此表来源于：斯科特.制度与组织：物质利益与思想观念[M].姚伟,王黎芳,译.3版.北京：中国人民大学出版社,2010：59.

3. 制度变迁

制度变迁也是组织分析的新制度主义关注的一个重要问题。有的组织分析的新制度主义学者认为,制度的演化性变迁是一种常态,甚至那些革命性的制度变迁,也可能源自于很多渐进的路径依赖式的调整；也有的组织分析的新制度主义学者主张,制度变迁更可能遵循的是一种间断均衡或间断演化模式,体现出间歇性或路径依赖式的演化变迁的特征①。尽管组织分析的新制度主义学者对制度变迁采取不同观点,但是他们都将路径依赖作为解释制度变迁的重要概念,并且他们总体上都同意组织会采纳共同的三种制度化实践：其一,模仿过程,当组织不知道应该如何做的时候,将会复制组织域中那些公认是成功的实践；其二,规范过程,通过专业化教育等方式,对是什么构成适当的组织实践产生共同的看法；其三,强制过程,来自外部的压力或要求,组织会遵守制度化的标准实践。当然支持路径依赖的新制度主义学者也一直备受批评,因为他们过于重视制度结构的重要性,忽视行动者及其能动性在制度变迁过程中的重要因素。

（二）对本研究的启示及应用

制度最为基本和核心的功能被认为是激励与约束②,教育领域的问题很早就受到制度理论关注。例如,形成于20世纪五六十年代的制度教育学派是从制度分析的视角对教育制度进行社会学研究的代表③。组织分析的新制度主义也是从教育研究开始的,如在迈耶的研究中,他认为当时把学校视为技术组织的主流观点是不当的,而应该是一种制度组织,强调作为合法性系统的制度环境对学校的影响④。近年来,国内学者也开始运用新制度主义理论来解释教育现象。例如,柯政、尹弘飚分别利用新制度主义解释我国课程改革面临的困境和课程变革的制度化等⑤⑥,关晶采用斯科特的制度三要素比较分析了英国和德国现代学徒制⑦。这说明利用新制度主义理论分析教育问题是合适的和可行

---

① 约翰·L.坎贝尔.制度变迁与全球化[M].姚伟,译.上海：上海人民出版社,2010：19-21.
② 袁庆明.新制度经济学教程[M].北京：中国发展出版社,2010：43.
③ 康永久.教育制度的生成与变革：新制度主义教育学论纲[M].北京：教育科学出版社,2003：12.
④ 郭建如.社会学组织分析中的新老制度主义与教育研究[J].北京大学教育评论,2008(3)：136-151.
⑤ 柯政.理解困境：课程改革实施行为的新制度主义分析[M].北京：教育科学出版社,2011：72-87.
⑥ 尹弘飚.论课程变革的制度化：基于新制度主义的分析[J].高等教育研究,2009(4)：75-81.
⑦ 关晶.英国和德国现代学徒制的比较研究：基于制度互补性的视角[J].华东师范大学学报(教育科学版),2017(1)：39-46.

的。具体而言,新制度主义理论对本研究的启示及应用集中体现在以下三点。

首先,从制度层面提供分析高等职业教育实习质量问题的理论框架。作为我国职业教育的必需环节,实习在我国众多职业教育政策中占有重要位置,然而,实践中的实习依然面临各种各样的困境,难以有效地发挥培养技术技能人才的期待。新制度主义理论将制度内涵由法律、法规、规则等正式的制度要素,扩展到规范、文化和认知等非正式的制度要素,并强调这些非正式的制度要素同样会影响组织和个体的行为。该理论启发本研究需要从更加深层的、隐性的规范性、文化—认知性等制度层面,分析影响实习质量的制度原因。本研究采用斯科特的制度三要素分类,构建含有规制性、规范性和文化—认知性三种制度要素的高等职业教育实习制度的分析框架,分析当前哪些实习制度对实习质量产生了影响。采用柔性的制度要素而非刚性的制度作为实习制度的分析单元,符合高等职业教育实习的复杂性和实习制度的多样性特征。当然,组织分析的新制度主义并没有明确区分规范性与文化—认知性制度之间的差异,也将为本研究带来一定的挑战。此外,斯科特还认为,在实际生活中,并不是某种单一的制度要素在发挥作用,而是三种要素之间的不同组合在发挥作用,并且这些制度要素结合在一起,将产生十分惊人的力量。[①] 这一思想为本研究综合三种制度要素来优化实习制度,提供理论支撑。

其次,组织制度的合法性机制能够促进本研究更加客观地认识三种实习制度要素是如何影响高等职业教育实习质量的。制度是影响实习质量的一个关键性因素,大多数研究试图从制度层面提升实习质量是这一论断的有力佐证。然而,制度是如何影响实习质量的,并没有得到充分的研究。依据斯科特的观点,三种制度要素有着自己的表现形式和具体的影响机制。这为本研究从高等职业教育实习制度的规制性、规范性和文化—认知性三个层面,解释制度是如何影响实习质量的,提供理论框架。

最后,新制度主义关于制度变迁的路径依赖及三种制度化实践,对本研究提出提升实习质量的制度优化策略,具有重要的理论指导价值。关于制度变迁的模式,组织分析的新制度主义认为存在演化性的变迁模式和间断均衡的变迁模式,前者是一个和缓与渐进的过程,后者强调突然向另一种制度安排的剧烈转型。本研究认为两者并不是彼此对立的。在实习制度变迁过程中,有的制度适宜以小幅的、渐进的步伐沿着特定方向进行持续性变迁,有的制度则需要进行革命性的调整,如高等职业教育实习考核制度,正面临重建的迫切需要。

第五节 研究设计

本研究在前面已经对所要研究的问题进行了详细分析,以下将对本研究的研究目标、总体思路、研究方法进行设计。在研究方法部分将对本研究的方法论进行辩护,并详细阐述所采用的各类方法及其运用,最后针对研究方法应用中可能出现的伦理进行说明。

---

① W.理查德·斯科特.制度与组织:思想观念与物质利益[M].姚伟,王黎芳,译.北京:中国人民大学出版社,2010:70-71.

一、研究目标

本研究聚焦"如何提升高等职业教育实习质量"这一核心问题,立足实习规律,通过探究高等职业教育实习质量形成机理,为实习制度精准地提升实习质量提供着力点和方向。具体而言,预期完成以下研究目标。

(1) 厘清高等职业教育实习的基本理论问题。通过对已有研究文献的充分挖掘和分析,从理论层面探讨高等职业教育实习的内涵与要素、学习类型、两对互动关系,以及实习的质量特性。这些问题是全部研究中必须澄清的原理性问题,旨在为本研究提供理论支撑。

(2) 提出高等职业教育实习质量形成机理研究假设。从学生自我认知视角确定高等职业教育实习质量评价维度;基于利益相关者理论确定高等职业教育实习质量形成机理的维度及其因素;结合已有成果提出研究假设,并构想高等职业教育实习质量形成机理的理论假设模型。

(3) 构建高等职业教育实习质量形成机理的理论模型。开发《高等职业教育实习质量形成机理调查问卷》,通过定量研究,验证实习质量形成机理的维度及其因素与实习质量之间的关系,构建实习质量形成机理理论模型,为分析影响实习质量的制度提供框架。

(4) 分析影响高等职业教育实习质量的制度及其影响机制。通过深度访谈、文本分析等方法,采用组织分析的新制度主义理论,分析哪些实习制度作用于实习质量形成机理的要素,进而影响了实习质量,又是如何影响的,并为优化影响实习质量的制度,提供调查依据。

(5) 提出保障高等职业教育实习质量的制度优化策略。在分析影响实习质量的制度基础上,结合实习质量形成机理研究结果,提出保障高等职业教育实习质量的制度优化策略。优化的对象是现有的影响实习质量的制度,包括国家政策、高职院校和企业的实习制度等有意识的制度要素,以及高职院校和企业相关人员无意识的制度要素。优化的目标是提升高等职业教育实习质量。

二、研究框架

根据研究问题和研究目标,本研究确定了 5 项研究内容,即高等职业教育实习基本理论问题研究、高等职业教育实习质量形成机理研究假设、高等职业教育实习质量形成机理实证研究、影响高等职业教育实习质量的制度要素分析、提升高等职业教育实习质量的制度优化策略。前三项研究内容主要回应本研究的"实习质量的形成机理",同时也构成了本研究主体内容的第二章、第三章和第四章;后两项研究内容主要回应本研究的"影响实习质量的制度优化",构成了本研究主体内容的第五章、第六章。这 5 项研究内容紧紧围绕"如何提升高等职业教育实习质量"密切联系,相互关系如图 1-3 所示。

需要说明的是,学生是实习的主体,高职院校、企业等各种行为主体为实习做出的任何努力,都是围绕为学生提供高质量的实习项目,并且实习质量的高低最终体现在促进学生各项发展指标的目标达成度上。由于学生在实习过程中能够深刻地认识到自我、高职院校、企业等行为主体为实习付出的努力,有责任对自身的实习效果进行评价,因此,本研究选择从学生自我认知视角进行高等职业教育实习质量形成机理实证研究。

高等职业教育实习质量的形成机理及制度保障研究技术路线图,如图 1-3 所示。

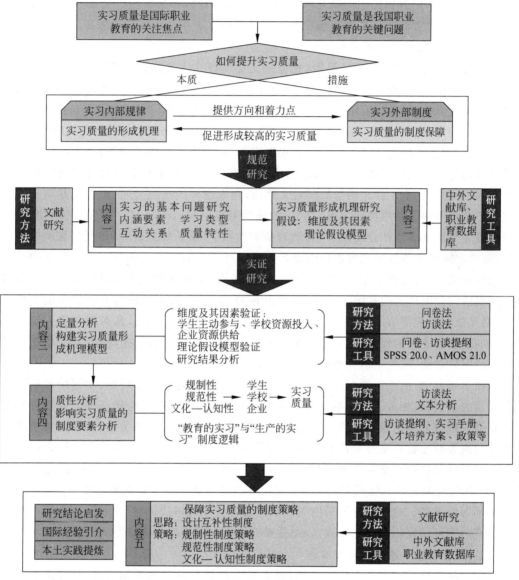

图 1-3　本研究的技术路线图

三、研究方法

(一)方法论的思考

对于任何一项研究来说,研究方法适切与否直接关系到研究质量的高低,而研究方法的选用则取决于研究问题的性质和特点。在研究问题聚焦之后,研究者需要审思依循何种研究路径、采用哪些适切的研究方法来完成相应的研究目标。这实际上就是涉及对教育研究方法论的思考,即"从总体上探讨教育研究中对象与方法的关系及适宜性问题"[①]。针对本研究所要探讨和解决的高等职业教育实习质量问题,则需要思考和回答以下问题:基于本研究所提出的研究问题的性质与特点,应该采取何种与之相匹配的研究路径;在此路径导引下的研究方法应具备怎样的特点。

1. 规范研究和实证研究相结合

在漫长的人类思想发展历程中,规范主义和实证主义之间存在着持久的张力,演化到社会科学研究中,则形成了规范研究和实证研究两条研究路径。前者偏向于抽象的价值判断和逻辑推理,通过采用定性分析和演绎的方法,解决"应当是什么"的价值问题;而后者则强调可观察到的事实根据和实证材料,通过采用定量分析和归纳的方法,解决"实际是什么"的事实问题。规范研究建立在思辨哲学、先验哲学的基础上,而实证研究的哲学基础则是实证主义。从它们所追求的研究目的、方法及结果检验方式等方面的差异性来看,两者似乎完全不存在融合的契机。然而,越来越多的研究表明,规范研究与实证研究并不是势不两立的两种研究范式。正如施特劳斯(Strauss)所说,"不做价值判断就不可能研究一切重要的社会现象。"[②]在教育研究实践中,缺乏规范研究,而仅仅强调实证研究,教育实践的实质性问题可能根本没有办法涉及[③]。因此,这两条研究路径不是相互排斥或对峙的,而是互利共存、交替使用的。究其缘由,实证研究从来都是在先行的规范研究所提供的价值理念的基础上寻找、描述并解释问题的,而规范研究方法的运用者也承认,必须使用更为准确的研究方法,使自己的思想更为清晰、明白,从而避免陷入搅拌糨糊似的思想状态。简而言之,实证研究往往需要以规范研究为依托,规范研究也需要以实证研究来验证,这为本研究将两者结合提供了依据。

在本研究中,由于需要厘清高等职业教育实习的内涵与学习特征、实习的质量特性与互动关系、利益相关者与影响实习质量形成的相关因素,以及构建高等职业教育实习质量形成机理的理论模型等研究目标。这就需要采用规范分析的方法,以便能够清晰地构建出高等职业教育实习质量形成机理的理论分析框架。而对于高等职业教育实习质量形成机理的理论模型验证来说,又需要检验哪些因素影响了实习质量形成,是如何影响的;彼此之间是什么样的影响关系;存在哪些实习制度要素影响实习质量;又是如何影响实习质量的。这显然应该采用实证研究的方式才能解决问题。因此,本研究采用规范研究和实证研究相结合的方式,以便能够获得更为可靠的分析结论。

2. 定量研究和质性研究相结合

定量研究以实证主义为哲学基础,要求建立严格的模型和控制变量,依据因果关系得出可信的和一般化的数据模型或结论;质性研究则以建构主义为哲学基础,立足于某种自然状态,在相对较少的控制和彻底的深入现场,从而获得丰富的、生动的描述性资料。两种研究方法所采用的研究设计、研究策略及研究结果呈现等都存在显著的差异,见表1-3,但实质上并不冲突,以实用主义为哲学基础的混合方法研究恰好综合了定量研

---

① 叶澜.教育研究方法论初探[M].上海:上海教育出版社,2014:19.
② 列奥·施特劳斯.什么是政治哲学[M].李世祥,等译.北京:华夏出版社,2011:12.
③ 金生鈜.教育研究的逻辑[M].北京:教育科学出版社,2015:19.

究和质性研究的要素,使两者合理结合并形成优势互补。因为没有一种研究方法能够完美地解决研究问题的所有方面,仅仅依靠定量研究或质性研究同样不能全面地解决研究问题。

表 1-3　定量研究与质性研究的范式差异[①][②]

项　目	哲学基础	认识论	本体论	价值论
定量研究	实证主义/后实证主义	客观论 主体和客体是独立的	现实是唯一的、可发现的	研究是价值中立的
质性研究	建构主义	主观论 主体和客体是统一的	现实是多元的、建构的	研究受到价值的限定

注：参考 Creswell(2002)、Bryman(2006)的研究整理而成。

教育研究面向培养全面发展的人的活动,面向的是错综复杂的各类教育现象组成的教育系统,鉴于教育研究问题具有多元性、综合化等特征,相比较单一的研究方法,采用定量研究与质性研究相结合的方法会取得更好的研究效果。例如,质性研究数据可用于补充定量研究结果,定量研究数据能用于增加质性研究结果的准确性[③]。因此,本研究借鉴以实用主义为哲学基础的混合方法研究范式,坚持思路和方法必须取决于问题,兼顾不同调查方法自身独特的优势,提倡由问题的本质决定调查的方法,而不是基于抽象的哲学立场。

本研究需要验证影响高等职业教育实习质量形成的因素和实习质量形成机理,分析哪些制度要素影响实习质量及其影响机制。通过定量分析、质性分析相结合的方法,可以较好地解决这些问题。前者主要对高职院校学生进行问卷调查,对获取的数据进行定量分析,从而获得对实习质量形成机理这一问题的整体认知情况;后者主要通过深度访谈、文本分析等多种方法搜集一手资料,并对访谈数据等资料进行类属分析、提炼核心概念,最终归纳出影响实习质量的规制性制度要素、规范性制度要素、文化—认知性制度要素,为从制度优化层面提升实习质量提供依据。因此,在解决高等职业教育实习质量形成机理等问题时,需要通过大样本调查,以便能够发现实习质量形成过程中的真问题。同时,由于问卷调查并不能解决实习质量形成过程中的制度因素及其作用机制的深层次问题,这就需要深入高职院校和企业进行深度访谈,收集更为深入的信息。基于此,本研究综合运用了定量研究和质性研究的方法,注重研究的广度和深度相结合,实现本研究的研究目的。

[①] Creswell J W. Research Design: Qualitative, Quantitative, and Mixed Methods Approaches[M]. California: Sage Publications, Inc. 2003: 19-20.

[②] Alan Bryman. Paradigm Peace and the Implications for Quality[J]. International Journal of Social Research Methodology, 2006, 9(2): 111-126.

[③] Green C A, Duan N, Gibbons R D, et al. Approaches to Mixed Methods Dissemination and Implementation Research: Methods, Strengths, Caveats, and Opportunities[J]. Administration & Policy in Mental Health & Mental Health Services Research, 2015, 42(5): 508-523.

(二) 资料收集的方法

1. 文献研究

文献研究主要是根据研究目的,对搜集到的书面或声像资料进行分析探讨,广泛应用于各种社会研究中。文献研究具有以下4个方面的作用:一是能够了解有关问题研究的历史和现状,有助于确定研究课题;二是能够形成关于研究对象的一般印象,有助于观察与访问;三是能够得到现实资料的比较资料;四是有助于了解事物的全貌。[①] 本研究主要通过图书馆、电子数据库、网络搜索引擎和国内外一些专业的官方网站等搜集文献资料。

本研究通过文献研究,一方面了解国内外学者关注高等职业教育实习的具体研究领域和研究现状,为研究内容、研究方法和理论视角选择等提供准备;另一方面通过分析归纳和诠释性的逻辑推演,厘清高等职业教育实习的内涵与要素、实习的学习类型和质量特性、实习中教育与生产的关系、实习的利益相关者,以及影响实习质量形成的因素等基本内容,构建出实习质量形成机理理论模型。此外,文献研究除了奠定本研究的理论基础和分析框架外,还为调查问卷编制提供服务,大量的研究文献阅读是运用问卷调查法的学理基础,也是调查问卷问项的基本来源。

2. 问卷法

作为一项自述式数据收集工具,问卷经常被用来大范围地调查研究参与者对某一事物的想法、感受、态度、认知和行为意向等方面的信息。本研究所使用的调查问卷是高职院校大三学生填写的《高等职业教育实习质量形成机理调查问卷》。该问卷为自编问卷,问卷的编制参考已有的职业教育实习质量的相关内容,并结合访谈内容进行完善。问卷的编制与修订过程、信度与效度检验,以及前后三次发放的信息等内容,在实证研究部分将会详细呈现。本研究应用问卷法,主要目的是验证相关研究假设,构建高等职业教育实习质量形成机理理论模型。

3. 访谈法

本研究围绕影响高等职业教育实习质量的制度要素,自编面向高职院校教师、学生、企业负责人或人力资源部门经理等不同访谈对象的访谈提纲,通过深度访谈具体支持以下两个方面的研究:一是教师、学生和企业相关人员对实习质量形成的影响因素的认知,目的在于完善问卷编制;二是在教师、学生和企业相关人员看来,哪些制度影响了高等职业教育实习质量。在整个研究过程中,深度访谈了3所高职院校和10家企业的相关人员,共计43人次,形成了30余万字的访谈文字稿。

4. 文本分析法

文本分析法是一种透过文本材料表象,发掘文本材料内隐的价值逻辑和意义系统的研究方法,强调研究者对文本现象的价值和意义的理解。文本有三重意义,即"话语的记号系统或现象的记号系统""该系统所表述的意义系统""现象的观察者与书本的读者所

[①] 廖盖隆,孙连成,陈有进,等. 马克思主义百科要览·下册[M]. 北京:人民日报出版社,1993:1673.

了解的不同抽象记号系统"①。狭义的文本是指文字性资料(如文件、教科书、日记等),广义的文本还包括影像资料(如照片、录像、录音等)、立体物品(如雕塑、植物、路标等)等。本研究采用狭义上的文本,主要包括国家颁布的实习政策文本、高职院校人才培养方案、实习管理制度等相关文本、实习企业的管理制度等相关文本、实习学生的实习周记和总结等相关文本。通过对这些文本进行比较、分析、综合,提炼出评述性的说明。

(三) 资料分析的方法

1. 问卷数据的分析方法

本研究使用 SPSS 20.0 和 AMOS 21.0 分析问卷数据,处理方法过程如下。

首先,使用探索性因素分析与验证性因素分析对问卷的信度和效度进行检验,确定高等职业教育实习质量形成机理的维度及其因素,保证研究工具的有效性。

其次,使用描述性统计分析对问卷的调查结果进行初步统计,了解高职院校学生对实习质量和满意度的评价。

最后,使用路径分析的方法,验证高等职业教育实习质量影响因素的各项假设,构建实习质量形成机理理论模型。

2. 访谈数据的分析方法

在分析和应用深度访谈所获得的大量文本数据资料过程中,本研究主要采取以下两个步骤的数据分析方法。

首先,进行访谈数据的转化与研读。将访谈资料转化为文字数据,力求信息真实和数据完整,并与国家层面的政策制度、学校和企业层面的相关制度文本资料结合起来;对文本资料进行初步的阅读、反思,标注其中一些重要信息的阅读体验,为后续分析做准备。

其次,根据本研究的研究目标、制度要素分析框架及初步阅读,编制一套编码列表。这一套编码列表由研究考察指标的主要概念构成,例如,规范性制度要素就是由高等职业教育实习利益相关者共同感知的社会责任构成。这是本研究基于理论分析框架形成的初步编码,并进一步把访谈数据中的新编码分别添加到已有的编码目录中。通过上述编码,访谈数据最终简约成一系列的类属明确的核心概念,并结合相关研究成果进行理论解释,从而得出研究发现。

最后,本研究在引用其中一些访谈资料时,为了保持访谈对象所表达观点的客观原貌,应尽可能地保持其原有的话语表述作为本研究观点的论证依据,并对访谈对象进行了标注。

(四) 研究伦理

社会调查必须在研究伦理的框架中进行。任何以"人"为对象的研究至少需要关注三项基本研究伦理,即"知情同意、平等与尊重、无伤害与受益"②。对研究伦理的考虑不仅是对研究者道德层次的要求,也是有效地提升研究质量的要求。社会科学研究实质上

---

① 彭漪涟,马钦荣.逻辑学大辞典[M].上海:上海辞书出版社,2010:493.
② 黄盈盈,潘绥铭.中国社会调查中的研究伦理:方法论层次的反思[J].中国社会科学,2009:149-162.

是一种研究者和被研究者之间的"互动"与"交换"的过程,研究者只有首先尊重参与者和遵循研究伦理,才能获得他们的支持和理解,从而使他们无顾虑地表达自己内心的真实想法。

本研究从道德层次和方法论层次两个方面对研究伦理进行讨论。由于研究问题、研究情境和研究方法等差异性缘故,很难形成一套固定的伦理制度强制性地规范研究者的行为。对于本研究中的研究伦理问题,本研究将确保做到以下三点。

第一,保证被研究者的知情同意。知情同意是个体在得知可能影响其决定的事实之后,决定是否参与某项研究,包括胜任、自愿、信息充分和理解 4 个要素[①]。在与研究对象接触的过程中,首先,本研究要确保参与研究的人是自愿参加的,能够在获得相关信息后做出正确的决定。其次,将本研究的目的和意图告知研究对象,消除研究参与者的戒备心理,保证所收集资料的深度和真实性。最后,在调查过程中,随时解决调查对象的疑惑和不确定感,促使他们的理解置身于其中的情境。

第二,尊重被研究者的意愿,保护被研究者的隐私。在进入研究现场之前,首先要征得研究对象的同意。例如,问卷、访谈等调查的时间与地点充分尊重研究对象的意愿,访谈中的录像或录音事先得到受访者的允许,并向受访者说明研究成果中涉及研究对象个人和单位的部分均做完全匿名处理。此外,本研究收集的学校和企业方面的相关文本资料,哪些可以在研究中呈现,均需要得到对方的许可。

第三,对资料的分析秉承客观公正的原则。本研究在对所收集的资料进行分析时,力求做到价值中立,尽量剔除研究者的主观印象或判断,保证直接引用具体的、原始的资料。

---

① 刘易斯·科恩,劳伦斯·马尼恩,基思·莫里森.教育研究方法[M].程亮,宋萑,沈丽萍,等译.上海:华东师范大学出版社,2015:73-77.

第二章 高等职业教育实习的基本理论问题

通过研究文献综述发现,国内对高等职业教育实习的内涵等基本理论问题研究尚不充分,而这些问题却是研究高等职业教育实习质量不可回避的。本章力求从理论层面解析高等职业教育实习的基本问题,深化对实习的全面认知,为本研究奠定理论基础。具体内容包括:一是厘清高等职业教育实习的内涵与要素,与现代学徒制和合作教育进行比较,加深对实习内涵的理解;二是基于对高等职业教育实习内涵的理解,借鉴工作本位学习类型,对实习应然状态的学习类型进行理论推演;三是论述高等职业教育实习的两对互动关系,既揭示了实现实习的学习类型的条件,又为学校、企业共同提升实习质量提供理论指引;四是立足高等职业教育实习的内涵,论述实习的质量特性,为确定高等职业教育实习质量的评价维度提供理论依据。

第一节 高等职业教育实习的内涵及要素

形式和内涵互为事物的表里,理解高等职业教育实习的内涵是设计实习活动的前提和必不可少的步骤,也是探究实习质量形成机理的重要环节。本研究在仔细考察人们如何使用实习这个术语的基础上,并与现代学徒制和合作教育进行比较,希望凸显高等职业教育实习作为实践教学活动应有的教育价值。

一、高等职业教育实习的内涵

高等职业教育实习属于经验教育范畴,是工作本位学习(work-based learning)的一种形式。与学校教育不同,"这种学习发生在真实的工作环境,学生在参与具体的工作过程中完成实践学习活动"[①]。职业教育实习本质上是一段教育经历、一种经验学习形式,培养学生进入劳动力市场所需要的专业技能和职业素养,促进学生全面发展,已成为国际职业教育的共识。美国原国家合作教育委员会(NCCE,2002)曾将实习定义为"一种有组织地整合课堂和生产工作的经验学习策略,旨在促进学生的学术学习与职业目标紧密联系,有效地整合理论和实践经验"[②]。欧盟委员会在《欧洲实习和学徒质量宪章》(*European Quality Charter on Internships and Apprenticeships*)中,第一条就明确地指

---

① European Training Foundation. Work-Based Learning: Benefits and Obstacles: A Literature Review for Policy Makers and Social Partners in ETF Partner Countries[R]. Turin: ETF, 2013: 4.

② Yin A C. Learning on the Job: Cooperative Education, Internships and Engineering Problem-Solving Skills [D]. Pennsylvania: The Pennsylvania State University, 2009: 4.

出,实习属于经验学习,是一项教育活动,并强调实习不应该替代工作,旨在帮助学生获得实践经验和技能,促进与学校教育获得的知识融合。我国教育部将职业教育实习界定为按照专业培养目标要求和人才培养方案,安排学生到企(事)业等单位进行专业技能培养的实践性教育教学活动。

从以上主要国家和重要国际组织对实习内涵的理解可以得知,高等职业教育实习本质上是一项教育教学活动,旨在帮助学生从教育领域过渡到职业领域,帮助他们获得专业技能和工作经验,促进职业生涯持续发展和过上美好生活。由于我国并没有像德国、瑞士等国家形成正式的、成熟的学徒制体系,实习是我国高等职业教育"校企合作、工学结合"培养技术技能人才的重要环节,是校企共同进行知识和技能积累、应用的具体措施,并构成了学校教育必修课程的一部分。

高等职业教育实习、现代学徒制和合作教育都属于经验教育范畴,对三者内涵进行辨析,既有助于从经验教育层面更加深刻地理解实习的内涵,又有助于实现三者之间的经验共享。

首先,现代学徒制是"将传统的学徒培训方式与现代学校教育相结合的一种学校与企业合作式的职业教育制度"①。现代学徒制将学校本位的理论学习与企业本位的技能训练相整合,在工作场所和职业院校进行系统的、长期的交替学习与培训,实现职业院校和企业共同承担培养技术技能人才的责任。作为一项正规的职业教育项目,现代学徒制的特征在于将个体导向某个特定的职业。学生需要花费大量的时间在工作场所进行技术技能训练,企业需要按照特定的职业标准为学生提供以工作实践为基础的结构化经验。此外,学生在参加现代学徒制之前,企业还要对学生是否能够正常的从事工作进行评估,以确保经过长时间的学徒训练,能让学生更加专业、专注于某个职业。

与现代学徒制相比,高等职业教育实习则是短期的,学生通过实习促进技能训练和职业素养发展,但两者在本质上具有一致性,只是在形式上存在差异。具体而言,其一,参加实习的人数相对更多,现代学徒制并不像实习那么普遍。例如,我国职业院校每位学生都要经历实习,而不是每位学生都要参加现代学徒制。即使在欧洲,虽然选择现代学徒制的人数比美国要多,但是从总数来看,选择实习的人数更多。其二,现代学徒制周期更长。现代学徒制要求学徒花费相对较长的时间,完全投入某个特定的工作岗位,制度性更强。而实习累计时间通常在一个学期左右,远低于现代学徒制的时间。其三,现代学徒制的考核更加规范、严格。教学与训练共同构成现代学徒制的内容,在完成学徒任务后,学徒将获得一个能证明熟练工作的证书,而实习却没有任何能够证明学习结果的证书。

其次,合作教育是将理论学习与相关工作经验正式结合的一种教育模式,将学生的课堂学习和工作经验学习有机融合在一起的教育策略。合作教育要求"学生交替在学校学习或在相应领域内工作,促进课堂学习与社会需要、专业技能与工作经验密切联系,同

---

① 赵志群.职业教育的工学结合与现代学徒制[J].职教论坛,2009(36):1.

时,也为企业创造经济价值"①②。合作教育侧重于将课堂学习与生产性工作经验学习结合起来,以理论与实践相结合从而获得渐进的经验。合作教育具有四点特征:一是合作教育是学校课程体系的重要组成部分,系统性、整体性地有序组合了多重工作经验学习和学校课堂学习;二是强调学生是通过体验式学习的学习者和生产者,而不是知识和技能的被动接受者和重复者;三是官方教育机构正式地认可学生参与合作教育的各项学习结果评估记录;四是合作教育是教育机构、政府部门、社会各界协调关系的重要载体,也是职业教育以优秀的服务来换取政府和社会的多元支持的途径。

高等职业教育实习与合作教育本质上都是工作本位学习。"合作教育很多情况下被称为带薪实习,美国甚至将其作为降低学生社会贷款需求的策略。"③如果将实习和合作教育都视为功能和目标相同的教育策略,两者的区别仅仅在于时间安排的差异。实习时间较为灵活,且持续较短;而合作教育是一种课堂教育和实践工作经验结构化的方法,贯穿学生的整个学习过程,按照固定的日程安排,课堂学习和企业工作以有序的方式交替进行,具有结构性强、时间持续久的特点。然而,两者的核心并未脱离将工作实践融入学生的学校教育过程中,两者的基本要素也都是实践性学习。

通过以上对高等职业教育实习、现代学徒制和合作教育概念辨析,可以看出三者都强调在实践中学习,属于经验学习的不同形式。有研究者认为,合作教育是泛指以学校与企业合作为特点的职业教育形式的统称,在美国称为合作教育,在德国则是"双元制"学徒培训④。同一种学习模式拥有不同的称谓,这与各个国家不同的文化背景相关。虽然造成了实习、现代学徒制和合作教育在名称上的不同,但就本质而言,并没有改变三者在哲学理念、教育目标、实施途径等方面的内在一致性。

此外,作为一项实践性教育教学活动,高等职业教育实习还受到实用主义哲学、体验学习理论和情境学习理论的指导。实用主义哲学认为,知识来源于感觉经验,来自学习者与环境的交互作用和探究。"知识的可能性问题无非是知识与行动、理论与实践关系的一个方面。"⑤因此,杜威强调知识的获得不仅仅是日常经验的累加,更需要"行动"的执行和"反思"的参与⑥。实用主义知识观为高职院校和企业共同设计实习活动,提供了框架性启示。例如,实习的目的应聚焦于个体的整个职业生涯,而不仅仅是为某个职业做准备;实习的内容应促使学生与社会、与环境在互动过程中获得良好发展;实习的方法应注重以学生为中心、以问题为导向,通过规范的经验学习,促使学生习得必要的知识和技能。而体验学习理论和情境学习理论对确定高等职业教育实习的核心要素具有理论指导意义。

---

① 李元元,邱学青,李正.合作教育的本质、历史与发展趋势[J].高等工程教育研究,2010(5):22-29.
② Haddara M,Skanes H. A Reflection on Cooperative Education:From Experience to Experiential Learning [J]. Asia-Pacific Journal of Cooperative Education,2007(8):67-76.
③ Garavan T N,Murphy C. The Cooperative Education Process and Organisational Socialisation:A Qualitative Study of Student Perceptions of Its Effectiveness[J]. Education & Training,2001,43(6):281-302.
④ 周蕖.中外职业技术教育比较[M].北京:人民教育出版社,1991:262.
⑤ 约翰·杜威.杜威全集:早期著作·第五卷[M].杨小微,罗德红,等译.上海:华东师范大学出版社,2010:4.
⑥ Biesta G,Burbules N. Pragmatism and Educational Research[M]. Oxford:Rowman & Littlefield Publishers, Inc. 2003:44.

二、高等职业教育实习的要素

通过对高等职业教育实习内涵的解析可知,实习是与工作相结合,有严格组织的教育教学活动,是一种与学生课堂学习和职业生涯目标相关联的生产性工作场所实践,整合了学生课堂理论知识与工作实践经验。这项基于经验教育理念的学习项目利用学生、高职院校和企业的合作伙伴关系,通过可靠的校企合作机制,达到依托生产性实践活动培养技术技能人才的终极目标。然而,创建学习型的工作条件和学习环境总会涉及各种矛盾,如育人与生产的对立、成本与收益的博弈等。为了使高等职业教育实习尽可能有利于学习目标的达成,必须对实习投入、实习过程、实习结果及支持措施等实习的核心要素制订相应的评价标准。① 标准作为一个建设性的基础,对从高等职业教育实习本身出发保障和衡量其质量具有指导作用。本研究从情境学习理论和体验学习理论两个方面,对实习的四个核心要素,即实习投入要素、实习过程要素、实习结果要素和实习环境要素,展开论述。需要说明的是,强调这四者并不是否认其他要素的存在,而是希望引起实习组织者在设计实习项目时给予重点关注。

情境学习理论认为,学习的实质是个体参与实践,与他人和周围环境等互动的过程,学习的结果是形成参与实践活动的能力、提高社会化水平②。学习者与环境相互作用,主动地参与实践活动,共同构成动态的整体或系统。学习行为也并非学习者对客观世界的被动反应,而是发生在社会环境中的一种主动活动。因此,对实习学生而言,学生在工作场所应具有一定的自由度和采取有关行动的权限,在处理工作任务过程中可根据不同条件对工作流程进行更改,能够完整地参与工作过程。依据情境学习理论对学习任务的规范,实习组织者在设计实习投入要素时,一要确保实习任务的重要性和完整性;二要给予学生工作的自由和根据情境等因素自主处理工作任务的权限,让学生能够获得校企双方共同提供的实习指导等社会支持;三要采取科学的方式评价实习结果。依据情境学习理论对学习结果的要求,实习结果要素则体现在提升专业技能、发展职业素养和加快社会化进程等方面。

体验学习理论认为,学习是一种"以体验为基础,个体与环境之间连续不断的交互作用、创造知识的过程"③。科伯用学习循环模型来描述体验式学习,该模型包括体验与实践、观察和反思、抽象概念和归纳的形成、在新环境中测试新概念的含义四个过程。这四个过程要求学习者完全投入实际体验活动中,对其进行多个角度观察和思考,抽象出合乎逻辑的概念和理论,并运用到问题决策和解决过程中,在实践中验证新形成的概念和理论。高职院校学生在实习过程中,完全投入企业真实的生产情境中,在企业师傅的指导下,将观察和反思相结合,将实际体验活动和经历抽象成概念和缄默知识,并在生产环境中进一步运用这些理论做出实践决策、解决问题,从而促进自身技术技能提升和职

---

① 张宝臣,祝成林.高职院校学生海外实习:背景、要素与措施[J].高等职业教育探索,2021(1):62-67.
② J.莱夫,E.温格.情景学习:合法的边缘性参与[M].王文静,译.上海:华东师范大学出版社,2004:4.
③ 库伯.体验学习:让体验成为学习与发展的源泉[M].王灿明,朱水萍,等译.上海:华东师范大学出版社,2008:22-33.

业素养发展。这与情境学习理论对实习结果要素的规定,具有一致性。

体验学习理论要求,实习活动的指导者和组织者应给予学生主动探索操作与体验学习的机会,一方面激发学生形成强烈的实习动机,另一方面要求指导教师采取认知学徒的方式,给予学生合理的实习指导,如示范、反思、解释和探索等,让他们跟随技术技能专家参与真实的生产活动,获得诸如同伴之间相互沟通和帮助等社会支持。高等职业教育实习对于学生而言,不只是工作技能的训练和技术的应用,也包括引导学生在实践共同体中的思考与理解,思考由新手成长为专家的可行模式。

此外,高等职业教育实习联结了企业和学校两种不同的情境,不同的系统也蕴含了差异文化。学生参与实习,不断适应企业文化,让学生在真实的工作情境中认知、思考和操作,并培育自身的职业认同感。学生从教育系统进入生产系统,必然会对企业资质、企业文化、生产组织形式、专业设施设备、安全保障等支持实习的环境因素进行考量。这些环境因素也是促进学生在工作中学习的重要社会支持。

基于以上分析,本研究认为立足学生本位的视角,从实习内涵出发,高质量实习的要素特征应至少包括学生实习有自主权、同伴沟通顺畅、任务多样、学习机会丰富、社会支持充分、指导者指示清晰、指导者反馈及时、指导者训练规范、指导者支持意愿强烈、企业环境良好、设施设备先进、安全保障可靠等[1],见表2-1。其中,指导者既包括学校指导教师,又包括企业指导师傅,这些要素特征具有多样性。因此,优质实习项目必然是高职院校、学生和企业三方合作、共同努力的结果。这些要素特征也是从内部设计和外部评价高等职业教育实习项目的核心指标。

表2-1 高等职业教育实习的四个核心要素

要 素	要 素 特 征	主要参与者
实习投入	技术、技能多样性;工作任务重要性;工作任务完整性;工作任务创新性;工作过程自主性;结果考核规范性;考核形式多样性等	高职院校、学生、合作企业
实习过程	学习机会丰富性;学校、企业管理科学性;同伴沟通顺畅度;指导者指示清晰度;指导者反馈及时性;指导者训练规范性;指导者支持意愿强度等	高职院校、学生、合作企业
实习结果	专业技能提升;职业素养发展;职业认同感增强;社会化进程加快	高职院校、学生、合作企业
实习环境	工作时间规范性;薪酬合理性;企业资质;企业文化;生产组织形式科学性;专业设施设备先进性;安全保障可靠性等	高职院校、学生、合作企业

高等职业教育的实习投入要素和实习过程要素促进了学生的反思能力和创新能力发展,已引起人们的重视。例如,拉什(S. Lash)认为学习型岗位应满足岗位工作者对反思和创新的追求[2]。在设计和选择高等职业教育实习项目时,管理者和指导者应当充分

---

[1] 张宝臣,祝成林.高职院校学生海外实习:背景、要素与措施[J].高等职业教育探索,2021(1):62-67.
[2] Dehnbostel P. Shaping Learning Environments[M]//Rauner F,Maclen R,Lauterbach U,et al. Handbook of Technical and Vocational Education and Training Research[M]. Berlin:Springer Netherlands,2008:531-536.

考虑实习促进学生对工作过程和个人行动的反思,对工作活动和工作成果的创新。创新也是评价实习项目的重要特征。因此,本研究提倡校企联合设计创新型实习项目。创新型实习任务是工作过程完整、工作任务跨界的综合性生产任务。将企业生产过程中遇到的实际技术问题作为高职院校师生的研究课题,在学生实习过程中,深化教师、学生、企业技术人员合作,共同进行技术开发、革新和推广的应用型研究,促进高职院校成为区域企业技术研发的重要基地,增强学生实习任务的体验性、创新性和多样性。创新型实习任务要依据个人的发展需求,任务的要求太高或太低都不适合学生的发展,实习过程必须有某种程度的自由,个人的发展不应该局限在一个封闭的系统中,学生应具有控制过程的权限。

第二节 高等职业教育实习的学习类型

通过对高等职业教育实习与现代学徒制、合作教育的比较,本研究从工作本位学习的总体视角,探索高等职业教育实习的学习类型,以期揭示实习过程中学生如何达成理论和实践融合、工作和学习同步的目标。

一、工作本位学习的类型及启示

建构主义学习理论认为,学习是个体主动建构的过程,知识存在于活动中,个体通过积极参与活动,探究、发现和建构知识。知识的建构与转换是一个动态过程,学习则伴随知识持续地转换。由于抽象的知识并不足以促进学习,以及情境结构的不确定性需要有效的行动加以验证,因此,技术技能人才的学习活动需要借助环境影响,应尽可能通过集体行动和技术理性的思考进行。工作本位学习恰好有效地融合了理论和行动,理论的价值在于指导行动,而行动的意义在于反思理论。瑞林(Raelin)从显性和隐性两种知识的形式、理论和实践两种学习的方式、个体和集体两类学习的主体,开发了一个工作本位学习的三维模型,构建了工作场所学习中知识动态的发展过程。[①]

瑞林认为,个体层面的工作本位学习的起点是概念化,为实践者提供支撑挑战实践假设的框架。个体在个人层面通过工作学习,实现学习模式和知识形式之间的交互作用,形成应对实践挑战的行动框架。行动是联系老师的指导和学生的理解两者间最好途径,个人通过行动获得实践性技巧。在实践过程中,实践者将概念性知识转化成更符合实际的经验。由于获得经验需要使用隐性知识,通过经验学习通常被称为隐性学习,是获得隐性知识的基础,通常嵌入在解决问题,以及对情境做出合理的决策过程中。此外,学习者还需要反思内在的、含有隐性知识的经验,从而有助于重建概念。

瑞林将工作本位学习由个体层面延伸到集体层面、同一工作单位的同事内部,强化隐性和显性知识之间的对话和螺旋上升。在集体层面的工作本位学习中,概念化在无意识探究中将再次发挥作用,并嵌入到更正式的应用科学方法中。应用科学理论往往对实践者帮助不大,除非它们融入实践,成为行动学习中的实时经验。当面对发生在实践者

---

① Raelin J A. A Model of Work-Based Learning[J]. Organization Science,1997,8(6):563-578.

工作环境中的问题时,实践者共同参与行动,他们可能会形成一个实践共同体,共享对矛盾和困惑的理解。实践共同体还会将知识重新返回到情境中,以便于组织利用集体的隐性知识进行观察和实践,实现在行动中学习的目标。行动科学要求统筹兼顾个人的和组织的心智模式,促进正式的"行动中反思",重视理论与实践之间的相互作用,并试图发现行为和结果之间的关系。

工作本位学习是一种基于情境的学习形式,瑞林将工作本位学习划分为个体和集体两个层面的学习,前者强调学习者本人的概念化(conceptualization)与实验(experimentation)、体验(experience)与反思(reflection);后者侧重开展应用科学(applied science)和行动学习(action learning),形成实践共同体(community of practice)和行动科学(action science),表明了知识形式和学习模式在个人与集体不同层面之间的相互作用。通过这种学习模型认识到,为了实现成为熟练的能手的目标,实践者需要在显性知识和隐性知识、理论和实践之间架起桥梁,并使用理论框架理解实践情境。瑞林对工作本位学习类型的解读为理解高等职业教育实习的学习类型提供了基本的分析框架。

二、实习的"三维十项"学习类型

高等职业教育实习的学习过程同样包括知识在显性和隐性两种形式间转化、学习在理论和实践两种方式间交替、学习主体在个人和集体两个层面间交互作用。高职院校学生想要在专业实践领域成为"合法的参与者",除了需要将瑞林的8种学习类型综合考虑其中之外,更加提倡在个体层面结合个人毕业设计完成研究性学习、在集体层面实现知识共享。通常而言,学生在进入企业实习之前,企业首先做出初始招聘决定,并依据一定的招聘条件进行针对性较强的人才选拔,根据企业对人才需求水平进行筛选和评估,接收的实习学生往往具备良好的知识和技能结构,能够促进企业创新生产方式或管理模式。这为实现学生在实习中进行研究性学习和知识共享提供了现实依据。

在真实的生产或服务情境中,学生可以接触到不同于教室中所涉及的思维模式,并且这些思维模式的教育价值是学校教育所不能提供的,对学生创新思维培养具有重要价值。在高等职业教育实习中,学生需要独自或在别人指导下界定问题、解决问题,并与实践共同体的其他成员分享,这一过程促进了学生创新思维的形成。因此,以培养学生工作胜任能力和促进学生职业生涯持续发展为重要任务的实习,其学习类型既有工作本位学习的一般规律,也有实习本身的学习规律,具体表现为高等职业教育实习过程同样包含三个动态的维度,即理论与实践相结合的学习模式、显性和隐性相互转化的两种知识类型、个人和集体不断融合的两类学习主体。在具体的学习类型上,高等职业教育实习的学习类型既含有工作本位学习中的8种学习类型,也含有自身特有的学习类型,即需要学生在个体层面能够达到研究性学习,在集体层面实现知识共享,[①]如图2-1所示。

(一)个人学习类型

1. 概念化

作为一种高级认知活动,概念化为实践者提供了一个基于共同语言的分析视野,可

[①] 祝成林,侯改丽.本科职业教育实习的学习类型及其实现路径[J].职教通讯,2022(1):30-38.

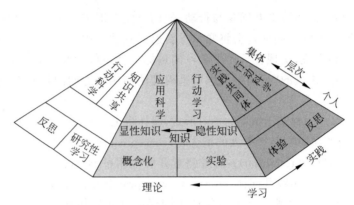

图 2-1　高等职业教育实习"三维十项"学习类型

注：参考 Raelin 的研究绘制。

以促进实践者以新的视角感知非特殊、常规性问题。针对不同情境中的新问题，概念化引入新的原理或规则的工具，帮助实践者解决问题。高等职业教育实习中的概念化可具体化为要求学生善于把实习中观察、感受到的问题与学校专业理论关联出来，把实习中的"经验问题"转化为专业性的"理论问题"，在经验现象中进一步验证或获取学校课堂学习中一般性的原理。在实习前引入概念化知识将会对学生的决策和实习行为产生隐性的影响，这也使得通过实习激发学生学习动机成为可能。然而，也有许多学生认为，在实习中遇到的大多数真实的问题并不能精确地与学校所学理论相匹配，他们怀疑依赖概念化知识或学校所学理论会限制自己解决问题的能力，这恰恰进一步要求概念化允许学生明确地反思和积极地实践。此外，如何将实习中的"经验问题"上升为"理论问题"，既取决于学生对"经验问题"的感知，也取决于学生自身的理论素养。这也要求高职院校教师努力缩短自己传授的理论知识与学生即将在实践中运用的知识之间差距。

2. 实验

实验有助于学生在工作场所将课堂中学习到的概念化知识在具体的情境中尝试或实验，促使概念化知识由抽象性向实践性转变。实验并不仅仅等同于"做"和"行动"。杜威认为，仅仅是"做"或"行动"并不足以产生学习，应该通过尝试或实验，升华为探究世界的实验活动，才能产生学习。[①] 学生需要机会来尝试自身掌握的概念性知识，实习恰好提供了这样的机会。学生在实习场所也会面临理论与实践相脱节的困境，即"信奉理论"（espoused theory）和"使用理论"（theory in use）之间存在差异。"信奉理论"是个人宣称他所遵行的理论，"使用理论"则指那些由实际行动中推论出来的理论。[②] 在实习过程中，学生在运用"使用理论"解决问题的过程中会修改或无意识地改变"信奉理论"，从而有机会通过实验让这两个理论达成一致。实验可以使学生的"信奉理论"适用于企业生产或服务，并通过实验的机会，促使两种理论之间建立联结，帮助学生更加深刻地理解学校课

---

①　约翰·杜威.民主主义与教育[M].王承绪,译.北京：人民教育出版社,1990：153.
②　克里斯·阿吉里斯,罗伯特·帕特南,戴安娜·麦克莱恩·史密斯.行动科学：探究与介入的概念、方法与技能[M].夏林清,译.北京：教育科学出版社,2012：59.

堂中习得的理论知识。

3. 体验

学习经常通过体验发生,学习者首先需要经历一个特定的经验,然后反思经验,从中推断发生学习。通过体验来学习是指,"学习者获得复杂知识的同时并不会意识到学习的发生"[①],又称为隐性学习。体验对实习学生非常重要,能促进他们习得隐性知识,是一种无意识的学习活动。与显性学习相比,通过隐性学习学得的知识并不能够用言语来表达,但它却潜移默化地影响着人们的行为。据实习期间的学生反映,企业师傅依赖隐性知识处理复杂的事务往往比"深思熟虑"的新手反应更敏捷。这是由于企业师傅运用的知识并不是有意识的知识,也没有经过抽象的理论指导,行为的发生在于企业师傅掌握熟悉的技能,他们可以本能地感觉到这种正确的行为方式,却无法解释为什么这么做,从而给人留下专家活动的印象。学生实习中的体验行为能够将企业师傅所使用的隐性知识显性化,完善自我对两种知识的理解、转化和行动表现,体验结果也会帮助学生像"专家"一样敏捷地处理实践问题。

4. 反思

反思是个体对自身活动及活动方式的反省,从而产生内在经验与知识,是一种个人的、以自我为中心的学习过程。[②] 反思能帮助学生揭示实习过程中所观察到的和所完成的内容,学生通过自我质询已完成的实习任务,促进对实习中被忽视的内容进一步认识和理解。反思中的学生都是积极的观察者,反思为他们提供了丰富的经验。因为"人们总是在采取行动前,先观察别人是怎么做的,通过观察来学习"[③]。学生在实习过程中尝试新的行为和改变过去的行为的时候,总会事先关注企业指导师傅或信任的同事,从而来调整自己的心智模式和设计认知地图,指导他们进行新的尝试。反思并不是一次就可以完成的经验,国外研究者根据时间持续的长短,把反思分为本能的快速反应(rapid reaction)、习惯性的修复(repair)、数小时或数天后的检查(review)、数周或几个月的系统研究(research)、几个月或几年的再形成(reformulate)五个层次[④]。此外,高等职业教育实习中的反思包括"在行动中反思"和"对行动的反思"两个方面。前者包括对解决问题的策略和实施阶段进行的有意识的内容反思,后者包括对解决问题的程序和假设进行的批判性的过程反思。两个方面的反思同时也涵盖以上五个层次的反思类型。

5. 研究性学习

《现代职业教育体系建设规划(2014—2020年)》将强化研究性学习作为建立职业教育质量保障体系的具体措施。高等职业教育实习中的研究性学习是指学生在学校教师和企业师傅的共同指导下,结合学生的毕业设计或研究课题,在企业真实的工作环境中,

---

① Green R E A, Shanks D R. On the Existence of Independent Explicit and Implicit Learning Systems: An Examination of Some Evidence[J]. Memory & Cognition, 1993, 21(3): 304-317.

② 张宝臣,祝成林. 高职院校教师文化特质的实然诊断与应然建构[J]. 中国高教研究, 2015(12): 100-103.

③ Bandura A. Social Foundations of Thought and Action: A Social Cognitive Theory[M]. Englewood Cliffs, NJ: Prentice-Hall, 1986: 523-525.

④ Griffiths M, Tann S. Ripples in the Reflection[J]//Lomax P. (ed.) BERA Dialogues No 5: Managing Better Schools and Colleges: an Action Research Way[C]. Clevedon: Multilingual Matters, 1991: 95-97.

鼓励和引导学生主动地发现、分析和解决问题,从而促进学生在知识运用与创新、技术与技能习得、职业能力与个性发展等方面得到提升。研究性学习的起点是发现问题而不是仅关注结论,既需要分析和解决专业实践问题的载体,也需要师生互动和同伴合作,高等职业教育实习恰恰能满足这些要求。研究性学习对学生应用和更新知识、问题解决的能力培养、合作与团队交流素质的发展等,与高等职业教育实习目标方向一致。从企业需求反馈来看,学生在实习过程中有很多问题值得研究性学习去探索:一是针对已经解决的问题,学生可以从改进原有解决方案的视角,对原有的问题解决方案进行分析和评判,在新的环境和条件下,提出解决问题的新方案;二是针对当下企业生产、经营和管理中需要解决的问题,学生借助实习,有机会体验和发现企业正面临的问题,为学生综合运用所学理论和方法提供便捷;三是从企业未来发展角度提出需要解决的问题,这类问题具有诸多不确定性因素和缺乏参考、借鉴的资料,要求学生具备较高的创新思维和创新能力。此外,研究性学习能够有效地解决学生实习和毕业设计之间的时间冲突等问题,使两者原本割裂的状态可以走向融合。

在个人层面,高等职业教育实习质量在很大程度上取决于学生对这5种学习类型的实践。这5种学习类型具有内在连贯性,例如,体验可以强化在实验中习得的隐性知识;反思可以加速对这种知识的掌握,也可以对先前的概念化知识提出质疑,并完善概念化知识。研究性学习既综合了概念化、体验、实验和反思等个人学习行为共同解决某个实际问题,也密切联系高等职业教育实习集体层面的学习行为。

(二) 集体学习类型

1. 应用科学

实证主义者认为,通过实证研究方法获得的科学知识优于从价值观、情感或经验推论出的知识,因为它坚持严谨的目的和公正的方法。然而,一味地追求客观和毫无偏差,则会造成理论与实践之间隔离。对实践者最有帮助的不是具体化的、纯粹的科学方法,而是将社会体系中的文化、政治和道德困境考虑在内的应用科学。应用科学是基于假设演绎逻辑条件下进行测试过的行动理论,对实践具有重要的指导作用,并以弥补理论与实践之间的鸿沟为宗旨。应用科学寻求具有使用潜力的真理,倾向于处理有实用价值的问题,不只是纯粹科学知识的应用,也增加新知识。[1] 应用科学实践者为理论的构建和完善做出贡献,同时,实践者也在这一过程中获益。高等职业教育实习是联系理论和实践的纽带,能够扩大跨专业和跨领域的交流,实习中理论习得可以源自实践行动,实践也能从理论建设和验证中获益。人们逐渐认识到,专注于学习某个学科或专业,不仅要学习其他学科或专业,也要从日常生活中学习。基于科学的方法和严格控制的条件下,进行实验在工作领域也流行了起来,越来越多的企业建立自己的研发机构足以佐证,这为高职院校学生参与企业应用科学的学习行为提供了现实基础。应用科学以将研究成果应用于生产实践为目标,以问题或产品升级为导向,以专利、新产品或新工艺等为研究产

---

[1] Lipscombe J, Williams B. Are Science and Technology Neutral? [M]. London: Butterworths, 1979: 14.

出,以有组织和有计划的评价促进管理。[①] 高职院校学生在实习中的应用科学学习行为对企业尤其是小微型企业发展具有重要贡献。

2. 行动学习

行动学习要求参与者以小组形式共同探索实践中的一些复杂的真实问题,通过参与者相互间的询问来促进反思与学习。学生在实习场所进行行动学习的前提是工作情境具有学习环境的特征。因此,为了将理论应用到工作场所,实习组织者需要确认实际工作情境作为学习环境的适当性。[②] 行动学习核心元素之一是复杂的、没有现成解决方案的真实难题。工作本位学习也要求学习者成为实践者,而不是学习实践。[③] 实习学生作为问题解决的利益相关者,他们能够成为解决真实的而不是模拟的问题的主体。基于学校的学习经历虽然起到一定的作用,如通过案例分析、实地研究和观察、多媒体技术等方法传授隐性知识,但并不足以帮助学生将理论转化为隐性知识或获得如何促进自己反思的理论知识,因为即使是高精确的模拟也不能充分反应工作中的矛盾。学生需要在真实的情境和压力下做出价值判断,设计解决问题的方案。此外,行动学习是问题的利益相关者共同解决实际问题的过程,它不仅关注问题的解决,也关注小组成员及整个组织的学习进展和进步。这种学习形式凸显了实习团队乃至企业内部相关工作团队的学习价值,具有体验的丰富性和反思的有效性。学生在实习过程中,能够通过行动学习的机会融合理论与组织建构的含义,并在组织内部共享彼此的理论和经验。

3. 实践共同体

在校内的学习过程中,教师可以借助先进的教学方法和媒体,将知识结构化、显性化,高效率地传递给学生,而工作场所中的学习则不同,"学习并不是复制他人的作品而进行的,是在共同体中通过向心性的参与而发生的"[④]。共同体聚集在一起不是基于正式的成员资格,而是与彼此行动或工作需要相关。共同体成员追求一致的组织目标和趋同的价值观。共同体既不意味着必须是彼此认同的团体,也不意味着必须具有清晰可见的社会界限,而是意味着"在一个活动系统中,参与者共享他们对该活动系统的理解,这种理解与他们所进行的行动、该行动在他们生活中的意义及所在共同体的意义有关"[⑤]。作为学习型组织,实践共同体是构成高等职业教育实习的学习类型的重要部分。高等职业教育实习中的实践共同体,是指学生、企业师傅及企业员工基于生产性实践活动和技术技能训练的需要聚集在一起,以期通过相互的介入、合作和对实践活动的积极参与,并在不断的反思、对话和再实践中实现学生专业技能水平的提升和个人成长。在实践共同体中,学生不仅能够找到自身存在的价值,更能够在广泛的工作实践中发现其他成员的优势,并汲取信息、资源和参与机会,促进自身对专业领域的技术技能的认知和习得。

---

① 李汉林.科学社会学[M].北京:中国社会科学出版社,1987:110.

② Korey G,Bogorya Y. The Managerial Action Learning Concept:Theory and Application[J]. Management Decision,1985,23(2):3-11.

③ Brown J S,Duguid P. Organizational Learning and Communities-of-Practice:Toward a Unified View of Working,Learning and Innovation[J]. Organization Science,1991,2(1):40-57.

④ J.莱夫,E.温格.情景学习:合法的边缘性参与[M].王文静,译.上海:华东师范大学出版社,2004:47.

⑤ J.莱夫,E.温格.情景学习:合法的边缘性参与[M].王文静,译.上海:华东师范大学出版社,2004:45-46.

4. 行动科学

行动科学是一种认识的形式,与传统的理论知识或科学知识的认识形式相反,试图既在具体的情境中采取行动,又要检验那些概念化的理论,引导人们反思实践性知识的本质。① 行动科学倡导质疑已有的观点和看法,反思行动背后的原因,关注"介入的实践"(the practice of intervention),在实践中检验知识并将其合理化。② 针对人们把学习狭隘地理解为解决问题,过于强调发现和纠正错误,却很少反思自己的行为,行动科学提出了"双环学习"(double loop)理论。相对于"单环学习"(single loop),"双环学习"不仅停留在对解决问题的学习,更关注于对问题本身的反思。实习学生通过行动科学的方法,能够学会质疑问题本身,在解决问题环节会向自己提出更多的问题和质疑。因此,高等职业教育实习中的行动科学是探索共同体内成员的行为是如何被设计并付诸行动的,学生是工作过程中的参与者,试图把握工作过程中的具体细节、检验自己信奉的理论假设,也同时致力于所在组织的学习及知识和技能的积累。此外,高等职业教育实习中的行动科学还致力于寻找能为实习和将来工作服务的实践性知识,提倡强调反思和质疑的"双环学习",对于获得"隐性知识"具有重要意义。

5. 知识共享

知识共享最早出现在经济学和知识管理领域,后来成为社会学、心理学和教育学等学科关注的问题。"在不同的理论中,知识共享是知识提供方和接受方两者间沟通、学习的过程,沟通、互动、知识的交换与转移、创新和应用是知识共享的核心。"③ 高等职业教育实习中的知识共享是学生和企业技术人员互为知识的提供者和接受者,双方在企业生产情境中通过观察与模仿学习、参与项目设计与运行、轮岗培训、技术革新与推广等各种途径获得所需要的知识与技能,并将其用以指导自身的实习行为、内化为隐性知识的过程。依据竹内弘高和野中郁次郎提出的"SECI"模型,高等职业教育实习中的知识共享是隐性知识与显性知识之间社会化(socialization)、外部化(externalization)、组合化(combination)和内部化(internalization)的沟通、互动过程④,结合实习中的实践行为,实习中的知识共享特征和方法见表2-2。

表2-2 高等职业教育实习中的知识共享特征与方法

类型	转化模式	转化过程	转化方法
隐性知识共享	社会化	隐性知识——隐性知识	现场观察、技术交流、技能模仿、生产实践
	外部化	隐性知识——显性知识	技术迁移、知识类比、图像表征、知识演绎
显性知识共享	组合化	显性知识——显性知识	论坛讲座、项目参与、实习培训、技术应用
	内部化	显性知识——隐性知识	技能体验、技术革新、参与生产

---

① 克里斯·阿吉里斯,罗伯特·帕特南,戴安娜·麦克莱恩·史密斯.行动科学:探究与介入的概念、方法与技能[M].夏林清,译.北京:教育科学出版社,2012:3-4.

② 克里斯·阿吉里斯,罗伯特·帕特南,戴安娜·麦克莱恩·史密斯.行动科学:探究与介入的概念、方法与技能[M].夏林清,译.北京:教育科学出版社,2012:25.

③ 张宝臣,祝成林.高职院校教师企业实践中的知识共享研究[J].中国高教研究,2017(5):98-101.

④ 竹内弘高,野中郁次郎.知识创造的螺旋:知识管理理论与案例研究[M].李萌,译.北京:知识产权出版社,2006:8-9.

在集体层面,高等职业教育实习的 5 种学习类型并不是割裂的,而是紧密联系的,共同强调集体与个人之间的相互作用。这种关系也促使个人层面的学习类型与集体层面的学习类型的关联与沟通,从而形成实习活动的系统性学习特征。① 此外,实习中的学习行为发生在工作场所,高等职业教育实习的"三维十项"学习类型也是基于前述理论推演的应然状态。每一种学习类型在具体工作场所中的实施和实践,与学校的投入程度、企业的介入强度,以及学生的学习能力和意愿密切相关,而这些都是影响实习质量的重要因素。

第三节 高等职业教育实习的互动关系

高等职业教育实习是校企协同进行知识与技能的积累、应用的具体活动,基于高等职业教育实习的内涵和学习特征分析,其蕴含了两方面内容的互动:一是组织层面的教育与生产的互动,即在企业生产场所进行学校教育活动;二是个体层面的学习与工作的互动,即个体通过工作进行学习。这表明高等职业教育实习至少存在两对关系,即在组织层面表现为教育与生产的关系,在个体层面表现为学习与工作的关系。处理好这两对关系是提升高等职业教育实习质量的根本性问题。

一、组织层面的教育与生产关系

(一)目标与载体

教育与生产是人类两种完全不同性质的活动,教育关注人的成长和改变,而生产要求劳动者执行工作程序、追求经济效益最大化,关注物的生产,而不是劳动者自身成长或行为改变。尽管教育与生产的性质不同,但并不表明两者不能结合,正如马克思所认为,生产与教育相结合是造就全面发展的人的唯一方法。如果人在生产活动中发生行为上的改变,而不是重复地从事简单的劳动,这样的生产活动已经具备教育价值,即生产是实现教育目标的载体。

高等职业教育实习融合了教育与生产的双重活动,对教育而言,它旨在造就全面发展的人,促进学生技能形成,培养高素质的社会物质财富创造者,推动产业扩大再生产;对生产而言,它促使经济建设向依靠提高劳动者素质的轨道转移,从根本上提高社会生产力。高等职业教育实习的初衷是通过生产活动实现教育目的。因此,这里的"生产"不仅是企业生产流程中的简单生产,更是教育领域中的实践教学形式,兼具劳动性和教育性,能够为将来的社会劳动者提供技术技能积累的机会。"如果职业院校和企业能够在同一个平台进行紧密、有效的合作,这个平台显然具备能够同时容纳学校和企业两种不同的功能主体,也能够同时遵循教育和生产两种不同的活动法则。"②高等职业教育实习恰好是这样的平台。

---

① 祝成林,侯改丽.本科职业教育实习的学习类型及其实现路径[J].职教通讯,2022(1):30-38.
② 汪幼辛,程博.从工学结合到选育结合:校企合作人才培养的新思路[J].高校教育管理,2017(1):111-115.

技能形成有特定的规律,新手成长为专家同样离不开融合教育与生产的平台。德国学者劳耐尔(Rauner)教授根据新手到专家的职业能力发展阶段,将职业技能划分为"名义性能力、功能性能力、过程性能力和整体化的设计能力4种"[①],每一种能力的获得都与相关知识的学习紧密联系,如定向和概括性知识、关联性知识、细节与功能性知识和基于经验的学科体系知识。从新手到专家的知识和能力差异也体现在完整的行动过程中,即"明确任务、制订计划、做出决策、实施、控制和评价反馈"[②]。从技能形成的规律来看,学校职业教育并不能承担所有技能形成的任务,更加倾向于技能准备教育,个体在企业生产中持续性的实践才能促进技能形成,而高等职业教育实习正是技能形成教育的有效组织形式。因此,在以学校为主体的职业教育制度中,承担主要责任的高职院校应当主动联系企业、学生等实习参与主体,结合职业教育规律和企业岗位需求,与企业共同制订实习方案,保证学生在实习过程中达到规定的技能形成目标。

综上所述,高等职业教育实习只有坚持培养技术技能人才的教育性目标,以提高职业院校人才培养质量为直接目的,才能达到促进企业生产的间接目的,从而产生长远的社会经济效益。这样才能够符合国家推进产教融合、校企合作的初衷。否则高等职业教育实习容易成为企业单纯追求经济利润的生产途径,把实习学生等同于普通员工,出现"以劳代学""打工实习"等现象。当然,从资源相互依赖的角度来看,如果只是片面地强调高等职业教育实习的教育基本属性,忽略企业生产创收、追逐利益的载体需求,势必会影响企业参与实习的积极性,实习也会因此失去物质基础和实践基地,从而难以实现理论联系实践的教育规律。[③] 因此,正确处理教育与生产这对目标与载体的关系是高等职业教育实习的一项根本性问题。

(二) 投入与积累

企业参与高等职业教育实习需要投入成本和精力,是一项人力资本投资,必然会考虑投入的问题。企业参与技术技能人才培养至少应符合两个基本条件,"一是企业参与人才培养投资支出所取得的预期收益不低于其投资成本;二是企业参与人才培养的预期收益率不低于企业对其他方面投资的收益率"[④]。因此,企业更愿意在专门技能和员工能力培训等方面发挥主体作用,而并不愿意承担具有公益性的职业教育的责任。企业参与高等职业教育实习具有两个方面的优势:其一,企业拥有相对先进的生产设备,为了确保生产技术的先进性,企业更换生产设备的决心和速度都远远超过高职院校;其二,企业拥有一批技术、技能过硬的专家,他们长期工作在生产一线,生产经验非常丰富,对专业技能与生产实践如何结合有着深刻的认知。这两种优势也是企业投入高等职业教育实习的重要资源。

---

① 菲利克斯·劳耐尔,赵志群,吉利.职业能力与职业能力测评:KOMET 理论基础与方案[M].北京:清华大学出版社,2010:55-56.
② 庄榕霞,赵志群,等.职业院校学生职业能力测评的实证研究[M].北京:清华大学出版社,2012:37.
③ 祝成林,褚晓.教育抑或生产:高职教育实习的制度逻辑与选择[J].江苏高教,2022(11):54-60.
④ 祝成林,柳小芳.产教融合背景下高职教育培养技术技能人才的困境与路径[J].职业技术教育,2015(34):41-45.

由于高等职业教育实习本质上是一项通过生产的教育活动,以促进学生技术技能形成的实习过程本身就是企业技术技能积累的组成部分,企业的收入并不能简单地依靠生产产值来进行计算。人力资本的积累是企业技术技能积累的主要载体,企业任何一种技术积累和创新的模式都离不开掌握先进技术的人来完成[①]。鉴于此,企业参与高等职业教育实习的投入可以通过技术技能积累获得补偿。高等职业教育实习对企业的技术技能积累也体现在两个方面。其一,满足企业对技术技能人才的需求。企业通过参与实习,既能够让实习学生成为自身满意的新员工,实习的指导过程又能够提高原有员工的素质。因为对实习学生的指导必然要求企业专业技术人员重新梳理自身的知识和技能。其二,满足企业技术创新和研发服务的需求。高职院校和企业指导教师带领学生参与企业新产品开发、技术革新过程,共同参与技术创新和研发服务。

然而,企业的投入是直接的、即时的,而积累则是间接的、长期的。此外,生产始终是企业的第一要务,对学生进行技术技能培训不仅存在时间和人力成本的问题,还存在因为实习学生流动所带来的风险成本的问题。因此,在企业的投入必然要求获得相应的回报,且在积累不足以及时实现的情况下,获得回报的直接途径是让学生参与日常生产。与德国等欧洲国家不同,在我国现行的学校本位职业教育体制下,现有的法律并没有明确而规范地规定企业举办职业教育的资格和义务,具体到企业参与高等职业教育实习,如安排企业指导师傅、制订实习培训标准或计划、提供优质实习岗位及实习结果评价等都无从谈起。因此,当前我国高等职业教育实习采取的学校为主、工学结合的模式往往难以调动企业参与校企协同育人的积极性,高职院校对参与实习的企业通常也并没有固定的标准,只要企业愿意接收学生实习,不管岗位优劣,都愿意鼓励学生去实习,导致众多劳动密集型企业参与到高等职业教育实习中,学生实习岗位多以流水线岗位为主。作为"边缘参与者"的学生没有任何决定权,企业除了把他们视为廉价劳动力,从事简单、重复的生产劳动之外,往往认为学生对它们毫无其他利益。这使得原本以人才培养为主的教育活动容易走向以企业逐利为主的生产活动,即载体功能取代了目标追求,这也是实习沦落为"打工"的根本原因。因此,高等职业教育实习中的投入与积累问题必须予以关注,否则会异化实习性质。

二、个体层面的学习与工作关系

就职业教育而言,学校并不能完全承担知识生产、技能训练的全部责任,知识的转换、技能的应用也绝不是从学校到企业的单向过程。相反,它们是在学校与企业之间双向进行的,企业的工作过程也具有知识生产、技能积累的功能。因此,"校企合作、工学结合"的职业教育人才培养模式需要巧妙地融合工作规律与学习规律,即在学生个体层面实现通过工作而学习、在工作中学习。

(一)知识与行动

职业院校学生习得的知识分为理论性和实践性两大类,前者多属于显性知识,存在

---

① 霍丽娟.现代职业教育的技术技能积累模式研究[J].国家教育行政学院学报,2016(1):70-74.

于书本文字、图表和数学公式等可描述的符号形式中,主要通过学校教育、个体自主阅读等途径获取;后者是未被表述的、在行动中所拥有的知识,具有隐蔽性、非系统性等特征,大多是由经验提供的应对生产活动现场的知识,需要在长期的实践中积累和创造。高等职业教育实习在于开发学生职业能力,而职业能力并不会自动地产生于已经习得的知识,需要在相应的活动中进行培养,即在行动中促进学生应用已掌握的知识和技能。从高等职业教育实习的学习类型来看,实习中的学习行为发生在行动或执行任务的过程中,知识与技能的积累、应用来源于个人行动和集体活动,实习学生必须具备学会学习的能力。这一学习过程能够帮助学生获得理论层面的显性知识和实践层面的隐性知识。因此,高等职业教育实习一方面鼓励学生将学校掌握的显性知识在行动中应用、检验,另一方面强调在行动中积累隐性知识。

首先,在行动中应用知识。学校本位的职业教育存在难以克服的弊端,即不管职业院校课堂上传授的内容如何先进,总比不上生产或服务一线中所应用的最新知识、最新技术和最新工艺;不管职业院校中的实训设备如何先进,总比不上生产或服务一线的最新生产设施装置;不管职业院校的师资如何"双师型",在实践上总比不上生产或服务一线的操作能手、技术专家。[①] 因此,高职院校需要与企业合作,将技能准备教育与技能形成教育融合起来,从学校职业教育出发,构建完整的技能教育过程。高等职业教育实习正是基于这样的背景提出并实施的。

如前所述,职业能力需要相应的培养,"关键要在知识与具体工作要素之间建立紧密的联系"[②],而不是仅仅在记忆层面掌握知识。行动是建立知识和工作之间联系的基本策略。因此,高等职业教育实习的首要任务是帮助学生将学校习得的知识应用到行动中,并通过行动验证和促进学校知识的习得。然而,"行动伴随的知识是可以在职业院校习得的,而行动主导的知识则必须在企业里习得"[③]。这进一步要求学生在行动中生成隐性知识。

其次,在行动中积累知识。"隐性知识难以用语言表达和交流,属于与特定情境相关的高度个人化知识,需要经过长期积累且不易衡量其价值。"[④]由于隐性知识具有内隐特征,经由个体的行动所获得的属于自己的知识,即使是优秀的企业技术人员也并不会意识到自己拥有的隐性知识,或者不知道拥有哪方面的隐性知识。隐性知识传递是在行动的目标指引下,通过行动而实现的。正如情境学习理论所认为,学生参与实习是为了融入实践共同体,最终成为其中的正式成员,学生在实习中掌握技能或习得隐形知识不是通过复制企业技术人员的作品而进行的,也不是通过获得学校教师教学中所传递的知识而进行的,而是在真实的工作情境中通过向心性的参与而发生的。这也是职业教育课程与教学必然不同于普通教育的根本原因。

职业教育课程与教学体系建筑在"以隐性知识为起始点的行动体系平台上,这一行

---

① 石伟平,徐国庆.世界职业教育体系的比较[J].职教论坛,2004(1):18-21.
② 徐国庆.职业教育原理[M].上海:上海教育出版社,2007:224.
③ 姜大源,吴全全.当代德国职业教育主流教学思想研究:理论、实践与创新[M].北京:清华大学出版社,2007:94.
④ Michael Polanyi. Knowing and Being[M]. Chicago: The University of Chicago Press,1969:5.

动体系以工作过程为参照系"①,具有隐性知识和显性知识交替、螺旋上升的特征。由于职业院校并不能承担螺旋上升过程的全部责任,必须安排学生到企业生产现场实习,让学生在工作情境中感知和获取部分相关隐性知识。因此,高等职业教育实习组织者还应该侧重于对隐性知识实施管理,即强化隐性知识的获取、应用、评价和创造,鼓励学生在行动中积累隐性知识。

(二) 技能与创新

首先,实现单一技能训练向复合技能训练转变。由于高等职业教育实习发生在真实的生产场所,面临繁重的生产压力,企业往往不会根据学习的需要而是根据工作的要求来组织实习活动。一方面,迫于生产的需要,企业通常优先关注与生产直接相关的技能训练,而与生产关系不密切的技能一般被排除在外。这也会造成从单个企业生产的需要来确定实习的内容,学生习得的技能存在窄化的危险,那些被排除在外的技能虽然对这个企业来说价值不大,但对另一个企业却非常重要。另一方面,迫于生产的需要,企业通常优先关注能够提高产品数量和质量的技能培训,片面地强调通过不断地重复训练来提高某种技能,带来实习的工作任务单一、工作内容重复、工作方式简单、工作过程固定等弊端。高等职业教育实习沦为教人如何做事、完成低技能工作,对技能的来源不需要理解,只需要简单地、重复地训练单一技能,这会带来学生对技能理解能力发展片面的危险。这两种风险在大量生产方式下或许并不明显,但在当前生产与服务融为一体,人才需求层次整体上移,需要能够熟练生产的复合型人才,即既要求技术技能人才将技术理论与技能操作融为一体,又要求技术技能人才具备与客户沟通的能力,以及按照客户需求进行定制化生产的理念的情况下,这种风险被逐步放大。因为这种生产方式使个体意识到终身学习将更为迫切,不断地学习、提升自身的知识和技术技能的人将成为专业领域中最有价值的人。

为了有效应对这些挑战,高等职业教育必须培养学生以下 4 种智慧来适应当下工作:情境判断思维,即如何理解和运用知识与技能;情绪管理心灵,即如何处理和整合思维及感受,并推己及人;自我激发精神,即如何运用自我的目标和企业的愿景、团队成员彼此间的信任及其他优势,为共同目标奋斗;身体素质,即如何保持自己及身边其他人的身心健康,确保拥有足够精力推动自身及组织变革。② 也就是说,高等职业教育实习需要注重专业素质和专业实践能力培养的同时,还应当注重创新能力、创新意识和社会情绪能力的培养,注重"亲自然"情节的培养,唤醒同理心。这一系列的变化,必然将高等职业教育实习导向创新型方向发展。培养学生具有在不同环境下不断进行自我调整及学习新技术和新方法的能力,帮助学生进行复合型、复杂性、可迁移技能训练,将成为创新型实习的重要任务。

其次,在复合技能训练中培养学生创新品质。随着高新技术和知识经济的出现,整合与创新、速度与柔性成为企业的制胜因素,跨越组织边界的行为逐渐频繁。由于企业

---

① 吴全全,姜大源.隐性知识管理:职业教育教学论探索的新视野[J].中国职业技术教育,2004(3):10-12.
② 克劳斯·施瓦布.第四次工业革命:转型的力量[M].李箐,译.北京:中信出版社,2016:111-117.

已有的过于清晰和明确的组织边界反而制约其快速发展,高效、快捷的组织变革要求组织内部信息与物质的穿透力和通透性进一步诱发了组织无界化的趋势。无边界组织思想引发多种新型组织结构,如扁平化组织、学习型组织、虚拟组织等,也瓦解了终身雇佣关系、颠覆了传统的职业生涯规划,个体的整个职业生涯将不再一成不变,而是面临多次变换职业的机会,个体需要具备职业生涯的易变性和无边界性的意识。

无边界职业生涯是个抽象的概念,是指"超越某一单一雇佣范围设定的一系列工作机会"[①]。在变化的职业环境中,单一组织并不能满足人们获取知识与技能、情感与价值观的需要。无边界的职业环境促使个体的职业生涯和人生发展融为一体,职业和生活的边界越发模糊,个体的学习、工作、生活不再有明确的界限。从纵向来看,组织更看重个体运用知识、技能的能力和可迁移技能,个体在学习、运用和创造知识的过程中获得成功的职业生涯,而不再依赖于知识与技能的单一存在;从横向来看,组织环境与个体职业生涯发展是双向互动的影响,无边界生涯既重视环境对个体职业选择的影响,也强调个体对职业环境的能动性和适应性,即"无边界职业生涯可以帮助个体积累应对不确定的工作环境的知识和职业技能,这些知识和技能还可以迁移到其他就业背景中"[②]。这要求高职院校与企业一同设计创新型实习。这种实习以专业领域的基础知识应用、基本技能训练为基础,将创新元素贯穿于开发新技术、新产品的计划、设计、加工、评价等一连串过程中,帮助学生在技能训练中培养创新品质。

从高等职业教育实习的发展性质量特性来看,在设计实习活动时应使其具有一定的前瞻性,不仅要着眼于学生当前的需求,还要考虑学生未来职业生涯的可持续发展的需要。创新型高等职业教育实习正是在满足学生当前和未来的发展需要中应运而生的。创新型实习不同于以技能训练、知识应用为主体的,为工作而准备的实习,而是"培养具备够用的专业知识、扎实的技术技能和较强的创新意识,在工作岗位上不断钻研、创新,提升个人岗位价值,为任职企业创造更大经济效益的高级技术技能人才"[③]。创新型实习对学生的实习态度、工作积极性、承担任务的责任感及与同伴的合作能力等提出较高的要求,更有助于学生个人的生活发展。在设计创新型实习过程中,实习任务必须是工作过程完整、工作任务跨界的综合性生产任务。这些任务既可以是企业生产过程中遇到的实际技术问题,并且能够作为实习学生的研究课题,也可以是学生实习过程中,教师、学生、企业技术人员共同设计的研究性学习。

综上所述,高等职业教育实习的两对关系源自其兼具教育属性和产业属性。这也要求在设计实习活动的过程中,既要尊重教育规律,也要尊重产业规律,使高等职业教育实习真正成为能够同时容纳学校和企业两种不同功能主体的平台,促进两者共同设计高质量的实习活动。

---

① Arthur M B. The Boundaryless Career:A New Perspective for Organizational Inquiry[J]. Journal of Organizational Behavior,1994,15(4):295-306.

② Briscoe J P,Henagan S C,Burton J P,et al. Coping with an Insecure Employment Environment:The Differing Roles of Protean and Boundaryless Career Orientations[J]. Journal of Vocational Behavior,2012,80(2):308-316.

③ 和震,祝成林.高职院校创业教育的价值取向、目标及其实施策略[J].国家教育行政学院学报,2018(3):83-89.

第四节　高等职业教育实习的质量特性

高等职业教育实习的内涵和学习类型表明,实习是学生从学校过渡到工作场所的有效的学习形式,帮助学生将习得技能、掌握知识、获得工作经验有意识地结构化和使用,促进他们职业生涯的持续发展和过上美好生活。因此,高等职业教育实习质量具有自身的特性。这些特性本质上是实习质量特性在高等职业教育领域中的具体化。在教育领域,"教育质量特性是与教育消费者要求有关的教育的固有特性"[①]。就实习的质量特性而言,是与学生发展要求有关的实习固有特性。基于学生全面发展的角度,高等职业教育实习的质量特性具体表现为职业性、发展性和社会性。这切合高等职业教育实习的教育价值取向,也对从学生自我认知视角评估实习质量具有指导意义。

一、指向学生专业技能的职业性

与普通教育相比,职业教育具有明显的职业性,最直接的指向是以促进就业为目的。在特定的工作场所中,高等职业教育实习具有开发某种工作技能和积累工作经验的优势。高等职业教育实习的两对互动关系表明,实习能将学校学习和企业生产密切联系,让学生在观察和具体实践中完成学习,在工作中实现专业知识、隐性知识和技术技能相互转化。学习与工作的结合点是促使学生在实际工作情景中养成积极的工作态度、掌握即将工作的岗位需要的专业知识和职业技能,为顺利融入社会做准备。高等职业教育实习的职业性有利于学生获取、构建经验性知识,可以促使学生体验到企业中的工作与学校内的学习两者之间的意义,体会到学校的知识、技能积累与企业的实践经验之间的关联。这种组织知识的方法优势在于将知识和需要紧密联系。正如杜威所认为,"职业把大量变化多样的细节贯穿起来,使种种经验、事实和信息的细目彼此井井有条……他们从自己的职业出发,不知不觉要搜集一切有关的材料,并且保存起来。"[②]

基于以上分析,高等职业教育实习质量的显著特性之一是职业性,即指向学生专业技能积累。这主要体现在学生作为职业人参与实习,接受职业技能训练,在工作场所习得以实践为逻辑起点的技术实践知识和技术理论知识,促进自身技能积累。虽然高等职业教育实习质量的职业性指向学生专业技能发展,但并非表明实习质量仅仅表现在职业范围,尽管实习与学生将来从事的职业密切相关,但它也不能脱离以培养全面发展的人为宗旨。

二、指向学生职业生涯的发展性

对于实习,人们很容易联想到为工作而学习、在工作中学习、从工作中学习,其理念是通过工作实现终身学习。人们在充满学习元素的工作环境中,会对学习持有更加积极

[①] 程凤春.教育质量特性的表现形式和内容:教育质量内涵新解[J].教育研究,2005(2):45-67.
[②] 约翰·杜威.民主主义与教育[M].王承绪,译.北京:人民教育出版社,2001:328.

的态度,并善于规划未来的职业发展[①]。在知识和技术更新周期不断缩短的背景下,"终生职业"逐渐隐退、消失,个体需要不断地通过工作提升已有的专业技能并学习新技能,"技能提升"和"终身学习"关注的并不是某个人的工作技能和工作经验本身,而是从工作经验和反思中收获新的知识和技能,从而促进自身职业生涯持续发展。高等职业教育实习能帮助个体更好地了解工作场所的文化和企业发展的愿景,促进个体养成良好的工作习惯。美国教育领域有研究表明,学生在实习期间,能够加强沟通技能、信息技术能力、领导力、团队协作能力、人际交往技能和个人特质6类能力和素质培养[②]。这些能力并不是面向某一特定工作岗位准备的专业技能,恰恰是适用于个体整个职业生涯中任何一个职业的素养。在制造业智能化、制造业服务化的背景下,职业素养变得尤为重要。

发展个体的职业素养离不开真实的工作环境。实习拓宽了学习场域,职业教育的跨界特质必然要求实习促进学生与社会诸多因素之间进行频繁的信息与能量的交换。企业作为实习的一个利益主体,独立于学校之外且归属于经济领域,也必然要求实习冲破封闭的学校教育模式,与社会建立更加紧密的联系。因此,高等职业教育实习伴随着众多维度的合作和互动,既有学生—高职院校—企业的合作和互动,也有学生—学生、学生—企业员工的合作和互动。此外,由于工作构成模式的变化带来了劳动力市场结构的变化,这种变化体现为僵化的等级制度向合力协作下灵活多变的组织模式进行转变,这也使得组织内部及组织之间需要着力开发合作协调能力、沟通能力、终身学习能力等职业素养。

综上所述,高等职业教育实习质量的另一个特性是发展性,即指向学生职业生涯发展。这一特性表明,高质量的实习应聚焦于个体的整个职业生涯,而不仅是为某个职业做准备。所有的实习活动都试图提供给学生与职业生涯相关的经验,促使学生能够探索和尝试职业选择、职业规划及职业的可持续发展。

三、指向学生个人生活的社会性

高等职业教育实习基于真实的工作环境能有效地促进个体社会化进程。因此,实习的另一项使命是如何促使个人在参与式民主中发挥作用,成为社会发展的主动参与者。如果仅仅将实习的目的限制于某个职业目标上,也必然限制了实习的教育潜力。因此,社会性也是高等职业教育实习的质量特性之一,即指向学生的个人美好生活。

高等职业教育实习不仅仅是智力和身体的经验,还是人类的经验,充满了人类诸多美好的感受,如信任、合作、传承等。高等职业教育实习既含有美好生活的重要元素,也是创造美好生活的途径之一。实习方面的情感与真正的工作、学习背景一样真实和重

---

① Ananiadou K E. Revisiting Global Trends in TVET: Reflections on Theory and Practice[J]. UNESCO-UNEVOC International Centre for Technical and Vocational Education and Training,2013:56-63.

② Gardner P. Recruiting Trends 2006—2007[R]. East Lansing: Michigan State University Collegiate Employment Research Institute,2007:37.

要。实习能够促进个体获取更多的职业知识、技能、态度和价值观,能够充分满足个体利益和长处,促使个体形成专业知识、技能,以及一个健康的民主价值观,成为一个更负责任的和有贡献的社会成员。因此,成功的实习能明显促进个体在个人、专业和公民三个方面发展[①]。这些也会外显于实习的最终成果,即经验、知识和情感的增长。然而,经验不会自动导致学习或个体成长,必须以某种方式组织、处理的经验才能促进个体发展。有组织的方式包括反思、创新、行动等。在实习过程中,学生通过自己反思、与同伴对话等来提升实习效果,进而促进自我管理能力、公民责任意识、产品质量意识、心理成熟度等方面的个人成长。

高等职业教育实习的质量特性体现了实习育人价值。强调实习质量的职业性和发展性,能够凸显高等职业教育培养高素质技术技能型人才的特色;强调实习质量的社会性,能够促进学生的全面发展,避免高等职业教育实习沦为培训工具或纯粹的生产活动。虽然社会性并不是高等职业教育实习质量的独有特性,但它着重体现了实习的教育价值。高等职业教育实习的三种质量特性对等、相互配合,实习才能具有较高的质量。此外,高等职业教育实习的质量特性是聚焦于学生全面成长,对规范和衡量实习育人效益具有重要的理论指导作用。

本 章 小 结

对高等职业教育实习的基本理论问题进行系统研究,既是研究高等职业教育实习质量的需要,又丰富了高等职业教育实习基本理论的全景图式,深化了对实习的理论认知。

首先,本章在比较分析主要国家和重要国际组织对实习内涵的理解的基础上,提出高等职业教育实习本质上是一项教育教学活动。这项旨在帮助学生从教育领域过渡到职业领域,促进他们获得工作经验和职业生涯持续发展的能力。本研究将实习与现代学徒制、合作教育进行比较,又进一步加深对其内涵的理解。随后,从实习投入、实习过程、实习结果和实习环境四个方面,对高等职业教育实习的要素进行论述,为后继研究确定高等职业教育实习质量形成机理的维度及其因素奠定基础。

其次,本章借鉴工作本位学习的研究成果,系统地剖析了实习的学习类型,提出高等职业教育实习的"三维十项"学习类型,即个人层面包括概念化、实验、体验、反思、研究性学习,集体层面包括应用科学、行动学习、实践共同体、行动科学、知识共享。这既填补了国内对实习本质认识的不足,也为确定高等职业教育实习质量形成机理的维度及其因素提供理论支持。

再次,本章论述了高等职业教育实习的两对互动关系,即在组织层面表现为教育与生产的关系,在个体层面表现为学习与工作的关系。本研究认为,实施高等职业教育实习需要处理好这两对关系,不仅要坚持实习的教育价值取向,还要兼顾企业生产需求,从

---

① Sweitzer H F, King M A. The Successful Internship: Personal, Professional, and Civic Development in Experiential Learning[M]. California: Brooks/Cole, Cengage Learning, 2014: 5-6.

而促进学生通过工作而学习、在工作中学习。论述实习的两对关系,有助于分析影响实习质量的现有实习制度。

最后,本章从高等职业教育实习的内涵和学习类型出发,基于学生全面发展的角度,论述了实习的质量特性,即指向学生专业技能的职业性、指向学生职业生涯的发展性、指向学生个人生活的社会性。高等职业教育实习的质量特性既切合其教育价值取向,又有助于从学生自我认知视角确定高等职业教育实习质量评价维度。

第三章　高等职业教育实习质量形成机理的研究假设

对高等职业教育实习质量形成机理进行实证研究之前,必须建立科学、合理的研究假设,从整体上把握研究思路。这既涉及高等职业教育实习的基本理论问题的研究结果,又要在文献研究的基础上对研究内容进行整合与构想。本研究在概念界定中已经表明,机理包括要素及要素之间关系,实习质量形成机理的要素由维度及其因素组成。研究高等职业教育实习质量形成机理,首要任务是确定影响实习质量形成的维度,以及不同维度包含的因素。通过上一章对高等职业教育实习的基本理论问题研究,实习是一种跨越学校和企业的教育教学活动,确定实习质量形成的维度及其因素需要超越学校范畴,并给予实习的确定型利益相关者优先关注。本章首先分析高等职业教育实习对确定型利益相关者的益处,阐明实习质量形成机理的维度选择依据,进而对维度展开构想;其次,解释各维度包含的因素,对各个因素进行操作性定义,并根据已有研究成果提出相关研究假设;最后,依据实习的质量特性,构建高等职业教育实习质量评价维度,提出高等职业教育实习质量形成机理理论假设模型。

第一节　高等职业教育实习质量形成机理的维度选择

利益相关者是指那些对组织生存和发展起到重大影响的群体。本研究已经详细地说明将高等职业院校(简称高职院校)、企业、学生划分为实习的确定型利益相关者的依据。根据米切尔等的观点,这三者在影响力、合法性、紧迫性三个维度上,对高等职业教育实习质量会造成很大的影响,因而必须给予他们高度关注。这也决定了从实习的确定型利益相关者,优先选择高等职业教育实习质量形成机理的维度及其因素。分析高等职业教育实习对高职院校、企业和学生各自的益处,是激发三者积极参与实习、促进较高的实习质量形成的前提。

一、实习的确定型利益相关者益处分析

(一)对学生的益处

学生是高等职业教育实习最直接的受益者,所有的资源配置都是围绕如何更好地促进学生实习。基于教育促进人的全面发展而言,高等职业教育实习对学生的益处应当体现在三个方面,即促进学生知识与技能提升、职业生涯持续发展和个人全面成长。

培养学生工作岗位需要的技术、技能和能力是实习的基本功能。实习被认为是提高

学生知识和技能、将课堂学习转化为实际应用的重要载体[①]。学生在实习中不仅可以积累知识和技能,还可以充分调查、了解所学专业领域内的企业发展现状,获得更多的职业选择信息、明确职业生涯规划,开发职业生涯管理技能,促进职业生涯持续发展。此外,学生频繁地与企业专业人士之间的相互作用有助于他们对成功人士特质的认知,从而增强自信心与学习动力,培养终身学习的意识。终身学习强调将学习渗透到人们日常工作和生活的全过程,已成为广大民众提升生活质量和全面实现个人价值的现实需求。高等职业教育实习恰好是在企业实践经验中学习的具体形式,不仅能够帮助学生更好地了解企业的文化和期望,激励学生的创新思维和创造力发展,还能促进他们在工作环境中完成社会化。

此外,学生作为实习活动直接执行者,是实习活动的主体。高等职业教育实习对学生的益处还体现在学生参与实习的行为动机上,例如,"获得学习方面的利益、经济方面的利益,以及融入社会方面的长远利益"[②]。具体包括对学校所学理论知识在实践中的应用和检验;积累工作经验和获得就业机会,缓解由学校向社会过渡的压力;不断提升人际沟通的技巧;促进个人全面发展,过上美好生活等。高等职业教育实习的成本其实并不高,遗憾的是,企业和学生往往对实习没有形成一致或共同的期望,从而造成了当前实习的种种障碍。

(二)对企业的益处

企业是从事经济活动的组织,是社会经济活动的主体。企业并不像高职院校为了公益性、非营利性目的参与高等职业教育实习活动,相反是基于对"利益"的追求,其参与行为符合"利益"最大化准则。企业作为实习活动的合作组织者,接收那些经验不足但有前途的实习学生能够促进个人和组织发展[③]。企业参与实习的动机包括两方面:一是作为社会经济活动主体的行为动机,即企业通过实习能获得廉价劳动力资源以弥补企业的用工短缺,通过吸收优秀实习学生进入企业增加人才储备,从而降低新员工就业的时间成本与培训成本等,为企业带来直接经济收益;二是作为非社会经济活动主体的行为动机,即获得社会美誉和树立企业形象,履行政府与社会层面的正式或非正式制度所要求的社会职责等。

基于对企业参与实习的两个动机解析,企业参与高等职业教育实习的益处至少包括以下方面:其一,通过定制培训解决技能缺失问题,以及降低员工招聘成本,对招募和留住人才产生积极影响;其二,从实习学生的身上获取新视野,为企业注入新鲜的活力,对在职员工的成长产生积极影响;其三,实习学生既学习也工作,必然会为企业带来产出和绩效。总体而言,企业参与高等职业教育实习,能够促使技术技能人才更好地满足劳动力市场需求,对供给合格的劳动者产生积极影响,从而提高企业自身的生产率和绩效。如何促进企业加深对高等职业教育实习益处的认识,不仅需要政府和社会力量的参与,更需要高职院校自身的努力。只有高职院校自身能够充分满足企业的需求,让企业切实

---

①③ Maertz J C P, Stoeberl P A, Marks J. Building Successful Internships: Lessons From the Research for Interns, Schools, and Employers[J]. Career Development International, 2014, 19(1): 281-282.

② 肖霞,贺定修.利益相关者理论视野下的高职教育顶岗实习[J].教育与职业,2016(20):103-106.

体会到参与实习的益处,企业才有可能在实习中发挥更大的作用。

(三) 对学校的益处

高职院校担负培养技术技能人才的基本责任,是实习活动的主要组织者。高职院校参与实习的动机可概括为两个方面,即作为高等职业教育机构的行为动机和作为培养技术技能人才的公益性动机。前者源自实习是政府层面各级教育管理部门规定高等职业教育必须完成的实践教学活动,后者则是因为实习已被证实为培养技术技能人才的有效措施,要求高职院校加强对实习的组织和监管等行为。

高等职业教育实习是"校企合作、工学结合"的具体实施形式,不管是国家层面的制度文件,还是高职院校层面的管理办法,都要求通过实习提高技术技能人才培养质量。因此,围绕高职院校参与实习的动机,实习对高职院校的益处最终体现在落实实践教学的要求,满足学生技术技能训练的需要,从而提升人才培养质量,提高学校在社会中的办学声誉,获取更多的办学资源。

综上分析,高等职业教育实习对学生、企业、高职院校都具有多方面的益处,见表3-1。三方既是实习的受益者,也是影响实习质量形成的关键方。依据利益相关者理论,应给予学生、企业、高职院校最高的关注度,优先探索三者究竟存在哪些因素和以什么机制影响较高的实习质量形成。

表 3-1 高等职业教育实习对确定型利益相关者的益处分析

学 生	企 业	高 职 院 校
知识与技能 习得符合工作岗位需求的专业知识和技术技能	人才储备 低成本招聘到合适的人才;降低新员工就业的时间成本;降低新员工教育培训成本	人才培养 落实实践教学;提升人才培养质量;增强职业教育吸引力
职业生涯发展 职业选择的信息;明确职业生涯规划;开发职业生涯管理技能	经济 实习学生带来的产出和绩效	就业 促进学生顺利就业
个人全面成长 增强自信心与学习动力;培养终身学习意识;促进创新意识和创造力发展;在工作环境中完成社会化	创新 实习学生带来的全新视野和新鲜活力	校企合作 对教师的能力与个人发展产生积极影响;促进校企合作
其他 就业机会; 经济收入等	其他 良好的社会声誉和企业形象;履行政府与社会层面的社会职责等	其他 良好的社会声誉和公众形象;获取办学资源等

二、基于确定型利益相关者的维度构想

高等职业教育实习是学校和企业协同育人的具体形式,是一种融合校企双方优质资

源,同时将学校资源和企业资源转化为育人资源,共同承担育人职责,促进学生更加积极主动地参与实习。基于高等职业教育实习对其确定型利益相关者的益处分析,本研究立足学生本位视角,把学生的学习和发展作为最根本的追求,综合已有的研究成果,从学生、高职院校和企业三个方面优先确定影响实习质量形成的维度。

学生主动参与。高等职业教育实习作为一项经验教育活动,以让学生获得工作经验为目的,促进学生从教育领域过渡到职业领域。实用主义的知识观表明,学生在实习中获得的知识与技能需要在"行动"中执行和"反思"中参与;体验学习理论和情境学习理论共同诠释了实习的发生机制是学生主动地参与实践活动、与环境相互作用,实习行为是学生对客观世界的主动反应;高等职业教育实习的"三维十项"学习类型进一步表明实习是学生主动参与、积极建构的过程。没有学生主动参与,任何精心设计的实习项目都毫无意义。综合已有的研究成果,本研究认为,学生的实习动机、目标和行为是内在地促进实习活动发生及影响实习质量形成的关键性因素,也是构成学生主动参与维度的因素。

学校资源投入。高职院校作为实习责任的重要承担者、主动方,任何高等职业教育实习都要通过学校来完成。高职院校承担了实习的计划与组织、管理与评价等职责,为技术技能人才成长提供基础性服务,是组织和推动高等职业教育实习活动的主要执行者。因此,高职院校对实习的资源投入是实现校企协同育人的基础性要素。在已有研究成果的基础上,本研究提出,高职院校的实习管理、实习指导教师、校企关系维持等因素,共同构成学校资源投入维度,保证高等职业教育实习在实践层面顺利开展。

企业资源供给。在职业教育领域,企业和学校并不是简单的供需关系,而是互为供方和需方,是一种互为主客体的关系[①]。就获得人才资源而言,企业是需求侧;在校企协同育人上,企业则是人才培养资源的供给侧。企业只有通过充分地供给人才培养资源,才能满足其高质量的人才需求。企业在生产技术创新和生产设备革新上,比高职院校更加具有积极性和紧迫性,它们往往掌握着最先进的生产技术和设备。这些优势都是企业向高职院校供给人才培养资源的物质基础。与高职院校以培养人为主不同,企业的责任是生产或服务。在协同育人过程中,企业需要在不影响生产的前提下,供给多余的生产资源用于实习,是否供给、供给多少、如何供给等这些问题都是企业遵循效益原则做出的博弈。结合已有的研究成果,本研究认为,企业从实习任务、师傅指导、实习管理、实习制度4个方面供给资源,是促进较高的实习质量形成的重要性因素。这些资源要素因实习发展的需要而产生,并因实习发展的需要而不断改进、逐步趋向完善。

研究高等职业教育实习质量形成机理,需要将以上三大维度及其因素综合起来考虑,在其相互作用的视野中寻求对各个维度及其因素的系统理解,如图3-1所示。本研究将在进一步解释三大维度各自构成因素的基础上,根据已有的研究成果提出相关研究假设和高等职业教育实习质量形成机理理论假设模型。

---

① 姜大源.完善职业教育和培训体系:现状、愿景与当务[J].中国职业技术教育,2017(34):25-34.

第三章 高等职业教育实习质量形成机理的研究假设

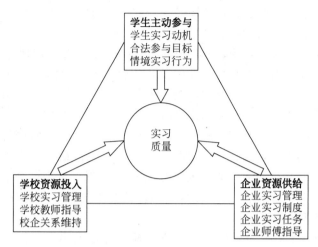

图 3-1 高等职业教育实习质量形成机理的维度及其因素构想

第二节 高等职业教育实习质量形成机理的因素及假设

在分析高等职业教育实习质量形成机理的维度选择基础上,本研究将进一步解释实习质量形成机理的各个维度包含的因素,并根据已有研究成果提出相关研究假设。

一、学生主动参与维度的因素及假设

作为在工作场所学习的主体,学生的实习过程不是被动地接受,而是主动地建构知识与训练技能的过程。学习理论研究表明,学生的学习动机、学习目标和学习行为对学习结果有决定作用。这一判断同样适用于高等职业教育实习,这些因素也能充分反映学生主动参与的情况。

(一) 学生实习动机

动机是一种激发、指向并维持某种行为的内部心理状态。在心理学中,学习动机是指,"引起和维持个体进行学习活动,并使活动朝向一定的学习目标,以满足某种学习需要的一种内部心理状态"[①]。作为一种实践性学习活动,高职院校学生实习动机同样来自于个体的内部需要,体现为对知识、技能与职业素养发展需求的内在心理状态。相关研究已经表明了动机对学习的重要性,对认知加工和学习成绩有正相关作用[②]。实习动机同样能够促使高职院校学生关注实习,积极参与实习的各项环节,促使学生主动地选择任务、勇敢地面对困难。国外一项研究表明,学生的实习动机与实习期间取得的学习成果及个人发展成正比[③]。本研究在企业调研过程中也发现,由于高等职业教育实习属于

---

① 张大均,郭成,余林.教育心理学[M].北京:人民教育出版社,2005:165.
② Schiefele U. Topic Interest, Text Representation, and Quality of Experience-Science Direct[J]. Contemporary Educational Psychology, 1996(21): 3-18.
③ Holyoak L. Are All Internships Beneficial Learning Experiences? An Exploratory Study[J]. Education & Training, 2013, 55(6): 573-583.

自主学习,无论是企业管理还是学校督察,都不会过于严格,学生在实习过程中学习什么、学到多少,都受自身实习动机强烈程度的影响。

社会认知取向动机理论认为,动机是期望(expectancy)和价值理论(value theory)共同作用的结果,即"个体对某个目标的期望及其价值的评估,共同产生该目标的动机"[①]。社会认知取向动机理论用个体对成功的期望和对目标的价值评估来解释动机,动机的来源包括内部和外部两个方面。社会文化取向动机理论强调个体积极参与社会实践、参与学习共同体,以求在团体活动中获得身份认同。[②]社会文化取向动机理论表明,个体通过观察和模仿团体中其他成员的行为,从而成为其中的一员,最终完成从合法的边缘参与过渡到核心参与。综合两种取向的动机理论,促使学生保持未来社会中专业技术人员从业者身份的期望和意愿,激发他们学习特定团体的行为规则和价值观的动机,将对高职院校学生实习具有积极作用。

基于以上分析,本研究对学生实习动机的操作性定义为:引起和维持学生实习行为,并使实习活动朝向一定的目标,以满足某种学习需要的一种内部心理状态。具体表现为:产生于学生内心需要的实习愿望;对实习价值的认知与认可;对知识、技能与职业素养发展需求的内在心理状态;希望在实习中获得身份认同等。同时,提出以下假设。

H_1:高职院校学生实习动机对实习质量具有显著的正向作用。

(二)合法参与目标

目标是个体通过努力要完成的事项和达到的结果。目标能将个体的注意力聚焦在当前任务,能提供努力的动力,能增加坚持性和能促进新知识、策略的形成,目标对提高成绩具有重要作用。学习目标对学习者要掌握的知识与技能、行为和策略具有规范作用,促使学习者将注意力集中在有助于提高能力和改善技能的策略和过程。社会认知动机理论将目标视为重要的学习机制,目标具有指向行为的作用,并且行为的激发与维持都受到人们对完成预期目标和任务的自我效能感的影响。在工作场所学习中,有研究者将学习目标视为评价工作场所学习的第一维度[③]。

作为工作场所学习的重要形式,实习能够帮助学生长期地、合法地参与到一项工作中,并成为群体的正式成员。在实习期间,学生既参与到实践共同体中,同时也参与到生产性活动中,这期间可称为合法的边缘性参与。在这种参与下,学生能够获得专业领域熟练从业者的公认和接纳,并有机会与他们发生相互作用,从而使学习合法化,并且这种学习对学生非常有价值。例如,在实践中从事专业学习,理解正在学习的内容、训练某种职业需要的技术技能,为将来有能力以合法的方式参与某种特定专业工作奠定基础。已有研究表明,实习目标对实习质量具有重要作用。斯韦策(Sweitzer)和金(King)认为,学

[①②] 安妮塔·伍尔福克.伍尔福克教育心理学[M].伍新春,张军,季娇,译.北京:中国人民大学出版社,2015:398-399.

[③] Zegwaard K, Coll R K, Hodges D. Assessment of Workplace Learning: A Framework[J]. New Zealand Association for Cooperative Education, 2003:9-18.

生在实习前期构建个人实习目标有利于提升实习质量①;也有研究者将实习目标作为开发优质实习项目的第一任务②。

基于以上分析,本研究对合法参与目标的操作性定义为:学生希望通过认真实习,掌握专业领域内的知识与技能,达到专业领域正式成员的能力要求和职业素养,满足企业对本专业人力资源的需求。具体表现为:在实习中体验工作世界,获得工作经验;在实习中应用学校习得的知识与技能;在实习中希望观察或模仿他人实践从事专业学习等。同时,本研究提出以下假设。

H_2:高职院校学生的合法参与目标对实习质量具有显著的正向作用。

(三)情境学习行为

高等职业教育实习是在具体的情境中进行学习,主要是通过经验学习。科伯的经验教育表明,经验不会自动导致学习或成长,必须以某种方式组织、处理,如与他人讨论、同行对话、自我反思等。在高等职业教育实习中,优秀的实习学生拥有积极主动、目标清晰和强烈的个人责任心等特质,在实习中能完成自主学习。这样一个主动参与实践、与环境相互作用的学习过程,充分体现了情境学习的特征,具体到学习方法上,包括"个体与他人讨论或寻求外界帮助等,充分利用环境资源进行学习或解决问题;个体用语言来表达通过主动探究所得到的结果,用语言来协调和适应社会实践活动;个体通过与某一特定群体中的其他成员之间的协调、互动,促进社会角色或身份发生改变"③。

情境学习方法与情境学习行为密不可分,情境学习方法外显于学习行动和实践层面,表现为具体的情境学习行为。观察他人示范行为、与他人合作及将习得的知识和技能应用于实践等,是情境学习行为的重要特征。学生在实习期间,一部分时间用于参与企业生产,另一部分时间用于观察和反思工作实践,这样才能确保实习应有的教育价值。④

因此,结合体验学习、情境学习关于学习过程的表述,本研究对情境学习行为的操作性定义为:学生置身于生产活动的特定情境之中,以积极的态度参与真实的实践活动,在与他人互动中,将学与用结合、进行思考和行动的行为。在学生实习过程中的情境学习行为包括:观察、反思、与企业指导老师互动、寻求帮助和反馈、与同学交流实习经验等。通过对情境学习行为分析,本研究提出以下假设:

H_3:高职院校学生的情境学习行为对实习质量具有显著的正向作用。

二、学校资源投入维度的因素及假设

通过对教育部颁布的《职业学校学生实习管理规定》(教职成〔2016〕3号)和《职业学校专业(类)顶岗实习标准》的文本分析,结合高等职业教育实习的核心要素研究结果,

---

① Sweitzer H F, King M A. The Successful Internship: Personal, Professional, and Civic Development in Experiential Learning[M]. California: Brooks/Cole, Cengage Learning, 2014: 23.
② Hager C J. Developing Standards for Undergraduate University Construction Education Internship Programs[D]. Texas: Texas A&M University, 2005: 141-143.
③ 姚梅林. 从认知到情境:学习范式的变革[J]. 教育研究, 2003(2): 60-64.
④ Polat Z, Uzmanoğlu S, İşgören N Ç, et al. Internship Education Analysis of Vocational School Students[J]. Procedia-Social and Behavioral Sciences, 2010, 2(2): 3452-3456.

本研究将高职院校资源投入归纳为学校实习管理、学校教师指导、校企关系维持三个方面。

(一) 学校实习管理

高等职业教育实习的终极价值体现于教育性,促进学生合理规划职业生涯和终身学习,而不单单以实现就业为目标。以促进就业为导向的实习应该是建立在清晰的育人目标基础上,充分把握经济社会对技术技能人才的专业技能和职业素养需求,把握行业和产业的技术发展趋势,制订出科学合理的人才培养方案,从而促进学生获得稳定就业和终身发展的能力。这要求高职院校承担实习的基本责任,而不是简单地将实习管理和人才培养的责任转移到企业,忽视对学生实习的有效管理。

有国外研究表明,职业院校建立实习管理组织,有助于规范实习程序,协调学校和企业的合作,促进学生顺利开展实习[1]。有国内研究者也提出,职业院校实习由学校、学生和企业共同完成,学校处于核心地位、起主导作用,是整个工作的组织者和管理者,负责实习工作的规划、协调和组织管理[2]。学校实习管理工作既包括实习制度建设,确保实习工作运行顺畅,也包括具体的事务管理。例如,学校选择能满足学生实习技能训练要求的企业,帮助企业了解实习的重要性,表明学生实习目的和期望等问题;学校与企业协同管理实习,确保学生拥有良好的实习条件,并全程关注和监督学生的实习表现[3];学校要求学生与企业签订实习协议,要求学生保持实习活动学习记录,监督实习单位对学生应当承担的责任等[4]。

本研究对学校实习管理的操作性定义为:高职院校通过机构和制度建设,采用相关措施,充分利用学校和企业的资源,整体优化实习工作,有效地实现实习目标的组织活动。具体表现为:实习制度建设、组织机构建设、实习事务管理、学生实习行为监督等。综合国内外对学校实习管理的研究分析,本研究提出以下假设。

H_4:高职院校实习管理对实习质量具有显著的正向作用。

(二) 学校教师指导

学校教师指导是职业教育实习必不可少的因素。教育部颁发的《职业学校学生实习管理规定》(教职成〔2016〕3号)要求,职业院校选派经验丰富、业务素质好、责任心强的指导教师全程指导学生实习。《职业学校专业(类)顶岗实习标准》对学校指导教师的选聘标准也进行了规定,如具有中级及以上职称或硕士以上学位,取得职业资格证书等。

美国社区学院的合作教育和实习指导教师任务清单包括项目方案设计和评估、校内

---

[1] Polat Z, Uzmanoğlu S, İşgören N Ç, et al. Internship Education Analysis of Vocational School Students[J]. Procedia-Social and Behavioral Sciences, 2010, 2(2): 3452-3456.
[2] 王淑文. "职业导向,形式多元"教学模式研究[M]. 北京: 北京理工大学出版社, 2013: 134-135.
[3] Seyitoğlu F, Yirik S. Internship Satisfaction of Students of Hospitality and Impact of Internship on the Professional Development and Industrial Perception[J]. Asia Pacific Journal of Tourism Research, 2015(1): 1651-1659.
[4] Maertz J C P, Stoeberl P A, Marks J. Building Successful Internships: Lessons From the Research for Interns, Schools, and Employers[J]. Career Development International, 2014, 19(1): 281-282.

教学指导、实习相关工作指导和协调、实习项目管理、协调社区和企业的公共关系等①。国内有研究认为,"学校实习指导教师应在实习前说明实习目的、实习计划等事项,在实习过程中能及时解答实习中遇到的问题"②,在实习后"学校指导教师与企业指导师傅、学生共同进行实习评价"③,是提升实习质量的重要举措。

基于学生需求视角,学生希望教师能够帮助自己设定目标,帮助自己习得新的专业技能。学校选派专门的实习指导教师参与实习指导,不定期来企业监督实习,保持定期联系。在学生遇到困难时,实习指导教师帮助学生明确自己的目标,反思自己的学习经验,最大限度地利用实习的学习机会,分享实习经验和职业发展之间的联系等,有利于实习质量提高。④

本研究对学校教师指导的操作性定义为:学校教师指导学生全程参与实习的行为总和。具体表现为:指导学生制订实习目标和计划,指导学生专业技能训练,监督学生实习行为,解答学生实习过程中的困惑等。同时,提出以下假设。

H_5:高职院校教师指导对实习质量具有显著的正向作用。

(三) 校企关系维持

实习是校企合作的具体实践形式,校企双方频繁联系、互动有利于建立稳固的信任关系。高职院校和企业之间加强联系,有益于形成对实习教育价值的共识和公共认识空间,无形中能促进企业加强对实习的管理。

国内外均有研究表明,校企加强联系有利于校企合作的成功实施。美国高校和企业双方认为,合作成功的原因包括建立共同的合作目标,发挥企业在合作管理中的主体作用,形成双方积极的互动关系及相互信任的氛围。⑤ 欧洲的高校同样关注与企业之间的联系,并且越来越多的高校认识到校企之间信息交流平台建设的重要性和必要性,逐步建立专门与企业加强联系的机构。在《欧盟国家学徒和实习计划》中,将企业和学校之间的紧密合作关系视为促进实习成功的关键因素。⑥ 瑞典高校设有专门以推进校企合作为职责的联络机构,负责校企之间的长期合作和沟通、拓展合作领域、提升合作水平、服务学生在企业实习等。⑦ 因此,学校需要经常与企业沟通,建立学校—企业关系⑧。这种关

---

① Ruiz J H, Koch C, Erthal M, et al. Handbook for Cooperative Education, Internships, and Registered Apprenticeship[R]. Illinois State: The Illinois State Board of Education,2009(6):40.

② 易兰华.高职院校顶岗实习教学质量多元化评价指标体系构建:基于利益相关者视角[J].国家教育行政学院学报,2014(7):64-69.

③ 王淑文."职业导向,形式多元"教学模式研究[M].北京:北京理工大学出版社,2013:148-149.

④ Maertz J C P, Stoeberl P A, Marks J. Building Successful Internships: Lessons From the Research for Interns,Schools,and Employers[J]. Career Development International,2014,19(1):281-282.

⑤ 于惊涛,武春友.美国校企合作案例及评价标准研究[J].研究与发展管理,2004(5):89-96.

⑥ European Commission. Directorate General for Employment,Social Affairs and Inclusion. Apprenticeship and Traineeship Schemes in EU27:Key Success Factors: A Guidebook for Policy Planners and Practitioners[R]. Brussels: European Commission,2013:13-16.

⑦ 王剑波.瑞典校企合作的政策及其启示[J].教育发展研究,2011(7):66-69.

⑧ Maertz J C P, Stoeberl P A, Marks J. Building Successful Internships: Lessons From the Research for Interns,Schools,and Employers[J]. Career Development International,2014,19(1):281-282.

系可以为学生提供持续稳定的实习岗位。也有研究表明,为了增强职业院校办学活力,高职院校应在区域内寻找合作企业、创建合作环境。例如,高职院校教学大纲和课程内容由学校和企业合作制订、及时更新;高职院校聘请行业专业人员参与授课;鼓励企业将技术转移到高职院校等。[1] 国内研究者还在实践中总结出促进校企合作成功的8种互动方式和维系校企联系的3种形式[2]。综上所述,良好的校企关系维持有助于推动学生参与实习,促进实习质量提升。

本研究对校企关系维持的操作性定义为:高职院校和企业基于技术技能人才培养和需求的不同目标,双方在合作过程中所发生的联系行为。具体表现为:企业参与人才培养方案制订,共建校外实习实训基地,高职院校为企业提供技术指导,高职院校为企业提供员工培训,高职院校邀请企业参加校园活动等。综合已有研究关于校企关系维持对实习质量的影响,本研究提出以下假设。

H_6:校企关系维持对实习质量具有显著的正向作用。

三、企业资源供给维度的因素及假设

本研究基于高等职业教育实习的要素研究结果,同样结合对《职业学校学生实习管理规定》(教职成〔2016〕3号)和《职业学校专业(类)顶岗实习标准》进行文本分析,将企业资源供给归纳为企业实习管理、企业实习制度、企业实习任务和企业师傅指导4个因素。

(一)企业实习管理

从学校和企业来看,企业是职业教育"产品的消费者",企业对职业院校人才培养质量最了解,也最有发言权。因此,"企业必须参与学校产品的生产过程,并在管理上拥有发言权"[3]。从《职业学校学生实习管理规定》(教职成〔2016〕3号)鼓励职业院校借助信息化管理平台与实习单位共同管理实习过程来看,企业在职业教育实习中同样承担着重要的管理角色。如前所述,企业参与实习可以获取廉价的劳动力,通过提供实习岗位招聘满意的未来职工,建立良好的公众形象等,这些都会促进企业能够与高职院校建立良好的合作关系,有效地管理高等职业教育实习。

鉴于实习由企业与高职院校共同完成,且企业提供实习场所、技能训练等任务,相比较学校而言,企业在学生实习过程中发挥的作用更加直接、具体。我国政府层面的职业教育政策也明确地将企业确立为学生实习过程管理的主体,承担学生实习过程管理是企业的责任和义务。具体到企业实习管理的事务上,有研究表明,在实习之前有效地计划、设计实习项目,帮助实习学生设定目标和期望,在实习过程中采取措施鼓励实习学生的热情和动机,有助于提升实习质量。[4]

---

[1] İşgören N Ç, Çlnar A, Tektaş N, et al. The Importance of Cooperation Between Vocational Schools and Industry[J]. Procedia-Social and Behavioral Sciences,2009,1(1):1313-1317.

[2] 林润惠.高职院校校企合作:方法、策略与实践[M].北京:清华大学出版社,2012:159-162.

[3] 石伟平,匡瑛.比较职业教育[M].北京:高等教育出版社,2012:135.

[4] Maertz J C P, Stoeberl P A, Marks J. Building Successful Internships:Lessons From the Research for Interns,Schools,and Employers[J]. Career Development International,2014,19(1):281-282.

本研究对企业实习管理的操作性定义为：企业通过机构和制度建设，供给生产多余的资源，积极参与高等职业教育实习组织管理工作，与高职院校共同参与技术技能人才培养管理活动。具体表现为：实习制度建设，组织机构建设，实习事务管理，学生实习行为监督等。同时，本研究提出以下假设。

H_7：企业实习管理对实习质量具有显著的正向作用。

（二）企业实习制度

企业实习制度既包括企业对国家层面相关制度的遵守，也包括企业内部针对实习学生创设学习环境的制度。研究表明，规范的工作时间与上下班制度、合理的薪酬，有助于学生参与实习，是提升实习质量的制度保障[①]；为实习学生提供实习保险、就业机会、防止骚扰和歧视等制度保障，有助于构建成功的实习[②]。在《职业学校学生实习管理规定》(教职成〔2016〕3号)中，也多次表达了企业实习制度的重要性，如建立、健全签订实习协议、实习学生住宿制度和请销假制度、安全生产规章制度、学生实习强制保险制度等。

由于实习是典型的情境学习，企业实习环境应超越具体的岗位职责范围，需要全面关注更高层面的综合性工作要求来开发和设计学习环境。例如，确定可以作为学习条件的工作岗位和相关的设施设备，设计有目的地创建学习型的工作组织结构等。[③] 实习环境的设计与开发需要充分考虑学习者的个体因素，并将知识和技能都嵌入岗位的工作要求和工作过程中，促使学生在企业指导师傅的协助下，完成知识和技能的建构。这都需要企业形成完备的制度给予保障。本研究在调研过程中也发现，重视实习活动的企业都拥有符合企业实际情形的相关实习制度。完备的企业实习制度能够保障学生拥有良好的实习环境，进而提升实习质量。

本研究对企业实习制度的操作性定义为：企业在积极参与高等职业教育实习组织管理工作中，依据外部要求而形成的一系列条例或办法。具体表现为：签订实习协议，实习薪酬分配办法，实习安全管理办法，实习学生住宿制度，学生实习强制保险制度等。此外，本研究提出以下假设。

H_8：企业实习制度对实习质量具有显著的正向作用。

（三）企业实习任务

企业是高职院校学生实习的主要场所，企业提供的实习任务，关系到学生技术技能训练的内容和方式。正如本研究在实习的要素中所论述，研究者从实习任务本质出发，将实习任务确立为高质量实习的特征之一。在《职业学校专业(类)顶岗实习标准》中，对实习任务也进行了细致地分解，以机电一体化技术专业为例，该专业学生在顶岗实习过

---

① D'Abate C P, Wenzel K E. Making the Most of an Internship: An Empirical Study of Internship Satisfaction [J]. Academy of Management Learning & Education, 2009, 8(4): 527-539.

② Maertz J C P, Stoeberl P A, Marks J. Building Successful Internships: Lessons From the Research for Interns, Schools, and Employers[J]. Career Development International, 2014, 19(1): 281-282.

③ Rauner F, Maclean R, Lauterbach U, et al. Handbook of Technical and Vocational Education and Training Research[M]. Berlin: Springer Netherlands, 2008: 531-536.

程中,需要完成七大项实习项目,共计 26 项工作任务。①

相关研究也表明,任务多样性(task diversity)是评价实习质量的重要维度之一②。实习任务的特征,即技能训练多样、工作任务特质、任务重要性、实习学生工作自主性等,对学生的实习行为具有积极影响,并影响到实习的最终质量③。

本研究对企业实习任务的操作性定义为:学生在实习过程中承担的具体工作任务。具体表现为:工作任务需要多样的技术、技能,工作任务重要、完整,工作任务具备创新和自主特征,操作反馈及时,结果考核规范、形式多样等。本研究从实习的要素出发,结合相关研究,提出以下假设。

H_9:企业实习任务对实习质量具有显著的正向作用。

(四)企业师傅指导

企业师傅指导同样是高等职业教育实习必不可少的因素,这从《职业学校学生实习管理规定》(教职成〔2016〕3 号)和《职业学校专业(类)顶岗实习标准》中可以得到充分证明。企业师傅作为企业指导教师通常扮演监管者、指导者等角色,实习学生希望他们能在设定实习目标、学习新技能、适应学习风格等方面给予自己帮助。学生理想中的企业师傅像装满经验和专业知识的大商店一样,成为自己的榜样,成为自己职业生涯发展的目标。④ 因此,企业师傅对实习学生的指导意愿必将影响到实习学生的学习愿望和激情。企业师傅利用自身已掌握的技能、工作经验支持实习学生认识工作和职业环境,帮助解决工作初期的情感和决策困难,评估工作问题或情形,并生成可行的行动方案等,对实习学生的职业生涯都具有积极意义。

本研究在国外研究综述中,详细介绍了完善实习内部要素提升实习质量的国外研究成果,充分表明了企业师傅在实习中的重要作用。国内研究也表明,企业师傅讲解清楚、示范操作规范,以及对企业经营形式、工艺及设备等有较深的理解,能有效地提升实习质量⑤。企业师傅清晰地示范某项技能,有利于学生观察、模仿和应用。企业师傅对学生模仿和应用的过程给予及时的反馈,既是增加实习中的学习机会,也是加强双方交流和知识共享的过程。

本研究对企业师傅指导的操作性定义为:在学生实习过程中,企业师傅指导学生实习的所有行为总和。具体表现为:指导学生制订实习目标和计划,指导学生专业技能训练,监督学生实习行为,解答学生实习过程中的困惑等。根据上述分析,本研究提出以下

---

① 中华人民共和国教育部.高等职业学校机电一体化技术专业顶岗实习标准[M].北京:高等教育出版社,2017(8):6-10.

② Gamboa V,Paixão M P,Jesus S N D. Vocational Profiles and Internship Quality Among Portuguese VET Students[J]. International Journal for Educational and Vocational Guidance,2014,14(2):221-244.

③ D'Abate C P,Wenzel K E. Making the Most of an Internship:An Empirical Study of Internship Satisfaction [J]. Academy of Management Learning & Education,2009,8(4):527-539.

④ Sweitzer H F,King M A. The Successful Internship:Personal, Professional, and Civic Development in Experiential Learning[M]. California:Brooks/Cole,Cengage Learning,2014:113.

⑤ 易兰华.高职院校顶岗实习教学质量多元化评价指标体系构建:基于利益相关者视角[J].国家教育行政学院学报,2014(7):64-69.

假设。

H_{10}：企业师傅指导对实习质量具有显著的正向作用。

综上所述，不管是学校投入的资源还是企业供给的资源，只有转化为育人资源才能实现校企协同育人的初心，这也是国家政策层面频繁地突出职业院校会同企业组织、实施实习的原因。学校和企业任何一方资源的单独作用都难以促进实习形成较高的质量。因此，在综合分析学生主动参与、学校资源投入和企业资源供给的内容基础上，基于已有的研究文献，本研究尝试探索性地提出以下维度层面的研究假设。

H_{01}：学生主动参与、学校资源投入和企业资源供给对实习质量均具有显著的正向作用。

H_{02}：学校资源投入对学生主动参与具有显著的正向作用。

H_{03}：学校资源投入对企业资源供给具有显著的正向作用。

H_{04}：企业资源供给对学生主动参与具有显著的正向作用。

第三节 高等职业教育实习质量评价维度构建

关于高等职业教育实习质量，每个人都可以非常有道理地发表自己的看法，然而，究竟该如何评价高等职业教育实习质量，却尚未形成一个共识。本研究无意于建立客观的实习质量标准来评价高等职业教育实习质量现状，更加侧重于实习质量的目标性而不是标准性。正如本研究在实习质量概念辨析中所述，高等职业教育实习质量的高低用适应目标要求的程度来表示。因此，从学生自我认知视角评价高等职业教育实习质量，首要任务是明确实习所要达成的目标或满足学生接受实习要求的程度。那么，如何确定实习所要达成的目标或满足学生接受实习要求的程度？本研究从职业教育课程开发技术、《职业学校专业（类）顶岗实习标准》、新时代职业教育诉求三个方面回答这一问题，进而构建实习质量评价维度。

一、高等职业教育实习质量评价维度

（一）技能与素养：DACUM 的理论启示

分析国际上流行的职业教育课程开发技术——DACUM，有助于从理论上启示实习所要达成的目标。DACUM(develop a curriculum)是一种分析和确定某种职业岗位所需能力的方法，源自于加拿大和美国，其基本假设为：优秀工作人员分析与描述本职业工作岗位所需的能力更符合实际工作的需要，任何职业的工作内容都能以优秀工作人员所完成的任务来描述，任何任务的完成与从业人员所需的知识、技能和积极的工作行为品质有直接联系。① 这种方法在职业教育领域得到广泛认可，并应用于职业教育课程开发。该方法开发的课程与工作岗位要求保持高度相关，通常由 5～12 名从某职业挑选出来的优秀工作人员组成专家小组，通过头脑风暴探寻该职业所包含的工作职责与任务，从业

---

① Norton R E. DACUM Handbook[Z]. 3rd ed. Unpublished. Columbus: Center on Education and Training for Employment, College of Education & Human Ecology, The Ohio State University, 2008: 1.

人员需要具备的知识、技能和工作行为品质,以及完成任务需要的工具、设备和实施的过程等。[①] DACUM 的最终成果显示,从业人员的职业能力包括完成某项工作任务所需要的知识、技能和行为品质,而行为品质则包括专注、自信,以及一丝不苟的工作态度和精益求真的职业精神等职业素质。[②] 从 DACUM 分析法的过程和结果来看,其开发的职业教育课程强调对受教育者的职业知识、技能和素质的教育。

高等职业教育实习作为一项实践性教学活动,其目标要求与课程具有一致性。由于实习重在强调对知识的检验和应用,而不像高职院校课堂教学那样侧重详细地传授知识,因此,高等职业教育实习要达成的目标应偏重于专业技能的训练和职业素养的提升。

(二) 技能与素养:实习标准的实践要求

在实践层面,2016 年 7 月,教育部公布的《职业学校专业(类)顶岗实习标准》为构建实习质量评价维度提供重要参考。本研究通过对教育部公布的《职业学校专业(类)顶岗实习标准》进行文本分析,发现高等职业教育实习最终要达成的目标包括三个方面:认识企业,如了解企业的运作、组织架构、规章制度和企业文化;习得职业技能,如掌握岗位的典型工作流程、工作内容及核心技能;培育职业素养,如养成爱岗敬业、精益求精、诚实守信的职业精神。以高职院校软件技术专业顶岗实习标准中的软件运维实习项目为例[③],见表 3-2。实习目标的达成则通过完成相应的实习项目和工作任务,而项目和任务的设计与评价又落实到具体的职业技能和职业素养,即实习目标的达成度,最终聚焦于职业技能和职业素养两个方面。

表 3-2 软件运维实习项目的技能与素养目标

实习项目	时间	职 业 技 能	职 业 素 养
软件运维	3 个月	数据库设计、应用与管理能力; 软件项目文档的撰写能力; 移动应用开发、企业级多层架构应用系统开发技术	信息收集能力; 沟通交流能力; 团队合作能力; 责任意识; 情绪控制

注:本表参考教育部公布的软件技术专业顶岗实习标准绘制。

(三) 个人成长:新时代职业教育诉求

基于 DACUM 的理论启示和教育部公布的《职业学校专业(类)顶岗实习标准》的实践要求,对高等职业教育实习要达成的目标至少包括职业技能和职业素养两个方面,前者表现为满足学生专业技能习得的需要,后者表现为满足学生职业素养提升的需要。然而,教育的本质在于培养人,衡量教育质量的起点包括,一是塑造健全人格,促进全面发

---

① Norton R E. DACUM Handbook[Z]. 3rd ed. Unpublished. Columbus:Center on Education and Training for Employment,College of Education & Human Ecology,The Ohio State University,2008:1-2.
② Norton R E. DACUM Handbook[Z]. 3rd ed. Unpublished. Columbus:Center on Education and Training for Employment,College of Education & Human Ecology,The Ohio State University,2008:11.
③ 中华人民共和国教育部. 高等职业学校软件技术专业顶岗实习标准[M]. 北京:高等教育出版社,2017:1-10.

展；二是尊重成长规律，科学施加教育；三是拓展个性空间，帮助学生获得自由发展；四是符合社会需求，提高学生的创新创造能力，服务经济社会发展。① 实习作为职业教育必要的实践教学环节，对其质量评价也不应当回避以上四点。此外，一项实证研究结果表明，由于德国教育体系长期在价值取向上只重视满足社会需求，在一定程度上导致学生能力、态度和价值观发展的问题，从而不利于持续地保障个体的职业发展和经济社会发展。② 鉴于此，从专业技能和职业素养两个维度评价实习质量仅仅体现了高等职业教育促进就业的功利价值和迎合社会需求，并不能充分体现高等职业教育应有的育人价值和满足个人全面成长需求。

在合作教育研究领域，弗莱彻（Fletcher）提出从个人发展、职业发展和学术成就3个方面来衡量合作教育质量③；唐纳德（Donald）和安东尼（Anthony）等从学生自我认知评价视角，构建职业发展、学术成就、工作技能发展、个人成长的四维模型，评价合作教育质量④。由于合作教育与高等职业教育实习两者较为相似，弗莱彻、唐纳德等的研究成果不仅表明从学生自我认知视角评价高等职业教育实习质量的可行性，同时也揭示对实习质量的评价不应局限于促进学生专业技能和职业素养提升两个方面，更要体现学生的个人发展、个人成长的教育价值。我国研究者在唐纳德和安东尼等研究基础上，通过实证研究探索并验证了评价职业院校学生顶岗实习学习结果的四个方面，即专业发展、职业发展、个人成长和学业进步。研究结果进一步表明，顶岗实习对学生在这四个方面的发展均有一定的改善效果，并且对个人成长的改善效果最为显著。⑤ 不管是强调个人发展或是个人成长，其落脚点都是成为优秀、积极的社会公民，追求个人的美好生活。

目前，中国特色社会主义进入新时代，我国社会主要矛盾已经转化为人民日益增长的美好生活需要和不平衡不充分的发展之间的矛盾。新时代职业教育不仅是人们接受学历教育，更是提升社会成员素质、充分发展人的潜能的教育，从而促进个人全面成长。个人成长不应该仅停留在价值导向、教育理念层面，更应该具体到培育学生能够利用环境和个人资源获得良好的发展成果的特质，包括那些与成功完成人生不同发展阶段的关键性发展任务相联系的心理品质或行为方式，促进个体在一个开放的社会中具备积极的人生态度，以及对社会的适应性、行为的规范性和彰显人生价值的诉求。

需要说明的是，我国职业教育从来都没有否认促进学生全面成长的责任，正如习近平总书记对加快发展职业教育做出的重要指示："弘扬劳动光荣、技能宝贵、创造伟大的时代风尚，营造人人皆可成才、人人尽展其才的良好环境"，努力"让每个人都有人生出彩的

---

① 中共中央宣传部理论局.理性看齐心办[M].北京：人民出版社，2013：67-68.
② 菲利克斯·劳耐尔，鲁珀特·麦克林.国际职业教育科学研究手册（下册）[M].赵志群，等译.北京：北京师范大学出版社，2017：420.
③ Fletcher J K. Field Experience and Cooperative Education: Similarities and Differences[J]. Journal of Cooperative Education, 1991(27): 46-54.
④ Parks D K, Onwuegbuzie A J, Cash S H. Development of a Measure for Predicting Learning Advancement Through Cooperative Education: Reliability and Validity of the Place Scale[J]. Journal of Cooperative Education, 2001(36): 23-31.
⑤ 程培堽，顾金峰.校企合作模式下学生顶岗实习的学习结果评价：基于苏州部分高职院校的抽样调查[J].教育学术月刊，2013(6)：82-87.

机会"。人人成才、人生出彩则是体现个人成长、彰显人生价值的最终表现。由于职业教育培养的不是一个会说话的"机器人",而是一个与社会互动、与自己互动的活生生的社会人,[①]因此,新时代职业教育尤为需要突出个人成长,满足个人追求美好生活的期望。

综上所述,本研究认为,基于学生自我认知视角评价高等职业教育实习质量的维度包括学生专业技能、职业素养、个人成长三个维度。这三个维度与高等职业教育实习质量的职业性、发展性、社会性三种特性紧密关联。

此外,麦可思研究院在评价高等职业教育质量过程中,采用"满意度"作为评价质量的指标。为了进一步验证本研究在上述三个维度评价实习质量的科学性,本研究引入"实习满意度"作为评价实习质量的辅助性指标,即上述评价指标得分越高,则满意度越高,反之亦然。

二、高等职业教育实习质量形成机理理论假设模型

根据以上论述和研究假设,本研究提出高等职业教育实习质量形成机理理论假设模型如图 3-2 所示。

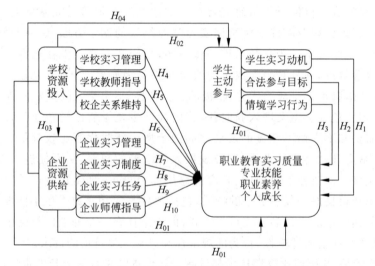

图 3-2　高等职业教育实习质量形成机理理论假设模型

本 章 小 结

本章在文献综述和高等职业教育实习的基本理论问题研究的基础上,首先,分析了高等职业教育实习对学生、高职院校、企业的益处,进而明确影响高等职业教育实习质量形成的关键方。随后,从高等职业教育实习的确定型利益相关者出发,优先确定影响实习质量形成的关键维度是学生主动参与、学校资源投入和企业资源供给,并对各个维度的因素进行了操作性定义,构想高等职业教育实习质量形成机理的研究思路,提出相关

---

① 姜大源.职业教育学研究新论[M].北京:教育科学出版社,2007:14.

研究假设。

其次,通过理论层面分析国际上流行的职业教育课程开发技术——DACUM,实践层面对《职业学校专业(类)顶岗实习标准》进行文本分析,结合新时代职业教育诉求,本研究提出,基于学生自我认知视角评价高等职业教育实习质量应当立足于学生在专业技能、职业素养、个人成长三个维度上的目标达成度。这三个维度与高等职业教育实习质量的职业性、发展性、社会性三种特性紧密关联。

最后,本研究构建了高等职业教育实习质量形成机理理论假设模型,为第四章的实证研究奠定基础。

第四章 高等职业教育实习质量形成机理的实证研究

深入研究高等职业教育实习质量形成机理,既需要规范性的理论推理和研究构想,更需要严谨的实证研究方法验证和支撑。本章通过自编调查问卷,大规模调查具有实习经历的高职院校三年级学生对实习经验和质量的认知,检验理论研究所提出的观点和研究假设。通过实证研究进一步验证学生、高职院校和企业三个方面影响高等职业教育实习质量形成的因素,探究实习质量形成机理理论模型,并对这一模型展开分析,深化对高等职业教育实习规律的认识。

第一节 问卷设计

本研究需要通过实证研究来验证高等职业教育实习质量形成的影响因素和实习质量形成机理理论假设模型。因此,编制一份符合研究目的并充分反映高职院校学生实习特征的调查问卷是本研究的重要工作。问卷设计遵循以下思路:首先,根据规范研究形成的研究框架,搜集相关文献,寻找与本研究相关的问卷和量表,选取符合研究需要的题项,并进行相应的改编,初步形成问卷的初始题库;其次,选取部分高职院校管理者、教师、学生、企业人力资源负责人和实习指导教师进行开放性访谈,收集第一手资料,进一步补充问卷的初始题项,并在访谈过程中充分征求他们意见,消除问项的歧义,确保问卷设计的有效性、适切性;再次,结合访谈和文献搜集所得题项,根据研究框架所设定的维度进行调整,形成适用于本研究的调查问卷,并请职业教育领域的专家对问卷的内容效度进行评议,对问卷进行修改,形成初始测量问卷;最后,进行问卷预测,通过项目分析、因素分析等统计方法确定每个变量的最终题项,形成适合于大规模调查的问卷,进行数据收集。

一、文献搜集

在本研究问卷开发中,高等职业教育实习质量形成的影响因素和实习质量评价是研究的重点。根据研究框架,高等职业教育实习质量形成机理的维度包括学生主动参与、学校资源投入和企业资源供给,基于学生自我认知视角评价实习质量的维度包括专业技能发展、职业素养提升和个人全面成长。根据研究框架初步形成调查问卷的结构见表4-1。

表 4-1 高等职业教育实习质量形成机理调查问卷初始结构

问卷结构	内容维度
第一部分：基本情况	个人背景信息 就读学校信息 实习企业信息
第二部分：高等职业教育实习质量形成影响因素量表	学生主动参与分量表 学校资源投入分量表 企业资源供给分量表
第三部分：高等职业教育实习质量量表	实习质量分量表
第四部分：高等职业教育实习满意度量表	实习满意度分量表

文献搜集旨在寻找关于实习的量表或问卷,从中抽取、改编相关题项,开发符合本研究需要的调查问卷。文献搜集思路依据研究框架,从学生、高职院校和企业三者出发,基于学生自我认知视角,形成符合高等职业教育实习特征的学生主动参与量表题库、学校资源投入量表题库和企业资源供给量表题库,形成以学生为评价主体的实习质量量表题库。在国外相关量表题项翻译中,为保证相关意思的准确性,本研究由精通双语且熟悉研究领域的两名研究者共同翻译。

（一）学生主动参与量表题库

在第三章研究框架构建中,学生主动参与主要体现在学生实习动机、合法参与目标和情境学习行为三种因素。在参考这三种因素已有的研究文献基础上,本研究提炼出学生主动参与量表题库,见表 4-2。

表 4-2 学生主动参与量表题库

变量	测量问项	参考文献
学生实习动机 合法参与目标 情境学习行为	具有较高的实习动机； 愿意参加实习； 渴望在实践中进行专业学习； 结交新同事、拓展社交圈； 实习是完成学业的必要环节； 将学校获得的知识、技能应用到企业实践； 通过实习能获得未来职业的工作经验； 通过实习能探索工作世界； 在实习之前有计划或目标； 在实习中观察、模仿企业指导师傅的实践操作； 在实习过程中能主动反思； 在实习过程中主动寻求机会与企业师傅互动； 在实习过程中主动向指导者、同伴寻求反馈； 在实习过程中善于总结自身的实践经验； 能坚持撰写实习日记； 与同学交流实习经验； ……	Gamboa V,Paixão M P, Jesus S N D. 2014； Hoyle J A. 2013； Maertz J C P, Stoeberl P A, Marks J. 2014

(二)学校资源投入量表题库

理论研究已经充分表明,高职院校的学校实习管理、学校教师指导、校企关系维持三方面因素与实习质量形成具有重要关系。同时,已有的研究文献也细化了高职院校在这三个方面采取的具体措施。综合已有的研究文献和理论研究结果,本研究提炼出学校资源投入量表题库,见表4-3。

表4-3 学校资源投入量表题库

变量	测量问项	参考文献
学校实习管理 学校教师指导 校企关系维持	学校实习管理办法严格; 学校领导或指导教师来企业监督; 有专门的实习指导教师参与全程指导; 学校通过信息化管理平台管理实习; 学校有明确的实习要求; 要求实习生与雇主、教师签订实习协议; 要求实习生保持活动记录和学习; 要求实习管理人员准确而及时的记录; 学校对违反实习要求的学生进行处分; 学校指导教师在困难时能给予帮助; 学校指导教师与实习生保持定期联系; 学校指导教师帮助确定实习目标; 学校指导教师最大限度地发挥实习的学习机会; 学校指导教师提供实习建议; 学校指导教师帮助反思实习经验; 学校通过多种方式保持与实习企业联系; 学校邀请企业共同制订实习考核标准; 学校邀请实习企业人员学校授课或讲座; 学校邀请实习企业参加校园招聘会等活动; ……	Allen et al. 2006; Gloria et al. 1997; Roever. 2000; Sapp,Zhang. 2009; 林润惠. 2012; 易兰华. 2014; 职业学校学生实习管理规定. 2016; 职业学校专业(类)顶岗实习标准. 2016

(三)企业资源供给量表题库

基于已有的研究文献和理论研究结果,本研究提炼出企业资源供给包括企业实习管理、企业实习制度、企业实习任务和企业师傅指导四个因素。由于高等职业教育实习与工作岗位变迁、生产方式变革具有密切关系,本研究提出的创新型实习,也将体现在实习任务的测量上。企业资源供给量表题库见表4-4。

(四)高等职业教育实习质量量表题库

本研究在高等职业教育实习质量特性和实习质量评价维度的基础上,基于学生自我认知视角,提出从学生的专业技能、职业素养、个人成长三个维度,测量学生对自身实习质量的认知评价,并结合已有的研究文献,提炼出高等职业教育实习质量量表题库,见表4-5。

表 4-4　企业资源供给量表题库

变　　量	测 量 问 项	参 考 文 献
企业实习管理 企业实习制度 企业实习任务 企业师傅指导	企业具有提高实习培养效益措施； 企业建立实习过程评估，提供反馈； 有机会参加企业会议和员工活动； 实习企业提供就业机会； 企业有实习安全管理规定； 企业有实习过程考核办法； 企业通过多种办法提高实习效果； 实习企业与学校合作关系良好； 指定技术人员指导实习任务； 企业购买相关保险； 企业提供相关报酬； 企业遵守国家工作时间和休息休假的规定； 企业与实习生签订相关实习协议； 企业师傅非常愿意指导； 企业师傅经验丰富； 企业师傅具有较高的技能； 企业师傅指导清晰； 企业师傅反馈与交流； 企业师傅提供的工作内容利于职业发展； 实习任务多样化； 实习中学习机会较多； 在实习中有自治权； 实习中有机会尝试新想法； 实习中有机会创造性地解决问题； 实习中有机会学习企业的新技术； ……	Gamboa V, Paixão M P, Jesus S N D. 2014; Eyler. 1993; Gordon. 2002; Knouse et al. 1999; Feldman et al. 1999; D'abate C P, Youndt M A, Wenzel K E. 2009; 易兰华. 2014; 职业学校学生实习管理规定. 2015; 职业学校专业（类）顶岗实习标准. 2016

表 4-5　高等职业教育实习质量量表题库

变　　量	测 量 问 项	参 考 文 献
专业技能 职业素养 个人成长	向专业领域内的专家学习、习得技能； 学到在学校没有学到的专业技能； 学到完成工作任务的专业技术； 在工作中学习的能力得到提升； 习得在实践中应用专业知识的能力； 完成任务和项目的能力； 感受到实际操作技能提升； 感受到与专业有关的实践知识； 对职业生涯目标的明晰程度； 现实地看待职业生涯期望的能力； 对终身学习的理解；	Parks D K, Onwuegbuzie A J, Cash S H. 2001; Parks D K. 2003; Garavan T N, Murphy C. 2001; Sweitzer H F, King M A. 2014; Fletcher J K. 1991 职业学校专业（类）顶岗实习标准. 2016; 程培堽, 顾金峰. 2013; 林伦豪. 2011

续表

变量	测量问项	参考文献
专业技能 职业素养 个人成长	对企业或单位如何运作的理解； 团队合作精神提升； 口头表达能力提升； 领导能力提升； 管理能力提升； 公民责任意识提升； 人际沟通技能提升； 心理更加成熟； 更加自信； 自我认知增强； 社会能力得到发展； ……	Parks D K,Onwuegbuzie A J,Cash S H.2001； Parks D K.2003； Garavan T N,Murphy C.2001； Sweitzer H F,King M A.2014； Fletcher J K.1991 职业学校专业（类）顶岗实习标准.2016； 程培堽,顾金峰.2013； 林伦豪.2011

严谨而科学的量表测量问项需要充分借鉴已有的研究成果，借助相关理论研究和概念化操作来设计变量的测量条款，既能形成具有结构的和切合实际的测量问项，也能确保其内容效度。然而，任何研究都具有自身的独特性，以及问题与被调查者是否具有紧密的适切性。因此，对于以上从研究文献中搜集的测量问项，本研究给以选择性地采用，并且根据访谈调查结果进行适当的调整和补充。

二、访谈

访谈是问卷设计的必要环节，"通过小规模的访谈来修改问卷，是问卷设计的必由之路"[①]。本研究在文献搜集的基础上，进一步通过小规模访谈来提高变量测量的信度和效度。

（一）访谈目的

其一，考察如何保证高等职业教育实习质量，重点关注实习的确定型利益相关者方面影响实习质量形成的因素包括哪些，验证本研究理论假设模型的合理性。

其二，在高等职业教育实习质量形成的各类影响因素中，调查学生主动参与、学校资源投入和企业资源供给等维度选取是否合理；在高等职业教育实习质量评价方面，调查基于学生自我认知视角，从专业技能、职业素养和个人成长三个维度评价实习质量的可行性及其可能出现的问题。

其三，确定基于理论研究和已有的研究文献提炼出的学生主动参与、学校资源投入、企业资源供给和实习质量等维度的测量问项是否涵盖了变量的基本内容，是否需要增加问题。

其四，与受访者共同探讨从文献中获得的测量问项是否合理、表述上是否清晰，避免

---

① 马庆国.应用统计学：数理统计方法、数据获取与SPSS应用[M].北京：科学出版社,2005：49.

测量问项存在歧义。

（二）访谈过程

本阶段访谈对象包括高职院校教师 11 人（分管实习工作的校长 1 人、中层管理者 2 人、专业负责人 3 人、有实习指导经验的教师 5 人）、高职院校正在实习的大三学生 7 人、企业人力资源部门负责人和工作人员 4 人。访谈采用个别访谈和集体访谈两种形式。其中，高职院校校长、中层管理者和企业人力资源部门人员采用一对一访谈，高职院校专业负责人和教师分两次集体访谈，高职院校实习学生分两次集体访谈（7 名学生分布在两个不同的企业实习）。

根据访谈目的，编制访谈提纲如下。

其一，哪些因素影响高等职业教育实习质量形成。

其二，基于学生自我认知视角，评价学生实习质量的内容包括哪些。

其三，向受访者展示前期编制的问卷测量问项，与受访者交流、讨论，考察测量问项的合理性和表述上的清晰性，征询测量问项是否存在歧义或内容模糊之处。

其四，向受访者解释高等职业教育实习质量形成机理研究构想和理论假设模型，考察影响实习质量形成的各因素之间的关系是否恰当。

（三）访谈结果

本阶段访谈结果进一步完善了问卷及研究设计，简要总结如下。

其一，在影响实习质量形成的因素方面。高职院校校长认为学校应该发挥实习的组织者作用，规范和强化实习过程的管理，针对企业的需求，选择资质较好的企业开展实习活动。这位校长还以师范生实习、医学专业学生实习为例进行说明。学校中层管理者认为，学校的管理、良好的实习传统、指导教师的作用对提升实习质量具有重要作用。学校中层管理者和部分教师也提出，学校难以通过直接措施提升学生实习质量，可以通过企业的作用促进较高的实习质量形成。企业人力资源部门人员认为，学生的实习动机和实习目标，对提升实习质量至关重要，并且影响到企业师傅对其指导的频次，企业有很多学习资料和机会，知道学什么和怎么学的学生，相对进步较快。有专业负责人表示，学生都愿意参加实习，但真正有明确的实习目标的学生不多。有部分高职院校教师认为，制约实习质量提升的主要原因包括企业缺乏育人理念、学生自身专业技能不强、实习轮岗机会不充分、企业不愿意让学生从事更深层次的工作等。也有部分学生担心，自己的能力不足以承担自身渴望从事的实习任务，从而失去一些深层次锻炼的机会等。

其二，评价学生实习质量的内容方面。有企业人力资源部门人员提出，实习质量高低最终要落实到就业竞争力和起始薪资方面；也有人提出，实习质量体现在专业知识应用和专业技能积累，以及是否度过职业生涯初期的迷茫；也有人提出，实习是否促进了学生对未来工作和人生的思考，为正式工作打下基础等。有高职院校教师认为，实习质量可以通过专业技术技能是否增长、学生社会化程度来衡量；有的教师认为，实习对学生的作用除了提升专业技术技能，更重要的是要提升学生对社会的认识、对企业运作的了解及自身的职业素养的养成；也有人提出，不同专业的衡量侧重不一样，工科的制造类专业应该突出专业技能，文科专业应突出职业素养。高职院校学生则认为，实习帮助自身深刻地体验将来所从事的工作，对自身的职业规划进一步清晰，同时，也发现自身专业能力与当前工作需要的差距。以上访谈结果从实践层面佐证了本研究评价实习质量的三个维度的合理性。

其三，测量变量问项的准确性方面。在每次访谈中，向受访者展示本研究预先编制的各变量测量问项，考察问题的合理性和可理解性。在变量测量问项的语义准确性和清晰性方面，受访者对各个问项进行了准确性和易读性的讨论，提出很多有益的建议，消除不清晰或有歧义的地方、删除难以收获真实统计信息的题项等，共计19处。

其四，本研究理论模型方面。受访者深入地探讨了哪些因素制约实习质量形成，这些因素之间与实习质量可能存在什么因果关系，以及它们对实习质量又会产生何种作用。受访者大多数认为，学校和企业方面的作用是促进实习质量形成的必要条件，但实习质量形成的充分必要条件在于学生自身的作用。高质量的实习是学校和企业共同努力，并促进学生主动实习的结果。相比较而言，企业在对学生实习的管理，更直接和有效。

总体来看，访谈对象基本认可本研究从专业技能、职业素养和个人成长三个维度评价实习质量，也认为优先从学生、高职院校和企业三个实习的确定型利益相关者出发，探索实习质量形成机理是可行的。

三、形成初始问卷

在前面规范研究的基础上，经过文献搜集和访谈，初步得到各变量的测量问项，形成初始测量问卷。本研究问卷包括三个部分：第一部分是被调查者的基本情况，共计7道题项；第二部分是高等职业教育实习质量形成影响因素量表，包括学生主动参与分量表、学校资源投入分量表和企业资源供给分量表，共计59道题项；第三部分是高等职业教育实习质量量表，包括对专业技能、职业素养、个人成长三个方面的评价，共计20道题项；第四部分，实习满意度量表，共计5道题。

由于学生对高职院校和企业的实习管理、教师（师傅）指导行为、实习任务等因素的感知，以及对自我实习情形的评价是一种自我体验的心理状态、主观判断。因此，本研究的量表设计采用标准化的心理测量程序[①]，采用Likert 5点计分，设定"完全不符合—比较不符合—基本符合—比较符合—完全符合"五个等级，"完全不符合"对应1分，逐渐递增，"完全符合"对应5分，每道题项得分越高，表明该题项的表述越符合被调查者的实际情况。

第二节 初始问卷预测与修订

在规范的理论研究和逻辑推理下，本研究建立了较为严谨的理论研究模型，并以其指导问卷开发。同时，问卷的各个测量题项在充分回顾文献、参考他人研究成果的基础

---

① Anderson, James, Gerbing C, et al. Structural Equation Modeling in Practice: A Review and Recommended Two-Step Approach[J]. Psychological Bulletin, 1988, 103(3): 411-423.

上,结合访谈结果,针对高等职业教育实习特征设计而成。

一、专家评议

问卷主体是第二、三部分,在正式测试之前需要对这两部分内容效度进行检验,评估测试问卷是否充分反映所要测试的内容范围。正如海恩斯(Haynes)等认为,测量工具中缺少反映构念内容的测量指标或含有与构念内容无关的指标,以及在估计构念的不同成分对测试分数的影响时,出现问题都会影响到内容效度。[①] 本研究采用专家评议方式,通过邮件或纸质发送给相关领域的9名专家,请专家对题项分别做同意、不同意或质疑的判断,经过两轮专家评议,先后按专家赞同程度高低排序,保留赞同程度高的题项,删除或修改赞同程度低的题项。在专家评议后,重新排序、形成新的问卷,包括四个部分:第一部分是被调查者的基本情况,共计7道题项;第二部分是高等职业教育实习质量形成影响因素量表,共计45道题项,其中学生主动参与量表,共计14题项,学校资源投入量表,共计15题项,企业资源供给量表,共计16题项;第三部分是高等职业教育实习质量量表,对专业技能、职业素养、个人成长进行评价,共计16道题项;第四部分是高等职业教育实习满意度量表,共计5道题项。

二、问卷预测

问卷预测采用方便抽样原则,通过网络发放问卷,在北京市、浙江省、河北省选取8所高职院校,随机发放给500名高职院校大三学生,回收有效问卷318份,样本情况见表4-7。

问卷预测主要采用项目分析和因子分析。项目分析旨在删除不良题项后,进一步进行因子分析。因子分析目的有两点:其一,根据因子载荷,删除不良题项;其二,探索性验证问卷的结构效度。因子分析方法采用了主成分分析法、最大变异法进行转轴,并根据理论研究构想,限定抽取因子个数,根据分析结果进一步删除题项。在删除题项的过程中,本研究采用逐次删除最不适切的题项,再看因素分析结果,如此重复,直到形成稳定的问卷结构。限于篇幅,本研究并未展示问卷预测每个过程的数据,将在问卷的信度与效度分析部分呈现删除所有不良题项后的项目分析和因子分析的最终结果。

本研究问卷预测环节删除题项的标准:其一,因子载荷小于0.4;其二,单个项目在2个及以上因子的负荷值高于0.4。此外,提取的因子累计方差贡献率为60%以上为效度评价标准。根据问卷预测结果,形成正式问卷。初始问卷预测与修订过程如图4-1所示。

[①] Haynes S N, Richard D C S, Kubany E S. Content Validity in Psychological Assessment: A Functional Approach to Concepts and Methods[J]. Psychol Assess, 1995, 7(3): 238-247.

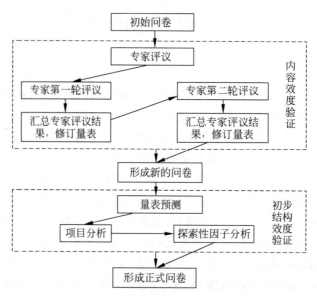

图 4-1 初始问卷预测与修订

第三节 调查问卷的信度与效度分析

一、问卷结构

调查问卷共四个部分：第一部分是被调查者的基本情况，共计 6 道题项；第二部分是高等职业教育实习质量形成影响因素量表，包括学生主动参与量表、学校资源投入量表和企业资源供给量表，共计 41 道题项；第三部分是高等职业教育实习质量量表，包括对专业技能、职业素养、个人成长三个方面的评价，共计 14 道题项；第四部分是高等职业教育实习满意度量表，共计 5 道题项，见表 4-6。

表 4-6 高等职业教育实习质量形成机理调查问卷结构

问 卷	一级维度	二级维度	题项数量
基本情况	个人背景信息 就读学校信息 实习企业信息		6
高等职业教育实习质量形成影响因素量表	学生主动参与量表	学生实习动机 合法参与目标 情境学习行为	12
	学校资源投入量表	学校实习管理 学校教师指导 校企关系维持	12
	企业资源供给量表	企业实习管理 企业实习制度 企业实习任务 企业师傅指导	17

续表

问　　卷	一级维度	二级维度	题项数量
高等职业教育实习质量量表	实习质量量表	专业技能 职业素养 个人成长	14
高等职业教育实习满意度量表	实习满意度量表	满意度	5

二、样本构成

本次测试同样采用方便抽样原则,通过网络发放问卷的方式,在辽宁省、安徽省、浙江省选取 12 所高职院校,共发放 600 份问卷,回收有效问卷 515 份。本次问卷发放距离第一次问卷发放间隔时间为半个月。本次问卷发放旨在对问卷进行验证性因素分析。前后两次样本基本信息见表 4-7。

表 4-7　试测样本基本信息表

次数	第一次	第二次
数量	回收有效问卷 318 份	回收有效问卷 515 份
变量	样本分布百分比	
性别	男,55%;女,45%	男,38.3%;女,61.7%
专业大类	土木建筑大类,15.7%;装备制造大类,8.2%;轻工纺织大类,5.0%;电子信息大类,15.7%;财经商贸大类,8.8%;旅游大类,5.3%;文化艺术大类,8.8%;公共管理与服务大类,2.8%;其他,29.7%	土木建筑大类,9.1%;装备制造大类,4.9%;轻工纺织大类,7.8%;电子信息大类,17.3%;财经商贸大类,15.0%;旅游大类,6.8%;文化艺术大类,6.2%;其他,33.2%
就读学校性质	国家示范性高职院校,34.6%;国家骨干高职院校,11.0%;省示范性高职院校,14.5%;省普通高职院校,39.9%	国家示范性高职院校,53.4%;国家骨干高职院校,9.1%;省示范性高职院校,8.9%;省普通高职院校,28.5%
实习企业所有权性质	国有企业,7.9%;民营企业,50.0%;个人独资企业,21.7%;中外合资企业,2.2%;其他,18.2%	国有企业,7.8%;民营企业,49.7%;个人独资企业,20.2%;中外合资企业,2.7%;其他,19.6%
实习企业员工数	人数<20 人,21.7%;20 人≤人数<300 人,49.1%;300 人≤人数<1 000 人,16.4%;人数≥1 000 人,12.9%	人数<20 人,19.2%;20 人≤人数<300 人,48.9%;300 人≤人数<1 000 人,18.4%;人数≥1 000 人,13.4%

三、效度分析

(一)项目分析

项目分析是检验编制的标准化测量工具可靠程度的重要方法,其目的是通过探究高低分的被试者在每个题项的差异或进行题项间同质性检验,其结果可作为个别题项删选或修改的依据①。为了提高题项的鉴别功能,本研究同时采用极端组法和同质性检验法进行项目分析,具体操作如下:首先,计算每个被试样本的总分并按照得分高低进行排序,分别选取前后 27% 的被试样本组成高分和低分两组,以独立样本 T 检验进行高、低分组在每个题项上的差异检验,对差异不显著的题项予以删除;其次,通过求量表题项与总分的相关,题项与总分的相关不仅要达到显著,而且两者的相关要呈现中高度关系。在本研究中,若 T 检验结果未达到 0.05 的显著性水平,相关系数在 0.4 以下,则表明该题项不能鉴别不同被试的反应,应考虑删除。

根据项目分析结果,问卷最终保留的题项在学生主动参与、学校资源投入、企业资源供给、实习质量、实习满意度等维度分量表的所有题项 T 检验均达到显著性水平,相关系数均大于 0.4,且同质性检验的共同性、因素负荷量均已达标,见表 4-8,表明问卷保留的问项符合良好题项的要求,问卷不再需要删除任何题项。

表 4-8 高等职业教育实习质量形成机理调查问卷项目分析摘要表

题项编号	极端组比较 决断值	题项与总分相关		同质性检验			未达标准指标数	备注
		题项与总分相关	校正题项与总分相关	题项删除后的 α 值	共同性	因素负荷量		
st1	11.034***	0.517***	0.499	0.975	0.265	0.515	0	保留
st2	12.339***	0.560***	0.544	0.974	0.313	0.559	0	保留
st3	11.977***	0.566***	0.550	0.974	0.321	0.567	0	保留
st4	11.670***	0.545***	0.529	0.974	0.299	0.547	0	保留
st5	14.740***	0.579***	0.565	0.974	0.338	0.581	0	保留
st6	15.500***	0.600***	0.586	0.974	0.372	0.610	0	保留
st7	14.558***	0.566***	0.551	0.974	0.329	0.574	0	保留
st8	19.538***	0.650***	0.637	0.974	0.425	0.652	0	保留
st9	19.163***	0.657***	0.645	0.974	0.444	0.667	0	保留
st10	17.644***	0.654***	0.641	0.974	0.435	0.659	0	保留
st11	11.663***	0.505***	0.487	0.975	0.250	0.500	0	保留
st12	16.606***	0.615***	0.601	0.974	0.372	0.610	0	保留
sc1	13.282***	0.577***	0.562	0.974	0.321	0.567	0	保留
sc2	11.232***	0.512***	0.493	0.975	0.247	0.497	0	保留
sc3	15.594***	0.616***	0.601	0.974	0.360	0.600	0	保留
sc4	13.510***	0.555***	0.534	0.975	0.275	0.525	0	保留
sc5	14.258***	0.587***	0.570	0.974	0.325	0.570	0	保留
sc6	17.818***	0.656***	0.639	0.974	0.405	0.636	0	保留
sc7	19.613***	0.669***	0.655	0.974	0.423	0.650	0	保留
sc8	19.594***	0.685***	0.671	0.974	0.438	0.662	0	保留
sc9	16.240***	0.637***	0.622	0.974	0.407	0.638	0	保留
sc10	15.536***	0.606***	0.588	0.974	0.323	0.568	0	保留
sc11	15.898***	0.590***	0.570	0.974	0.304	0.551	0	保留

---

① 吴明隆.问卷统计分析实务:SPSS 操作与应用[M].重庆:重庆大学出版社,2009:158-160.

续表

题项编号	极端组比较 决断值	题项与总分相关 题项与总分相关	题项与总分相关 校正题项与总分相关	同质性检验 题项删除后的α值	同质性检验 共同性	同质性检验 因素负荷量	未达标准指标数	备注
sc12	13.351***	0.531***	0.510	0.975	0.246	0.496	0	保留
en1	17.152***	0.650***	0.636	0.974	0.426	0.653	0	保留
en2	16.922***	0.664***	0.650	0.974	0.444	0.667	0	保留
en3	16.812***	0.638***	0.623	0.974	0.417	0.646	0	保留
en4	17.411***	0.661***	0.648	0.974	0.445	0.667	0	保留
en5	18.272***	0.669***	0.657	0.974	0.462	0.680	0	保留
en6	16.889***	0.635***	0.622	0.974	0.421	0.649	0	保留
en7	18.001***	0.679***	0.666	0.974	0.481	0.694	0	保留
en8	17.613***	0.684***	0.672	0.974	0.488	0.698	0	保留
en9	22.000***	0.712***	0.700	0.974	0.522	0.722	0	保留
en10	18.993***	0.654***	0.640	0.974	0.431	0.657	0	保留
en11	13.487***	0.542***	0.521	0.975	0.278	0.527	0	保留
en12	19.592***	0.695***	0.681	0.974	0.484	0.696	0	保留
en13	20.451***	0.702***	0.690	0.974	0.509	0.713	0	保留
en14	14.373***	0.557***	0.540	0.974	0.312	0.558	0	保留
en15	10.185***	0.474***	0.453	0.975	0.219	0.468	0	保留
en16	18.900***	0.649***	0.635	0.974	0.430	0.656	0	保留
en17	13.022***	0.526***	0.508	0.975	0.268	0.518	0	保留
qu1	18.470***	0.657***	0.644	0.974	0.449	0.670	0	保留
qu2	19.500***	0.666***	0.652	0.974	0.460	0.678	0	保留
qu3	21.141***	0.722***	0.712	0.974	0.544	0.737	0	保留
qu4	18.510***	0.662***	0.650	0.974	0.464	0.681	0	保留
qu5	23.076***	0.725***	0.714	0.974	0.547	0.740	0	保留
qu6	21.660***	0.694***	0.682	0.974	0.503	0.709	0	保留
qu7	20.923***	0.712***	0.701	0.974	0.527	0.726	0	保留
qu8	17.145***	0.633***	0.621	0.974	0.420	0.648	0	保留
qu9	13.448***	0.536***	0.520	0.974	0.293	0.542	0	保留
qu10	15.666***	0.627***	0.611	0.974	0.398	0.631	0	保留
qu11	20.597***	0.710***	0.698	0.974	0.514	0.717	0	保留
qu12	16.590***	0.662***	0.649	0.974	0.455	0.674	0	保留
qu13	19.544***	0.706***	0.695	0.974	0.522	0.722	0	保留
qu14	18.372***	0.709***	0.698	0.974	0.520	0.721	0	保留
sa1	19.734***	0.705***	0.694	0.974	0.518	0.720	0	保留
sa2	18.046***	0.682***	0.670	0.974	0.480	0.693	0	保留
sa3	16.896***	0.673***	0.660	0.974	0.463	0.680	0	保留
sa4	17.739***	0.678***	0.665	0.974	0.451	0.672	0	保留
sa5	17.997***	0.649***	0.637	0.974	0.439	0.663	0	保留
判标准则	≥3.000	≥0.400	≥0.400	≤0.975	≥0.2	≥0.45		

注：*** $p<0.001$，$N=318$。

(二) 建构效度分析

为了进一步检验调查问卷的建构效度,项目分析后还需要对问卷的所有题项进行因子分析,使得问卷成为一组较少且彼此相关较大的变量。建构效度是克伦巴赫(Cronbach)和米尔(Meehl)最先提出,并指出通过三个步骤来评价建构效度:一是使一整套理论概念和他们的相关贯通起来;二是开发能测量基于理论提出的假设模型的方法途径;三是通过实证检验假设关系模型。[①]

基于克伦巴赫建构效度评价的三个步骤,本研究第一步基于理论概念模型建构潜变量和观测变量之间的关系模型,并确定从属关系,使理论概念和他们的相关贯通起来;第二步通过探索性因子分析探索变量的因子结构,优化测量模型,提升实证研究准确性;第三步采用验证性因子分析,验证探索变量和测量指标之间关系的合理性,评估测量模型。

1. 探索性因子分析

在因子分析之前,需要对问卷进行 KMO(Kaiser-Meyer-Olkin) 检验和 Bartlett's (Bartlett's test of sphericity) 球形检验来确定题项是否符合做因子分析的要求。KMO 统计量取值在 0 到 1,"0.9 以上表示非常适合进行因素分析;0.8 以上表示适合进行因素分析;0.7 以上表示尚可进行因素分析"[②]。本研究设定 KMO 值大于 0.7、Bartlett's 球形检验达到 0.05 的显著性水平,表明适合进行因子分析。检验结果见表4-9。

表4-9 高等职业教育实习质量形成机理问卷各分量表 KMO 和 Bartlett's 检验

类别		学生主动参与	学校资源投入	企业资源供给	实习质量	满意度
取样足够度的 Kaiser-Meyer-Olkin 度量		0.915	0.901	0.936	0.948	0.853
Bartlett's 球形检验	近似卡方	2 987.584	3 568.535	4 814.633	4 670.051	1 519.663
	df	66	66	136	91	10
	Sig.	0.000	0.000	0.000	0.000	0.000

根据表4-9所示,高等职业教育实习质量形成机理问卷的各个量表,即学生主动参与、学校资源投入、企业资源供给、实习质量 4 个分量表的 KMO 值均大于 0.9,实习满意度量表的 KMO 值大于 0.8;Bartlett's 球形检验的显著水平均小于 0.05,均达到因子分析的要求。因子分析主要采用主成分分析法(principal components analysis)抽取因子,进行最大变异法(varimax)转轴,结合理论研究界定的维度,限定抽取各量表的因子个数。

(1) 学生主动参与量表因子分析

采用主成分分析法,设定强制抽取 3 个因子,逐次删除最不适切的题项后,最终得到的因子载荷矩阵见表4-10。根据表4-10中数据所示,3 个因子共解释了总方差的 66.992%,且特征值均大于1,表明调查问卷的学生主动参与量表符合 3 个维度的构想,

---

① Cronbach L J, Meehl P E. Construct Validity in Psychological Tests[J]. Psychological Bulletin, 1955, 52(4): 281-302.

② 吴明隆. 问卷统计分析实务:SPSS 操作与应用[M]. 重庆:重庆大学出版社, 2009:208.

且题项的因子载荷值均大于0.5,说明该量表具有较好的结构效度。

表4-10 学生主动参与量表因子载荷矩阵（N=318）

类别	最大变异法转轴后的因子负荷量		
	目标	行为	动机
st6.希望通过实习能获得未来职业的工作经验	0.815		
st7.希望在实习过程中能探索工作世界	0.772		
st4.希望在实习过程中能将学校获得的知识、技能应用到企业实践	0.659		
st5.希望在实习过程中能观察或模仿企业指导老师的实践操作	0.633		
st12.在实习过程中能和同学交流实习经验或心得		0.799	
st11.在实习过程中能坚持撰写实习周记或日记等记录材料		0.717	
st9.在实习过程中能主动地寻求机会与企业员工交流或互动		0.693	
st10.在实习过程中能积极地总结自身的实践经验		0.683	
st8.在实习过程中能主动地向企业师傅寻求帮助或反馈		0.588	
st1.渴望在企业实践中进行专业学习			0.836
st2.具有强烈的实习动机			0.768
st3.认为三年学习过程必须要经历实习环节			0.600
特征值	3.121	2.827	2.092
解释变异量/%	26.007	23.555	17.431
累积解释变异量/%	26.007	49.562	66.992

(2) 学校资源投入量表因子分析

采用主成分分析法,设定强制抽取3个因子,逐次删除最不适切的题项后,最终得到的因子载荷矩阵见表4-11。根据表4-11中数据所示,3个因子共解释了总方差的72.528%,且特征值均大于1,表明调查问卷的学校资源投入量表符合3个维度的构想,且题项的因子载荷值均大于0.5,说明该量表具有较好的结构效度。

表4-11 学校资源投入量表因子载荷矩阵（N=318）

类别	最大变异法转轴后的因子负荷量		
	教师指导	校企关系	实习管理
sc6.学校教师能帮助学生制订实习目标和实习内容	0.816		
sc5.学校教师能通过各种方式了解学生的实习情况	0.800		
sc8.学校教师能引导学生反思实习过程和实习经验	0.771		
sc7.学校教师在学生遇到困难时能给予帮助和指导	0.761		
sc9.学校能通过多种方式保持与实习企业联系		0.873	
sc10.学校能邀请实习企业的技术人员或管理者到学校授课或讲座		0.795	
sc11.学校能邀请企业共同制订实习考核标准和方式		0.790	
sc12.学校能邀请实习企业参加校园招聘会等活动		0.788	
sc3.认可学校要求实习结束后提交实习总结			0.875
sc4.认可学校要求实习过程中保持实习活动记录			0.807
sc2.认可学校对违反实习要求的学生进行批评教育或处分			0.618
sc1.认可学校通过信息化管理平台加强实习过程监控			0.586

续表

类别	最大变异法转轴后的因子负荷量		
	教师指导	校企关系	实习管理
特征值	3.353	3.037	2.313
解释变异量/%	27.942	25.311	19.275
累积解释变异量/%	27.942	53.253	72.528

(3) 企业资源供给量表因子分析

采用主成分分析法,设定强制抽取4个因子,逐次删除最不适切的题项后,最终得到的因子载荷矩阵见表4-12。根据表4-12中数据所示,4个因子共解释了总方差的68.688%,且特征值均大于1,表明调查问卷的企业资源供给量表符合4个维度的构想,且题项的因子载荷值均大于0.5,说明该量表具有较好的结构效度。

表4-12 企业资源供给量表因子载荷矩阵($N=318$)

类别	最大变异法转轴后的因子负荷量			
	师傅指导	实习任务	企业监管	实习制度
en7.企业师傅能清晰地指导学生实习	0.824			
en8.企业师傅能鼓励学生、尊重学生	0.804			
en6.企业师傅工作经验丰富	0.800			
en5.企业师傅愿意指导学生的实习	0.710			
en9.企业师傅能和学生交流、反馈学生的实习情况	0.704			
en2.在实习中能有机会创造性地解决问题		0.787		
en4.在实习中需要应用多种技能完成工作任务		0.770		
en3.在实习中能学习到企业的新技术或新的管理理念		0.720		
en1.在实习中有一定的自主权		0.663		
en16.企业愿意为学生提供就业的机会			0.722	
en14.企业能按照规范的实习制度管理实习活动			0.719	
en15.企业能遵守国家关于工作时间和休息休假的规定			0.693	
en17.企业能通过多种办法提高学生的实习效果			0.658	
en11.认可企业为学生购买保险制度				0.790
en13.认可企业和学生签订实习协议等制度				0.672
en12.认可企业的实习安全管理规定				0.614
en10.认可企业的实习结果考核办法				0.596
特征值	3.950	2.933	2.659	2.135
解释变异量/%	23.238	17.251	15.640	12.559
累积解释变异量/%	23.238	40.489	56.129	68.688

(4) 实习质量量表因子分析

采用主成分分析法,设定强制抽取3个因子,逐次删除最不适切的题项后,最终得到的因子载荷矩阵见表4-13。根据表4-13中数据所示,3个因子共解释了总方差的71.20%,且特征值均大于1,表明调查问卷的实习质量量表符合3个维度的构想,且题项的因子载荷值均大于0.5,说明该量表具有较好的结构效度。

表 4-13　实习质量量表因子载荷矩阵（$N=318$）

类　　别	最大变异法转轴后的因子负荷量		
	专业技能	个人成长力	职业素养
qu2.通过实习,学生学到应用专业知识的能力	0.819		
qu3.通过实习,学生学到完成工作任务的专业技术	0.768		
qu1.通过实习,学生学到在学校难以学到的专业知识和技能	0.750		
qu4.通过实习,学生提升了专业操作技能	0.737		
qu5.通过实习,学生提升了在工作中学习的能力	0.654		
qu11.通过实习,学生的技术创新意识得到提升		0.785	
qu10.通过实习,学生的社会适应能力得到提升		0.781	
qu12.通过实习,学生的公民责任意识得到提升		0.750	
qu13.通过实习,学生的终身学习意识得到提升		0.684	
qu14.通过实习,学生的心理更加成熟		0.568	
qu9.通过实习,学生认识到未来职业生涯具有变动性			0.803
qu8.通过实习,学生认识到团队合作的重要性			0.763
qu7.通过实习,学生认识到人际沟通的重要性			0.592
qu6.通过实习,学生认识到诚实守信的重要性			0.529
特征值	3.792	3.449	2.727
解释变异量/%	27.087	24.635	19.479
累积解释变异量/%	27.087	51.721	71.200

(5) 实习满意度量表因子分析

采用主成分分析法,设定强制抽取 1 个因子,得到的因子载荷矩阵见表 4-14。根据因素分析结果,1 个因子共解释了总方差的 69.899%,特征值为 3.495,表明实习满意度量表符合 1 个维度的构想,且题项的因子载荷值均大于 0.5,说明该量表具有较好的结构效度。

表 4-14　实习满意度量表因子载荷矩阵（$N=318$）

类　　别	最大变异法转轴后的因子负荷量
	满意度
sa2.学生对实习的工作任务满意程度	0.886
sa1.学生对实习的工作过程满意程度	0.880
sa3.学生对企业的实习管理满意程度	0.850
sa5.学生对自己的实习结果满意程度	0.819
sa4.学生对学校的实习管理满意程度	0.737
特征值	3.495
解释变异量/%	69.899
累积解释变异量/%	69.899

2. 验证性因素分析

验证性因素分析结构模型通常用以下指标来评估[①]。

(1) χ^2/df(CMIN/DF)。χ^2 为卡方值，df 为自由度。卡方值越小表示模型的因果路径与实际越适配。当卡方值不显著（$p>0.05$）时，表示模型的因果路径与实际不一致的可能性较小；当卡方值为0时，表示模型与观测数据适配度最高。卡方值是否显著与样本量大小密切相关，当样本数量越大，所累积的卡方值也就越大，而虚无假设被拒绝的概率与自由度及样本数具有正比函数关系，会受到样本数的技术特性影响假设模型的拟合度检验。如果问卷调查获得的数据通常在200个样本以上，则整个模型是否适配需要参考其他指标，"这也是一般SEM使用者舍卡方就其他拟合指数的主要原因"[②]。

卡方值（χ^2）与自由度（df）的比值，在AMOS中用CMIN/DF表示，Carmines和McIver认为，卡方值与自由度比值小于2时，表示模型的适配度较好[③]。也有研究者认为，当卡方值与自由度比值在2~5时，表示假设模型可以接受[④]。研究者通过使用不同样本数量检验卡方值与自由度比值，研究结果表明，当样本数量超过1 000时，该值将会大于5，且随着样本数量的增加，该值将不断增大，而其他指标波动不大。因此，当样本数量较大时，整体模型适配度的判别应参考GFI、AGFI、NFI和CFI等值，进行综合判断，卡方值与自由度比值可作为参照指标，而不是唯一的判别指标[⑤]。

(2) GFI和AGFI。GFI为拟合优度指标（goodness of fit index），AGFI为调整后的拟合优度指标（adjusted goodness of fit index）。GFI值相当于复回归模型的决定系数（R^2），AGFI值相当于复回归模型的调整后决定系数（adjusted R^2），R^2值越大解释的变异量越大。通常而言，GFI值略大于AGFI值，但这两个指标值均为0~1，且数值越大越好，一般大于0.9，模型才能拟合良好。

(3) NFI和CFI。NFI为规范拟合指数（normed fit index），CFI为比较拟合指数（comparative fit index）。NFI和CFI的值大多为0~1（CFI值可能大于1），数值越大越好，一般大于0.9，模型才能拟合良好，越接近1表示模型适配度越佳。

(4) RMSEA。RMSEA（root mean square error of approximation）为近似误差均方根，其数值越小，表明模型拟合的越好，通常被认为是模型拟合最重要的指标。一般认为，RMSEA值高于0.1的模型拟合不好，0.08~0.1的模型拟合尚可，0.05~0.08的模型拟合较好，<0.05的模型拟合非常好。[⑥⑦] 本研究选取≤0.08的均方根近似误差指数。

---

① Duane F Alwin, Robert M Hauser. The Decomposition of Effects in Path Analysis[J]. American Sociological Review, 1975, 40(1): 37-47.
② 邱皓政, 林碧芳. 结构方程模型的原理与应用[M]. 北京：中国轻工业出版社, 2009：76.
③ Carmines E G, McIver J P. Analyzing Models with Unobservable Variables[M]//Bohrnstedt G W, Borgatta E E(Eds.). Social Measurement: Current Issues Beverly Hills[M]. California: Sage, 1981: 80.
④ Marsh H W, Hocevar D. Application of Confirmatory Factor Analysis to the Study of Self-Concept: First-and Higher Order Factor Models and Their Invariance Across Groups[J]. Psychological Bulletin, 1985, 97(3): 562-582.
⑤ 吴明隆. 结构方程模型：AMOS的操作与应用[M]. 重庆：重庆大学出版社, 2010：487-491.
⑥ Browne M W, Cudeck R. Alternative Ways of Assessing Model Fit[M]//Bollen K A, Long J S(Eds.). Testing Structural Equation Models[M]. California: Sage, 1993: 136-162.
⑦ 易丹辉. 结构方程模型：方法与应用[M]. 北京：中国人民大学出版社, 2008：125.

需要说明的是,以上拟合指数的作用在于考察理论模型与实际数据的适配程度,并不能作为判断模型成立与否的唯一依据,即使拟合优度高的模型也只能作为参考,还需要依据研究问题的理论概念讨论模型的合理性,即使"拟合指数并没有显示模型达到最优,但如果能够具有实际意义,相关理论能够很好地加以解释,则模型的拟合指数并不一定要求最好"[1]。

(1) 学生主动参与量表验证性因子分析

学生主动参与量表验证性因子分析模型由12个观测变量和3个潜变量构成,见表 4-15、表 4-16。从输出结果来看,学生主动参与量表验证性因子分析模型中的潜变量和观测变量之间、不同潜变量之间的路径系数均为正值,表明变量之间是正相关关系,且标准化路径系数为 0.573～0.813,每一对潜变量和观测变量间的临界比值(Z 值)都>2($p<0.001$),各潜变量与观测变量间的路径相关显著,表明假设关系中的潜变量和观测变量间的因子关系是稳定存在的。

表 4-15　学生主动参与量表潜变量与观测变量路径系数表($N=515$)

类　别	非标准化系数	标准化系数	标准误	临界比值	p
st8←情境学习行为	1.000	0.775			
st9←情境学习行为	1.025	0.813	0.054	18.907	***
st10←情境学习行为	0.972	0.779	0.054	18.017	***
st11←情境学习行为	0.844	0.573	0.066	12.804	***
st12←情境学习行为	0.980	0.721	0.059	16.518	***
st4←合法参与目标	1.000	0.686			
st5←合法参与目标	0.988	0.716	0.070	14.212	***
st6←合法参与目标	1.026	0.777	0.067	15.213	***
st7←合法参与目标	1.049	0.744	0.071	14.690	***
st1←学生实习动机	1.000	0.739			
st2←学生实习动机	1.047	0.807	0.066	15.880	***
st3←学生实习动机	0.854	0.685	0.061	14.026	***

注:*** $p<0.001$。

表 4-16　学生主动参与量表潜变量间的相关系数表($N=515$)

类　别	非标准化系数	标准化系数	标准误	临界比值	p
情境学习行为↔合法参与目标	0.343	0.795	0.034	10.191	***
合法参与目标↔学生实习动机	0.337	0.739	0.036	9.471	***
情境学习行为↔学生实习动机	0.348	0.708	0.035	9.821	***

注:*** $p<0.001$。

---

[1] 易丹辉.结构方程模型:方法与应用[M].北京:中国人民大学出版社,2008:186.

初始模型已经达到较为合理的指数要求,但 AGFI 和 RMSEA 两项指标尚未达到要求,模型需要进一步得到修正,见表 4-17。根据 AMOS 提供的修正建议,观测变量 st11 和 st12 的残差 $e11$ 和 $e12$ 存在相关,这两个变量都是描述被调查者对实习的情境学习行为的认识,两者存在一定的关联性。在修正后,各项指标值均达到可接受范围。如图 4-2 所示,验证性因子分析表明,情境学习行为、合法参与目标和学生实习动机 3 个潜变量与各自观测变量之间具有合理的结构,学生主动参与测量模型较为理想。

表 4-17 学生主动参与量表验证性因子分析拟合指标表($N=515$)

类别	CMIN/DF	GFI	AGFI	NFI	CFI	RMSEA
适配标准	(1,5)	>0.9	>0.9	>0.9	>0.9	≤0.08
初始模型	4.590	0.930	0.892	0.922	0.938	0.084
修正模型	3.664	0.945	0.914	0.939	0.955	0.072

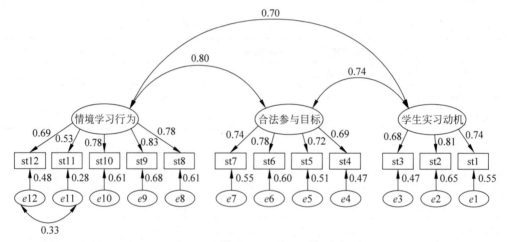

图 4-2 学生主动参与量表验证性因子分析模型图

(2)学校资源投入量表验证性因子分析

学校资源投入量表验证性因子分析模型由 12 个观测变量和 3 个潜变量构成,见表 4-18、表 4-19。从输出结果来看,学校资源投入量表验证性因子分析模型中的潜变量和观测变量之间、不同潜变量之间的路径系数均为正值,表明变量之间是正相关关系,且标准化路径系数为 0.570~0.883,每一对潜变量和观测变量间的临界比值(Z 值)都大于 2($p<0.001$),各潜变量与观测变量间的路径相关显著,表明假设关系中的潜变量和观测变量间的因子关系是稳定存在的。

表 4-18 学校资源投入量表潜变量与观测变量路径系数表($N=515$)

类别	非标准化系数	标准化系数	标准误	临界比值	p
sc5←学校教师指导	1.000	0.776			
sc6←学校教师指导	1.098	0.796	0.058	19.047	***
sc7←学校教师指导	1.060	0.832	0.053	20.060	***
sc8←学校教师指导	1.122	0.861	0.054	20.881	***

续表

类别	非标准化系数	标准化系数	标准误	临界比值	p
sc9←校企关系维持	1.000	0.732			
sc10←校企关系维持	0.949	0.872	0.049	19.325	***
sc11←校企关系维持	1.008	0.883	0.052	19.530	***
sc12←校企关系维持	0.818	0.738	0.050	16.331	***
sc1←学校实习管理	1.000	0.811			
sc2←学校实习管理	0.897	0.656	0.064	14.091	***
sc3←学校实习管理	0.616	0.570	0.050	12.189	***
sc4←学校实习管理	0.708	0.658	0.050	14.128	***

注：*** $p<0.001$。

表 4-19 学校资源投入量表潜变量间的相关系数表（$N=515$）

类别	非标准化系数	标准化系数	标准误	临界比值	p
学校教师指导↔校企关系维持	0.616	0.712	0.060	10.203	***
学校教师指导↔学校实习管理	0.450	0.756	0.042	10.719	***
校企关系维持↔学校实习管理	0.380	0.492	0.047	8.014	***

注：*** $p<0.001$。

初始模型已达到较为合理的指数要求，但 CMIN/DF、AGFI 和 RMSEA 三项指标尚未达到要求，模型需要进一步得到修正，见表 4-20。根据 AMOS 提供的修正建议，观测变量 sc3 和 sc4 的残差 $e3$ 和 $e4$ 存在相关，这两个变量都是描述被调查者对学校实习管理的认识，两者存在一定的关联性。在修正后，各项指标值均达到可接受范围。如图 4-3 所示，验证性因子分析表明，学校实习管理、学校教师指导和校企关系维持 3 个潜变量与各自观测变量之间具有合理的结构，学校资源投入测量模型较为理想。

表 4-20 学校资源投入量表验证性因子分析拟合指标表（$N=515$）

类别	CMIN/DF	GFI	AGFI	NFI	CFI	RMSEA
适配标准	(1,5)	>0.9	>0.9	>0.9	>0.9	≤0.08
初始模型	5.556	0.918	0.874	0.921	0.934	0.094
修正模型	3.958	0.942	0.909	0.945	0.958	0.076

（3）企业资源供给量表验证性因子分析

企业资源供给量表验证性因子分析模型由 17 个观测变量和 4 个潜变量构成，见表 4-21、表 4-22。从输出结果来看，企业资源供给量表验证性因子分析模型中的潜变量和观测变量之间、不同潜变量之间的路径系数均为正值，表明变量之间是正相关关系，且标准化路径系数为 0.489～0.876，每一对潜变量和观测变量间的临界比值（Z 值）都大于 2（$p<0.001$），各潜变量与观测变量间的路径相关显著，表明假设关系中的潜变量和观测变量间的因子关系是稳定存在的。

高等职业教育实习质量的形成机理及制度保障

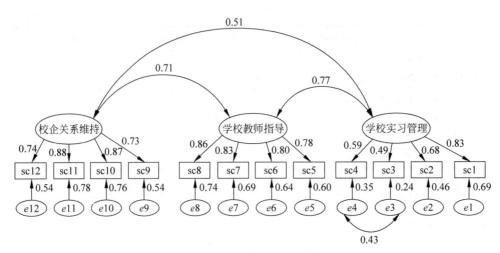

图 4-3　学校资源投入量表验证性因子分析模型图

表 4-21　企业资源供给量表潜变量与观测变量路径系数表（$N=515$）

类　别	非标准化系数	标准化系数	标准误	临界比值	p
en5←企业师傅指导	1.000	0.793			
en6←企业师傅指导	0.956	0.793	0.048	19.838	***
en7←企业师傅指导	1.192	0.864	0.054	22.240	***
en8←企业师傅指导	1.157	0.876	0.051	22.626	***
en9←企业师傅指导	1.110	0.799	0.055	20.025	***
en1←企业实习任务	1.000	0.706			
en2←企业实习任务	1.135	0.789	0.070	16.102	***
en3←企业实习任务	1.063	0.745	0.069	15.310	***
en4←企业实习任务	1.072	0.771	0.068	15.772	***
en14←企业实习制度	1.000	0.707			
en15←企业实习制度	0.975	0.610	0.079	12.304	***
en16←企业实习制度	1.109	0.832	0.071	15.612	***
en17←企业实习制度	0.834	0.573	0.072	11.603	***
en10←企业实习管理	1.000	0.690			
en11←企业实习管理	1.209	0.662	0.090	13.377	***
en12←企业实习管理	1.350	0.851	0.083	16.309	***
en13←企业实习管理	1.043	0.489	0.103	10.093	***

注：*** $p<0.001$。

表 4-22　企业资源供给量表潜变量间的相关系数表（$N=515$）

类　别	非标准化系数	标准化系数	标准误	临界比值	p
企业实习制度↔企业实习管理	0.304	0.653	0.035	8.767	***
企业实习任务↔企业实习制度	0.287	0.599	0.034	8.492	***
企业师傅指导↔企业实习任务	0.338	0.718	0.033	10.085	***
企业实习任务↔企业实习管理	0.357	0.795	0.037	9.762	***

续表

类别	非标准化系数	标准化系数	标准误	临界比值	p
企业师傅指导↔企业实习管理	0.340	0.743	0.034	10.067	***
企业师傅指导↔企业实习制度	0.339	0.695	0.035	9.760	***

注：*** $p<0.001$。

初始模型已经达到较为合理的指数要求，但 AGFI 指标值为 0.885，表明模型可以进一步修正，见表 4-23。根据 AMOS 提供的修正建议，观测变量 en6 和 en7 的残差 $e6$ 和 $e7$ 存在相关，这两个变量都是描述被调查者对企业师傅指导的认识，两者存在一定的关联性。在修正后，各项指标值均达到可接受范围。如图 4-4 所示，验证性因子分析表明，企业实习管理、企业实习制度、企业实习任务、企业师傅指导 4 个潜变量与各自观测变量之间具有合理的结构，企业资源供给测量模型较为理想。

表 4-23 企业资源供给量表验证性因子分析拟合指标表（$N=515$）

类别	CMIN/DF	GFI	AGFI	NFI	CFI	RMSEA
适配标准	(1,5)	>0.9	>0.9	>0.9	>0.9	≤0.08
初始模型	3.466	0.915	0.885	0.920	0.941	0.069
修正模型	3.059	0.926	0.899	0.930	0.951	0.063

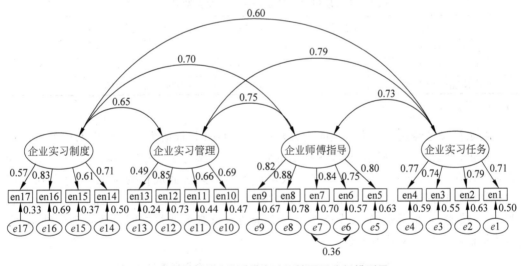

图 4-4 企业资源供给量表验证性因子分析模型图

（4）实习质量量表验证性因子分析

实习质量量表因子分析模型由 14 个观测变量和 3 个潜变量构成，见表 4-24、表 4-25。从输出结果来看，实习质量量表验证性因子分析模型中的潜变量和观测变量之间、不同潜变量之间的路径系数均为正值，表明变量之间是正相关关系，且标准化路径系数为 0.607~0.842，每一对潜变量和观测变量间的临界比值（Z 值）都大于 2（$p<0.001$），各潜变量与观测变量间的路径相关显著，表明假设关系中的潜变量和观测变量间的因子关

系是稳定存在的。

表 4-24 实习质量量表潜变量与观测变量路径系数表（$N=515$）

类别	非标准化系数	标准化系数	标准误	临界比值	p
qu1←专业技能	1.000	0.751			
qu2←专业技能	1.121	0.790	0.061	18.296	***
qu3←专业技能	1.090	0.842	0.055	19.654	***
qu4←专业技能	1.061	0.810	0.056	18.806	***
qu5←专业技能	1.067	0.815	0.056	18.931	***
qu6←职业素养	1.000	0.802			
qu7←职业素养	1.007	0.821	0.050	20.286	***
qu8←职业素养	0.811	0.722	0.047	17.295	***
qu9←职业素养	0.745	0.607	0.053	14.056	***
qu10←个人成长	1.000	0.723			
qu11←个人成长	1.051	0.812	0.059	17.752	***
qu12←个人成长	0.961	0.786	0.056	17.177	***
qu13←个人成长	0.928	0.802	0.053	17.536	***
qu14←个人成长	0.865	0.757	0.052	16.535	***

注：*** $p<0.001$。

表 4-25 实习质量量表潜变量间的相关系数表（$N=515$）

类别	非标准化系数	标准化系数	标准误	临界比值	p
专业技能↔职业素养	0.422	0.863	0.037	11.419	***
职业素养↔个人成长	0.459	0.851	0.041	11.102	***
专业技能↔个人成长	0.416	0.806	0.039	10.621	***

注：*** $p<0.001$。

初始模型已经达到较为合理的指数要求，但 AGFI 指标值为 0.888，表明模型可以进一步修正，见表 4-26。根据 AMOS 提供的修正建议，观测变量 qu10 和 qu11 的残差 $e10$ 和 $e11$ 存在相关，这两个变量都是描述被调查者对个人全面成长的认识，两者存在一定的关联性。在修正后，各项指标值均达到可接受范围。如图 4-5 所示，验证性因素分析表明，专业技能、职业素养、个人成长 3 个潜变量与各自观测变量之间具有合理的结构，实习质量量表测量模型较为理想。

表 4-26 实习质量量表验证性因子分析拟合指标表（$N=515$）

类别	CMIN/DF	GFI	AGFI	NFI	CFI	RMSEA
适配标准	(1,5)	>0.9	>0.9	>0.9	>0.9	≤0.08
初始模型	4.042	0.921	0.888	0.937	0.951	0.077
修正模型	3.430	0.936	0.908	0.947	0.962	0.069

四、信度分析

信度是指量表工具所测得结果的稳定性及一致性，量表的信度越大，其测量标准误

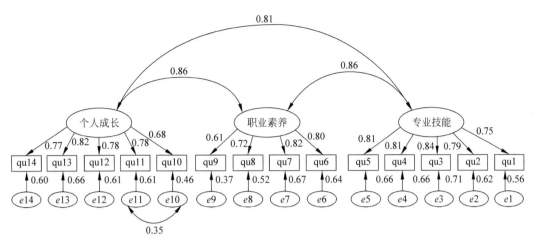

图 4-5 实习质量量表验证性因子分析模型图

越小。本研究采用克隆巴赫 α 系数（Cronbach's alpha）来进行量表的信度分析，结果见表 4-27。分析结果表明，总量表及各分量表相关系数均大于 0.8，说明总量表和各分量表都具有较好的信度。此外，各分量表中各个维度的 α 系数均大于 0.7，表明各分量表各自维度也具有较好的信度。

表 4-27 高等职业教育实习质量形成机理问卷各量表及维度的 α 系数表

项　　目	Cronbach's alpha	基于标准化项的 Cronbach's alpha	项　　数
总量表	**0.971**	**0.973**	**60**
学生主动参与量表	**0.906**	**0.907**	**12**
学生实习动机	0.783	0.782	3
合法参与目标	0.817	0.818	4
情境学习行为	0.850	0.853	5
学校资源投入量表	**0.900**	**0.901**	**12**
学校实习管理	0.767	0.773	4
学校教师指导	0.888	0.889	4
校企关系维持	0.879	0.884	4
企业资源供给量表	**0.920**	**0.925**	**17**
企业实习任务	0.838	0.838	4
企业师傅指导	0.913	0.913	5
企业实习管理	0.749	0.765	4
企业实习制度	0.767	0.772	4
实习质量量表	**0.939**	**0.940**	**14**
专业技能	0.899	0.900	5
职业素养	0.830	0.831	4
个人成长	0.881	0.883	5
实习满意度量表	**0.891**	**0.891**	**5**

注：$N=515$。

第四节 高等职业教育实习质量描述性分析

一、问卷的发放与回收

大规模的问卷发放与回收主要集中在2017年6月,学生即将完成3年学习期间的所有实习任务。由于高职院校大三学生分散在企业实习,并不在学校。因此,大规模的问卷发放与回收同样采取方便抽样原则,一是借助网络问卷调查工具,通过高职院校教师利用电子邮件、网络聊天工具等,逐一发放给学生;二是利用学生返校参加毕业典礼的机会,现场发放、回收问卷。在北京、河北、辽宁、河南、安徽、江苏、浙江、四川、重庆、甘肃10个省市的高职院校发放问卷,收回问卷2 613份,其中有效问卷2 139份,有效率为81.86%,样本信息见表4-28。

表4-28 样本信息汇总($N=2\,139$)

变量		数量/份	百分比/%
性别	男	1 125	52.6
	女	1 014	47.4
专业大类	能源动力与材料大类	26	1.21
	土木建筑大类	327	15.28
	装备制造大类	316	14.77
	轻工纺织大类	92	4.30
	交通运输大类	140	6.54
	电子信息大类	481	22.48
	财经商贸大类	263	12.29
	旅游大类	71	3.32
	文化艺术大类	64	2.99
	公共管理与服务大类	120	5.62
	其他	239	11.17
就读学校性质	国家示范性高职院校	792	37.02
	国家骨干高职院校	382	17.86
	省普通高职院校	965	45.12
实习企业所有权性质	国有企业	421	19.68
	外商独资企业	44	2.06
	民营企业	795	37.16
	个人独资企业	416	19.44
	港澳台投资企业	16	0.75
	中外合资企业	75	3.52
	其他	372	17.39
实习企业员工数	人数<20人	355	16.59
	20人≤人数<300人	963	45.02
	300人≤人数<1 000人	323	15.10
	人数≥1 000人	498	23.28

二、正式调查问卷信效度检验

在分析数据之前,本研究利用大规模收集到的样本数据对正式调查问卷的信效度进行再次检验。正式调查问卷信度系数 α 值为 0.968。学生主动参与量表信度系数 α 值为 0.892,验证性因子分析拟合指标为:GFI=0.938、AGFI=0.904、NFI=0.924、CFI=0.932、RMSEA=0.080;学校资源投入量表信度系数 α 值为 0.886,验证性因子分析拟合指标为:GFI=0.950、AGFI=0.923、NFI=0.950、CFI=0.956、RMSEA=0.073;企业资源供给量表信度系数 α 值为 0.918,验证性因子分析拟合指标为:GFI=0.941、AGFI=0.927、NFI=0.940、CFI=0.951、RMSEA=0.061;实习质量量表信度系数 α 值为 0.938,验证性因子分析拟合指标为:GFI=0.941、AGFI=0.916、NFI=0.953、CFI=0.960、RMSEA=0.069。从以上数据来看,正式调查问卷各个分量表具有较好的建构效度和信度,适合数据分析。

三、高等职业教育实习质量现状分析

运用自编《高等职业教育实习质量评价量表》,测量高等职业教育实习质量现状。由于量表采用 Likert 5 点计分,因此,每个测量项目理论上的平均值为 3 分。高等职业教育实习质量总分及其各维度得分描述性统计见表 4-29。

表 4-29 高等职业教育实习质量及其各维度描述性统计分析

类别	样本量	极小值	极大值	均值	标准差
实习质量总分	2 139	1.00	4.71	3.52	0.535
专业技能	2 139	1.00	4.80	3.44	0.627
职业素养	2 139	1.00	4.75	3.63	0.577
个人成长	2 139	1.00	5.00	3.51	0.654

从高等职业教育实习质量总分及其各维度的描述性统计情况来看,被调查高职院校学生在实习质量总分、专业技能、职业素养、个人成长上的得分均值都在 3.5 分上下。从统计结果来看,职业素养维度得分(3.63)最高,专业技能和个人成长维度得分分别是 3.44 和 3.51。从总体来看,实习质量量表总得分(3.52)处于中等水平。

由以上数据,可认为测量所得当前被调查学生的实习质量在学生自我认知状况上处于中等水平。各维度得分从高到低排序依次为职业素养、个人成长和专业技能。相比较而言,被调查学生认为,实习对其职业素养提升的帮助相对更大。

四、高等职业教育实习满意度分析

质量高低与满足顾客需求的程度密切相关,在管理学领域,研究者也常用顾客对产品的满意度来衡量产品质量。高等职业教育实习质量的高低同样与满足学生实习要求的程度紧密联系。本研究通过调查学生对实习的工作过程、工作任务、学校管理、企业管理、实习结果 5 个方面的满意度,从实习满意度层面,进一步验证实习质量现状。高等职业教育实习满意度及其各题项描述性统计见表 4-30。

表 4-30　高等职业教育实习满意度及其各题项描述性统计分析

类　　别	样本量	极小值	极大值	均值	标准差
实习满意度总分	2 139	1.00	5.00	3.41	0.676
学生对实习的工作过程满意程度	2 139	1.00	5.00	3.36	0.841
学生对实习的工作任务满意程度	2 139	1.00	5.00	3.38	0.809
学生对企业的实习管理满意程度	2 139	1.00	5.00	3.30	0.914
学生对学校的实习管理满意程度	2 139	1.00	5.00	3.44	0.854
学生对自己的实习结果满意程度	2 139	1.00	5.00	3.55	0.876

从高等职业教育实习满意度及其各题项描述性统计情况来看,被调查高职院校学生在实习满意度总分和各题项上的均值都略高于理论平均值 3,可认为被调查学生对实习满意度在自我认知状况上也处于中等水平。

从统计结果来看,实习结果满意度得分(3.55)最高,企业的实习管理满意度得分(3.30)最低,其余各题项得分位于两者之间。从总体来看,实习满意度总得分(3.41)处于中等水平。

综上分析,学生对实习满意度与实习质量总分的自我认知评价相近,学生对实习结果满意度(3.55)与实习质量总分(3.52)的自我认知评价具有较高的一致性。因此,可以认为学生对实习结果满意度与实习质量的评价具有较高的一致性。这进一步验证了从学生对专业技能、职业素养、个人成长 3 个维度进行自我认知评价高等职业教育实习质量的可行性。

第五节　高等职业教育实习质量形成的影响因素分析

为了验证高等职业教育实习质量形成机理理论假设模型中学生主动参与、学校资源投入和企业资源供给三个维度及其因素与实习质量的关系,本节采用多元线性回归分析的方法,确定三个维度及其因素和实习质量之间的关系,解释各因素对高等职业教育实习质量形成的相对重要性,为下一步构建实习质量形成机理理论模型做准备。

回归分析中,背景变量全部转换为虚拟变量,转换方式为:女生转为 0,男生转为 1;在专业所属大类上,问卷中的 1~9 的专业大类变为 0(理工类专业),其他分类变量变为 1(文科类专业);在就读学校的性质上,国家示范性高职院校和国家骨干高职院校转为 0(重点校),其他分类变量变为 1(普通校);在企业的所有权性质上,民营企业转为 0,其他变量转为 1;在企业的员工数上,将人数<300 人的转为 0(小型企业),将人数>300 人的转为 1(大型企业)。其中,0 为参照变量。经分析获得的回归系数若为正数,且回归方程显著($p<0.05$),则表示在控制其他变量的情况下,1 代表的学生群体实习质量高于 0 代表的学生群体实习质量。

一、学生主动参与与高等职业教育实习质量的回归分析

从表 4-31 的相关矩阵中可以发现,学生实习动机、合法参与目标、情境学习行为三个预

测变量之间均呈现显著的正相关（$p<0.001$），相关系数为 0.558～0.662；同样，三个预测变量与效标变量"实习质量"也均呈现显著的正相关（$p<0.001$），相关系数为 0.507～0.616。

表 4-31　学生主动参与与高等职业教育实习质量的相关性

类　别		实习质量	学生实习动机	合法参与目标	情境学习行为
Pearson 相关性	实习质量	1.000			
	学生实习动机	0.507***	1.000		
	合法参与目标	0.574***	0.618***	1.000	
	情境学习行为	0.616***	0.558***	0.662***	1.000

注：*** $p<0.001$。

采用强迫进入变量法，将背景变量和三个预测变量均进入回归模型中，容忍度值均大于 0.1，方差膨胀系数值（VIF）均小于 3，表示进入回归方程式的自变量间并不存在明显的多元共线性问题，可以引入回归方程，见表 4-32。

表 4-32　学生主动参与与高等职业教育实习质量的多元回归分析摘要表

预测变量	B	标准误	beta(β)	t 值	容差	VIF
（常量）	0.975	0.103		9.504***		
性别	0.073	0.038	0.050	1.918	0.713	1.403
专业大类	−0.034	0.040	−0.022	−0.843	0.697	1.435
学校性质	0.041	0.033	0.028	1.226	0.932	1.073
企业性质	0.035	0.043	0.019	0.798	0.885	1.130
企业规模	−0.083	0.034	−0.056	−2.420*	0.906	1.104
学生实习动机	0.141	0.027	0.153	5.226***	0.572	1.747
合法参与目标	0.222	0.031	0.228	7.076***	0.470	2.130
情境学习行为	0.379	0.031	0.382	12.410***	0.516	1.939
$R=0.669$　$R^2=0.448$　调整后 $R^2=0.444$				$F=114.640$***		

注：*** $p<0.001$；* $p<0.05$。

从表 4-32 中可以发现，"学生实习动机""合法参与目标""情境学习行为"三个自变量与"实习质量"的多元相关系数为 0.669，多元相关系数的平方为 0.448，3 个自变量共可解释"实习质量"44.4%的变异量。三个自变量的标准化回归系数均为正值，且都达到显著水平（$p<0.001$），表明"学生实习动机""合法参与目标""情境学习行为"对"实习质量"均具有显著的正向作用，即学生实习动机越强烈、合法参与目标越明确、情境学习行为越丰富，越能够促进较高的实习质量形成，并且情境学习行为的影响力最大。因此，前文中的假设 H_1、H_2、H_3 通过验证。

二、学校资源投入与高等职业教育实习质量的回归分析

从表 4-33 的相关矩阵中可以发现，学校实习管理、学校教师指导、校企关系维持三个预测变量之间均呈现显著的正相关（$p<0.001$），相关系数为 0.345～0.580；同样，三个预测变量与效标变量"实习质量"也均呈现显著的正相关（$p<0.001$），相关系数为 0.380～0.482。

表 4-33　学校资源投入与高等职业教育实习质量的相关性

类别		实习质量	学校实习管理	学校教师指导	校企关系维持
Pearson 相关性	实习质量	1.000			
	学校实习管理	0.482***	1.000		
	学校教师指导	0.466***	0.580***	1.000	
	校企关系维持	0.380***	0.345***	0.568***	1.000

注：*** $p<0.001$。

采用强迫进入变量法,将背景变量和三个预测变量均进入回归模型中,容忍度值均大于 0.1,方差膨胀系数值(VIF)均小于 3,表示进入回归方程式的自变量间并不存在明显的多元共线性问题,可以引入回归方程,见表 4-34。

表 4-34　学校资源投入与高等职业教育实习质量的多元回归分析摘要表

预测变量	B	标准误	beta(β)	t 值	容差	VIF
(常量)	1.658	0.113		14.616***		
性别	0.034	0.043	0.024	0.801	0.710	1.409
专业大类	−0.020	0.045	−0.013	−0.438	0.698	1.433
学校性质	0.032	0.038	0.022	0.857	0.917	1.091
企业性质	0.078	0.049	0.042	1.589	0.871	1.148
企业规模	−0.043	0.039	−0.029	−1.125	0.905	1.106
学校实习管理	0.326	0.032	0.319	10.332***	0.645	1.551
学校教师指导	0.148	0.027	0.189	5.420***	0.505	1.982
校企关系维持	0.107	0.021	0.155	5.067***	0.654	1.530
$R=0.553$　$R^2=0.305$　调整后 $R^2=0.300$　　　$F=62.108$***						

注：*** $p<0.001$。

从表 4-34 中可以发现,"学校实习管理""学校教师指导""校企关系维持"三个自变量与"实习质量"的多元相关系数为 0.553,多元相关系数的平方为 0.305,三个自变量共可解释"实习质量"30%的变异量。三个自变量的标准化回归系数均为正值,且都达到显著水平($p<0.001$),表明"学校实习管理""学校教师指导""校企关系维持"对"实习质量"均具有显著的正向作用,即学校实习管理越规范、学校教师指导越尽责、校企关系维持越密切,越能够促进较高的实习质量形成,并且学校实习管理的影响力最大。因此,前文中的假设 H_4、H_5、H_6 通过验证。

三、企业资源供给与高等职业教育实习质量的回归分析

从表 4-35 的相关矩阵中可以发现,企业实习管理、企业实习制度、企业实习任务、企业师傅指导四个预测变量之间均呈现显著的正相关($p<0.001$),相关系数为 0.488~0.650,呈现中度相关;四个预测变量与"实习质量"也均呈现显著的正相关($p<0.001$),相关系数为 0.572~0.649。

表 4-35　企业资源供给与高等职业教育实习质量的相关性

类　　别		实习质量	企业实习任务	企业师傅指导	企业实习管理	企业实习制度
Pearson 相关性	实习质量	1.000				
	企业实习管理	0.649***	1.000			
	企业实习制度	0.600***	0.650***	1.000		
	企业实习任务	0.629***	0.600***	0.603***	1.000	
	企业师傅指导	0.572***	0.488***	0.568***	0.584***	1.000

注：*** $p<0.001$。

采用强迫进入变量法，将背景变量和四个预测变量均进入回归模型中，容忍度值均大于 0.1，方差膨胀系数值（VIF）均小于 3，表示进入回归方程式的自变量间并不存在明显的多元共线性问题，可以引入回归方程，见表 4-36。

表 4-36　企业资源供给与高等职业教育实习质量的多元回归分析摘要表

预测变量	B	标准误	beta(β)	t 值	容差	VIF
（常量）	1.126	0.082		13.702***		
性别	−0.056	0.034	−0.038	−1.637	0.711	1.407
专业大类	0.011	0.036	0.008	0.322	0.699	1.431
学校性质	0.018	0.030	0.013	0.614	0.924	1.082
企业性质	0.028	0.039	0.015	0.718	0.882	1.134
企业规模	−0.095	0.031	−0.064	−3.091**	0.904	1.107
企业实习管理	0.190	0.022	0.243	8.563***	0.487	2.054
企业实习制度	0.182	0.023	0.205	7.890***	0.580	1.723
企业实习任务	0.288	0.025	0.322	11.575***	0.504	1.983
企业师傅指导	0.108	0.025	0.126	4.310***	0.459	2.177
$R=0.748$　$R^2=0.559$　调整后 $R^2=0.556$　　　　$F=159.051$***						

注：*** $p<0.001$；** $p<0.01$。

从表 4-36 中可以发现，"企业实习管理""企业实习制度""企业实习任务""企业师傅指导"四个自变量与"实习质量"的多元相关系数为 0.748，多元相关系数的平方为 0.559，四个自变量共可解释"实习质量"55.6% 的变异量。四个自变量的标准化回归系数均为正值，且都达到显著水平（$p<0.001$），表明"企业实习管理""企业实习制度""企业实习任务""企业师傅指导"对"实习质量"均具有显著的正向作用，即企业实习管理越科学、企业实习制度越完善、企业实习任务越多样、企业师傅指导越尽责，越能够促进较高的实习质量形成，并且企业实习任务的影响力最大。因此，前文中的假设 H_7、H_8、H_9、H_{10} 通过验证。

四、三大关键维度与高等职业教育实习质量的回归分析

本研究以学生主动参与、学校资源投入和企业资源供给的总分为预测变量，分别与"实习质量"进行回归分析。

从表 4-37 的相关矩阵中可以发现学生主动参与、学校资源投入和企业资源供给三个

预测变量之间均呈现显著的正相关（$p<0.001$），相关系数为 $0.557\sim0.630$；三个预测变量与"实习质量"均呈现显著的正相关（$p<0.001$），相关系数为 $0.533\sim0.737$。

表 4-37　三大维度与高等职业教育实习质量的相关性

类	别	实习质量	学生主动参与	学校资源投入	企业资源供给
Pearson 相关性	实习质量	1.000			
	学生主动参与	0.663***	1.000		
	学校资源投入	0.533***	0.557***	1.000	
	企业资源供给	0.737***	0.630***	0.628***	1.000

注：*** $p<0.001$。

采用强迫进入变量法，将背景变量、三个预测变量与实习质量均进行回归分析。三个预测变量均进入回归模型中，容忍度值均大于 0.1，方差膨胀系数值（VIF）均小于 3，表示进入回归方程式的自变量间并不存在明显的多元共线性问题，可以引入回归方程，见表 4-38。

表 4-38　三大维度与高等职业教育实习质量的多元回归分析摘要表

预测变量	B	标准误	beta(β)	t 值	容差	VIF
（常量）	0.425	0.091		4.682***		
性别	0.024	0.032	0.016	0.745	0.712	1.404
专业大类	-0.018	0.033	-0.012	-0.552	0.700	1.429
学校性质	-0.011	0.028	-0.008	-0.394	0.914	1.094
企业性质	0.009	0.036	0.005	0.243	0.887	1.127
企业规模	-0.098	0.029	-0.066	-3.410**	0.905	1.106
学生主动参与	0.364	0.028	0.325	13.054***	0.552	1.812
学校资源投入	0.028	0.025	0.028	1.137	0.552	1.811
企业资源供给	0.533	0.027	0.519	19.559***	0.486	2.057

$R=0.783$　$R^2=0.613$　调整后 $R^2=0.610$　$F=223.931^{***}$

注：*** $p<0.001$；** $p<0.01$。

从表 4-38 中可以发现，"学生主动参与""学校资源投入"和"企业资源供给"三个自变量与"实习质量"的多元相关系数为 0.783，多元相关系数的平方为 0.613，三个自变量共可解释"实习质量"61% 的变异量。三个自变量的标准化回归系数均为正值，且"学生主动参与"和"企业资源供给"都达到显著水平（$p<0.001$），表明两者对"实习质量"均具有显著的正向作用；"学校资源投入"的标准化回归系数也为正值，但并未达到显著水平（$p>0.05$）。因此，前文中的假设 H_{01} 部分通过验证。结合理论研究结果和学校资源投入维度的因素对实习质量的回归分析，以及学校资源投入与实习质量呈现显著的正相关，出现这一情况的原因，可能是学校资源投入通过学生主动参与和企业资源供给的中介作用，间接地促进实习质量形成。这一假设将通过结构方程模型进一步验证。

综合以上回归分析，本研究假设检验结果汇总见表 4-39。

表 4-39　本研究假设检验结果汇总表

标号	研究假设	是否支持
H_1	学生实习动机对实习质量具有显著的正向作用	支持
H_2	合法参与目标对实习质量具有显著的正向作用	支持
H_3	情境学习行为对实习质量具有显著的正向作用	支持
H_4	学校实习管理对实习质量具有显著的正向作用	支持
H_5	学校教师指导对实习质量具有显著的正向作用	支持
H_6	校企关系维持对实习质量具有显著的正向作用	支持
H_7	企业实习管理对实习质量具有显著的正向作用	支持
H_8	企业实习制度对实习质量具有显著的正向作用	支持
H_9	企业实习任务对实习质量具有显著的正向作用	支持
H_{10}	企业师傅指导对实习质量具有显著的正向作用	支持
H_{01}	学生主动参与、学校资源投入和企业资源供给对实习质量具有显著的正向作用	部分支持
H_{02}	学校资源投入对学生主动参与具有显著的正向作用	待验证
H_{03}	学校资源投入对企业资源供给具有显著的正向作用	待验证
H_{04}	企业资源供给对学生主动参与具有显著的正向作用	待验证

第六节　高等职业教育实习质量形成机理建模

回归分析验证了"学生主动参与""学校资源投入"和"企业资源供给"各自包含的因素与高等职业教育实习质量之间的关系,然而,回归分析并未显示三个维度之间及它们和实习质量的相互关系。结构方程模型能够从整体上探究一组变量之间的关系[①],本研究将进一步采用结构方程模型的方法进行分析和验证,探索高等职业教育实习质量形成机理。

一、模型检验

结构方程模型可分为纯粹验证(strictly confirmatory)、选择模型(alternative models)和产生模型(model generating)三大类型分析[②]。纯粹验证在于验证模型能否拟合样本数据,从而决定是否接受模型;选择模型在于提出数个不同的可能模型,从各个模型拟合样本数据的优劣情况中选出最佳模型;产生模型在于事先依据相关理论提出一个初始假定模型,检查模型是否拟合样本数据,并基于理论分析或样本数据指标,对模型拟合欠佳的部分进行调整、修正,进而产生一个最佳的模型。

---

① 邱皓政,林碧芳.结构方程模型的原理与应用[M].北京:中国轻工业出版社,2009:4.
② 侯杰泰,温忠麟,成子娟.结构方程模型及其应用[M].北京:教育科学出版社,2004:112-113.

本研究属于产生模型分析,通过理论研究提出理论假设模型并结合多元回归分析结果,构建结构方程模型,最后基于理论和数据分析结果调整和修正原先提出的模型,从而产生符合理论和实证检验的模型。高等职业教育实习质量形成机理初始概念模型,如图 4-6 所示。

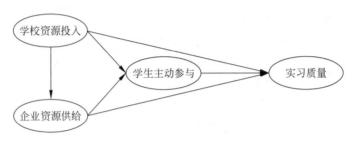

图 4-6 高等职业教育实习质量形成机理初始概念模型

二、正态性检验

本研究使用极大似然估计法(maximum likelihood)进行结构方程模型估计。这种方法是目前应用最广的结构方程模型适配函数估计法,并要求样本大且服从正态分布。本研究正态性检验采用偏度系数(<2.0)和峰度系数(>5.0)。分析结果显示,各测量题项、变量的偏度绝对值最大为 1.115,峰度绝对值最大为 2.262,符合正态分布要求,可以用于结构方程模型分析。

三、高等职业教育实习质量形成机理理论模型拟合与评价

本研究在正式调查问卷信效度检验部分已经对高等职业教育实习质量形成机理模型的各个维度的建构效度进行检验,数据表明各个维度具有较好的建构效度,适合结构方程模型分析。

(一)初始模型拟合与修正

结合理论研究假设和上一节回归分析结果,本研究构建高等职业教育实习质量形成机理初始概念模型,如图 4-6 所示,并进行数据拟合,见表 4-40。

表 4-40 高等职业教育实习质量形成机理初始模型拟合指标表($N=2\,139$)

类 别	CMIN/DF	GFI	AGFI	NFI	CFI	RMSEA
适配标准	(1,5)	>0.9	>0.9	>0.9	>0.9	≤0.08
初始模型	8.982	0.930	0.892	0.940	0.946	0.08

从表 4-40 中的数据来看,初步拟合模型的拟合指数基本符合要求。然而,路径系数显示,学校资源投入对实习质量的路径系数并不显著(路径系数为 -0.09,$p>0.05$),表明学校资源投入对实习质量并没有直接作用,而是通过学生主动参与和企业资源供给的中介作用,间接地促进实习质量形成,同时也表明,该模型还需要进一步修正。

对结构方程模型修正的方法包括增加或减少内生变量、增加或减少外源变量、添

或删除路径、修正残差的协方差[①]。本研究采用添加或删除路径的方法进行模型修正,即删除"学校资源投入"到"实习质量"的路径,修正后的概念模型如图4-7所示。学校资源投入通过学生主动参与和企业资源供给的中介作用,间接地促进实习质量形成,既符合职业教育校企合作规律,也与实习作为工作本位学习的内涵特征一致。同时,在本研究的文献综述和解释学校资源投入维度的因素部分,众多已有的研究也表明学校通过加强对学生的实习指导和管理,与企业协同管理实习,监督企业对学生承担的责任等,能够提升实习质量。因此,在理论上可以对模型进行修正。

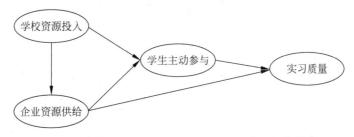

图4-7 高等职业教育实习质量形成机理修正概念模型

(二) 修正模型拟合与评价

本研究根据修正概念模型,如图4-7所示,再次进行数据拟合。修正模型拟合结果见表4-41,理论模型如图4-8所示,各拟合指数符合要求,所有路径系数都大于0,且小于1,符合"各参数估计值的合理范围,即相关系数在+1与-1之内"[②]。正如前文所论述,当样本量比较大时,卡方值与自由度比值也将随之变大,可作为参考指标。由于本研究样本量为2 139,综合其他指标来看,该模型拟合效果比较理想。因此,选择修正后的结构方程模型对变量进行分析。

表4-41 高等职业教育实习质量形成机理修正模型拟合指标表($N=2\ 139$)

类 别	CMIN/DF	GFI	AGFI	NFI	CFI	RMSEA
适配标准	(1,5)	>0.9	>0.9	>0.9	>0.9	≤0.08
修正模型	9.071	0.928	0.891	0.938	0.944	0.08

从表4-42中的数据来看,"学校资源投入"对"企业资源供给"的路径系数为0.754,达到显著水平($p<0.000\ 1$),表明"学校资源投入"对"企业资源供给"具有显著的正向作用;"企业资源供给"对"学生主动参与"的路径系数为0.535,达到显著水平($p<0.000\ 1$),表明"企业资源供给"对"学生主动参与"具有显著的正向作用;"学校资源投入"对"学生主动参与"的路径系数为0.284,达到显著水平($p<0.000\ 1$),表明"学校资源投入"对"学生主动参与"具有显著的正向作用。因此,假设 H_{02}、H_{03}、H_{04} 通过验证。

[①] 侯杰泰,温忠麟,成子娟. 结构方程模型及其应用[M]. 北京:教育科学出版社,2004:229.
[②] 侯杰泰,温忠麟,成子娟. 结构方程模型及其应用[M]. 北京:教育科学出版社,2004:114.

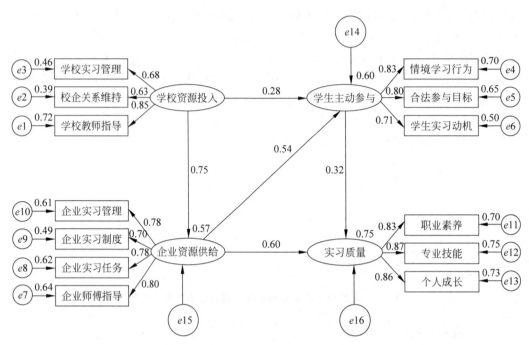

图 4-8　高等职业教育实习质量形成机理理论模型

表 4-42　高等职业教育实习质量形成机理变量间路径系数

路　　径	非标准化系数	标准化系数	标准误	临界比值	p
企业资源供给←学校资源投入	0.646	0.754	0.033	19.717	***
学生主动参与←企业资源供给	0.483	0.535	0.047	10.210	***
学生主动参与←学校资源投入	0.220	0.284	0.042	5.264	***
实习质量←学生主动参与	0.329	0.315	0.043	7.690	***
实习质量←企业资源供给	0.565	0.601	0.040	14.055	***
学校教师指导←学校资源投入	1.000	0.851			
校企关系维持←学校资源投入	0.838	0.627	0.040	21.138	***
学校实习管理←学校资源投入	0.612	0.681	0.028	21.529	***
情境学习行为←学生主动参与	1.000	0.834			
合法参与目标←学生主动参与	0.983	0.804	0.035	28.076	***
学生实习动机←学生主动参与	0.909	0.708	0.038	24.089	***
企业师傅指导←企业资源供给	1.000	0.800			
企业实习任务←企业资源供给	0.943	0.785	0.033	28.479	***
企业实习制度←企业资源供给	0.842	0.697	0.034	24.453	***
企业实习管理←企业资源供给	1.066	0.780	0.038	27.757	***
职业素养←实习质量	1.000	0.835			
专业技能←实习质量	1.131	0.867	0.032	34.819	***
个人成长←实习质量	1.086	0.856	0.031	34.839	***

注：*** $p<0.001$。

由高等职业教育实习质量形成机理理论模型可知，在本研究中，实习质量形成的要素包括学生主动参与、学校资源投入和企业资源供给三个维度及其因素。它们的相互关系为:学校资源投入分别作用于学生主动参与和企业资源供给,间接作用于实习质量,对两者的路径系数依次是 0.28 和 0.75,两者都达到显著水平($p<0.001$);企业资源供给对学生主动参与的路径系数为 0.54,达到显著水平($p<0.001$);学生主动参与和企业资源供给直接作用于实习质量,路径系数分别是 0.32 和 0.60,两者都达到显著水平($p<0.001$)。

四、高等职业教育实习质量形成机理的研究结果分析

(一) 高等职业教育实习质量形成需要三个维度及其因素相互作用

高等职业教育实习质量形成是一个系统的过程,受到不同维度及其因素的影响。本研究的高等职业教育实习质量形成机理理论模型表明,较高的实习质量形成受到三个维度及其十种因素的综合作用,即学生主动参与维度,包括学生实习动机、合法参与目标、情境学习行为三种因素;学校资源投入维度,包括学校实习管理、学校教师指导、校企关系维持三种因素;企业资源供给维度,包括企业实习管理、企业实习制度、企业实习任务、企业师傅指导四种因素。[①] 这些维度的因素与实习质量均呈现显著的正相关。在实习质量形成的条件上,高职院校需要发挥育人的基础性功能,通过加强自身资源投入,促使企业供给多余的生产资源,激励和监督学生主动参与实习,从而共同促进较高的实习质量形成。

(二) 高等职业教育实习形成较高的质量有规律可循

在本研究的高等职业教育实习质量形成机理理论模型中,学生主动参与、学校资源投入和企业资源供给共同组成了促进高等职业教育实习质量形成的三条路径:其一,学校资源投入直接作用于学生主动参与,通过学生主动参与促进实习质量形成,路径系数分别为 0.28 和 0.32,均达到显著水平($p<0.001$);其二,学校资源投入直接作用于企业资源供给,由企业资源供给再直接作用于学生主动参与,最后通过学生主动参与促进实习质量形成,路径系数分别为 0.75、0.54 和 0.32,均达到显著水平($p<0.001$);其三,学校资源投入直接作用于企业资源供给,再由企业资源供给促进实习质量形成,路径系数分别为 0.75 和 0.60,均达到显著水平($p<0.001$)。这三条路径在整体上共同解释了高等职业教育实习质量形成的规律,如图 4-9 所示。

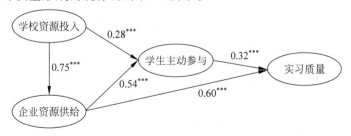

图 4-9 高等职业教育实习质量形成的三条路径

注:*** $p<0.001$。

---

① 祝成林.如何促进高职教育实习形成较高的质量:基于"学校—企业—学生"的实证研究[J].中国高教研究,2021(1):103-108.

从模型中各变量间的影响关系来看,学生主动参与、学校资源投入和企业资源供给对实习质量的影响方式及影响大小也各不相同,见表 4-43。

表 4-43　高等职业教育实习质量形成机理模型中各变量间的影响效应(标准化系数)

外因变量→内因变量	直接效应	间接效应	总效应
学校资源投入→实习质量	—	0.67	0.67
学校→学生→质量	—	0.09	—
学校→企业→学生→质量	—	0.13	—
学校→企业→质量	—	0.45	—
企业资源供给→实习质量	0.60	0.17	0.77
企业→学生→质量	—	0.17	—
学生主动参与→实习质量	0.32	—	0.32
学校资源投入→学生主动参与	0.28	0.41	—
学校→企业→学生	—	0.41	—
学校资源投入→企业资源供给	0.75	—	—
企业资源供给→学生主动参与	0.54	—	—

注：$N=2\,139$,间接效应值为各直接效应值的乘积。

总体而言,学校资源投入对实习质量有间接效应(0.67),即当其他条件不变时,学校资源投入每增加 1 个单位,则会通过学生主动参与和企业资源供给,间接地使实习质量增加 0.67 个单位；企业资源供给对实习质量有直接效应(0.60),也有间接效应(0.17),总效应为 0.77,即当其他条件不变时,企业资源供给每增加 1 个单位,会直接使实习质量增加 0.60 个单位,也会通过学生主动参与间接地使实习质量增加 0.17 个单位；学生主动参与对实习质量有直接效应(0.32),即当其他条件不变时,学生主动参与每增加 1 个单位,则会直接使实习质量增加 0.32 个单位。

(三)高职院校和企业是实施实习分工不同的双主体

在高等职业教育实习质量形成机理理论模型中,从效应值来看,学校资源投入(0.67)和企业资源供给(0.77)对实习质量预测作用都比较大。此外,学校资源投入对学生主动参与直接效应值为 0.28,而通过企业资源供给中介作用对学生主动参与的间接效应值为 0.41。这表明企业资源供给在实习质量形成过程中具有重大作用,这也解释了当前企业在实习中主体缺位是导致实习质量难以提升的重要原因之一。因此,需要尽快赋予并落实高职院校和企业实施实习的双主体地位,并依据各自组织属性进行分工。

1. 高职院校是实习的发起者和主要设计者

从高等职业教育实习质量形成机理理论模型可以看出,学校资源投入分别通过学生主动参与、企业资源供给及两者链式中介作用,对实习质量的间接总效应是 0.67,在保障实习质量形成过程中发挥基础性作用、基本动力来源。因此,高职院校是实习的发起者和主要设计者。一方面,这符合实习作为高职院校和企业共同进行技术技能积累的平台,是一项发生在工作场所的教育教学活动,而不是纯粹的生产活动；另一方面,新手成长为专家是一个漫长的过程,高职院校并不具备承担技能人才成长的全部责任,个体在工作中持续地实践才能促进技能形成。高等职业教育实习质量形成机理理论模型表明,学校资源投入对实习质量并没有直接效应,而是通过学生主动参与和企业资源供给的中介作用,间接地影响实习质量形成。因此,高职院校需要增加自身的实习资源投入,一方面,要加大实习组织、教师指导和实习管理等力度,履行自身在实习中应当承担的责任,最大限度地激发学生主动地、认真地实习;另一方面,更要创新自身办学机制,通过提升自身办学实力吸引企业在实习中发挥更加积极的作用,而不是让不得不由企业承担而高职院校又承担不了的责任无法落实。

2. 企业是实习的推进者和合作设计者

在高等职业教育实习质量形成机理理论模型的第一条路径中,学校资源投入通过学生主动参与中介作用对实习质量的间接效应为0.09,在第二条路径中,学校资源投入通过企业资源供给和学生主动参与的链式中介作用对实习质量的间接效应为0.13,在第三条路径中,学校资源投入通过企业资源供给的中介作用对实习质量的间接效应为0.45。综上来看,在实习质量形成过程中,企业资源供给发挥了非常重要的中介作用,也就是说,高职院校为实习做出的大多数努力需要通过企业才能发挥更大的作用。这也充分表明单靠高职院校努力,难以提升实习质量。因此,企业是实施高等职业教育实习活动的推进者和合作设计者。企业拥有积累技能的资源和优势,这是企业作为高等职业教育实习的推进者和合作设计者的基础。然而,迫于生产的压力和逐利的需求,企业更加倾向于使用技能而不是积累技能,这也是要求企业承担高等职业教育实习的推进者和合作设计者责任的困境。因此,最大限度地发挥企业在实习中的协同作用,激发企业充分参与、推进实习活动是当下迫切需要解决的现实问题。

(四)学生是参与高等职业教育实习的主动体验者

在高等职业教育实习质量形成机理理论模型中,学生主动参与直接作用于实习质量的路径系数是0.32($p<0.001$),对实习质量的直接预测效应达到显著水平。这表明,学生主动参与是影响实习质量形成的关键因素。虽然学生主动参与对实习质量的预测作用比学校资源投入和企业资源供给的预测作用要小,但并不表示可以弱化学生主动参与在实习质量形成过程中的关键作用。相反,学生主动参与在学校资源投入和企业资源供给对实习质量的预测上,都发挥了重要的中介作用。不管是高职院校还是企业为实习做出的努力、投入的资源,都是为了促进学生实习、提升实习质量。因此,学生是参与高等职业教育实习的主动体验者。在组织实习活动的过程中,重视学生主动参与对实习质量形成的重要影响,最大限度地激发学生主动地实习是提升实习质量的重要问题。

(五)深化校企合作是实施高等职业教育实习的必由之路

在高等职业教育实习质量形成机理模型的第二、三条路径中,既有归属于教育系统的学校资源投入,也有归属于产业系统的企业资源供给,两者协同作用促进实习质量形成。从学校资源投入和企业资源供给各自对实习质量的总效应来看,学校资源投入越充分、企业资源供给越丰富,越有利于较高的实习质量形成。两者对形成较高的实习质量发挥了重大作用。因此,深化校企合作是实施高等职业教育实习的必由之路。资源相互依赖使得深化高职院校和企业之间的合作成为可能,即企业发展需要高职院校培养大量的技术技能人才予以支持,学校技术技能人才培养需要企业供给多余的生产资源。因此,在国家大力推进产教融合、校企合作的背景下,高职院校发挥人才供给、技术供给等优势,企业发挥供给育人资源的优势,不断深化校企合作,推动高等职业教育实习制度化发展。

本 章 小 结

本章在规范研究的结果指导下进行了相关实证研究。

首先,自编《高等职业教育实习质量形成机理调查问卷》,问卷的内容来源于已有相关研究,并结合访谈、专家评议等进一步完善,问卷具有较好的信度和效度。正式问卷的主体部分是高等职业教育实习质量形成影响因素量表和高等职业教育实习质量量表,前者包括学生主动参与量表、学校资源投入量表和企业资源供给量表,后者包括对专业技能、职业素养、个人成长三个方面的量表和以实习满意度作为辅助指标。

其次,问卷调查表明,基于高职院校学生自我认知评价,实习质量和实习满意度均处于中等水平。这一结果不仅表明了当前实习质量的现状,还表明学生对实习满意度与实习质量的评价具有较高的一致性。同时,这一结果进一步佐证了本研究实习质量评价维度的科学性和可行性,也验证了实习质量的三种特性。

再次,回归分析表明,学生主动参与维度的学生实习动机、合法参与目标、情境学习行为对实习质量均具有显著的正向作用;学校资源投入维度的学校实习管理、学校教师指导、校企关系维持对实习质量均具有显著的正向作用;企业资源供给维度的企业实习管理、企业实习制度、企业实习任务、企业师傅指导对实习质量均具有显著的正向作用。

最后,通过结构方程验证分析高等职业教育实习质量形成机理理论模型。该模型表明,较高的实习质量形成受到三个维度、十种因素的综合作用,即学生主动参与维度,包括学生实习动机、合法参与目标、情境学习行为三种因素;学校资源投入维度,包括学校实习管理、学校教师指导、校企关系维持三种因素;企业资源供给维度,包括企业实习管理、企业实习制度、企业实习任务、企业师傅指导四种因素。其中,学生主动参与、学校资源投入和企业资源供给对实习质量的影响方式及影响大小也各不相同,学校资源投入对实习质量有间接效应(0.67);企业资源供给对实习质量有直接效应(0.60),也有间接效应(0.17),总效应为 0.77;学生主动参与对实习质量有直接效应(0.32)。

基于高等职业教育实习质量形成机理理论模型,本研究认为需要尽快赋予并落实高职院校和企业实施实习的双主体地位,依据各自组织属性进行分工。高职院校是实习的发起者和主要设计者,在促进高等职业教育实习质量形成过程中发挥基础性作用,是基本动力来源。企业则是实施实习的推进者和合作设计者,在实习中发挥着重大协同作用。同时,学生作为实习的主动体验者,激发学生主动实习,是提升实习质量的重要问题。深化校企合作则是实施高等职业教育实习的必由之路。

高等职业教育实习质量形成机理为本研究从制度层面,进一步分析现有实习制度是如何作用于实习质量形成机理的维度及其因素,进而影响实习质量,提供了理论分析框架。

第五章 高等职业教育实习质量的制度影响分析

本研究已经通过定量研究构建了高等职业教育实习质量形成机理理论模型,为进一步从制度层面探究现有实习制度是如何影响实习质量的,提供了分析框架和方向。长期以来,我国政府在高等职业教育快速发展进程中发挥了主导作用,且以政策为载体,推动实习深入发展。高职院校和企业也制订相应的管理制度,形成标准与差异并存的多样化实习管理模式,努力提升实习质量。制度在对行动产生禁止和制约作用的同时,也会对行动者及其活动产生支持和使能作用,因为制度可以为行动提供引导和资源。[①] 现有的实习制度并不能够直接影响实习质量,而是通过制约或支持行动者参与实习的行为对实习质量产生影响。本章以斯科特关于制度内涵的三要素理论为分析框架,即规制性制度要素、规范性制度要素和文化—认知性制度要素,通过深度访谈、文本分析等方法,分析高等职业教育实习中存在的制度类型,以及对实习质量形成机理中的学生主动参与、学校资源投入、企业资源供给3个维度及其因素的影响,探索制度是如何引起学生、高职院校、企业三者在实习中的相关行为,并进一步影响实习质量。

第一节 规制性制度要素及其影响

制度通常都是具有强制性、权威性的内容,如职业院校必须组织学生实习、实习时长累计不少于6个月等。这些带有强制性的制度就属于规制性制度,一般包括必须遵守的法律法规、规章制度等,对实习过程中必须做或禁止做的行为进行明确规定,即行为的合法性要符合既定规则,同时伴有奖惩机制。我国1996年颁布的《中华人民共和国职业教育法》要求职业教育应当实行产教结合,职业教育机构兴办实习场所。随后,政府层面通过众多政策,不断推动职业院校实习发展。此外,本研究还发现,几乎所有的高职院校和部分企业也制订了实习管理办法等相关制度,规范和指导实习活动。这些政府层面、高职院校和企业关于实习的制度都是影响实习质量的规制性制度要素。然而,这些规制性制度要素是如何具体影响实习质量的,还未有明确的答案。本研究尝试从宏观层面的政府政策工具选择、中观层面的高职院校和企业的实习制度内容,回答这一问题,如图 5-1 所示。

[①] W. 理查德·斯科特. 制度与组织:思想观念与物质利益[M]. 姚伟,王黎芳,译. 北京:中国人民大学出版社,2010:58.

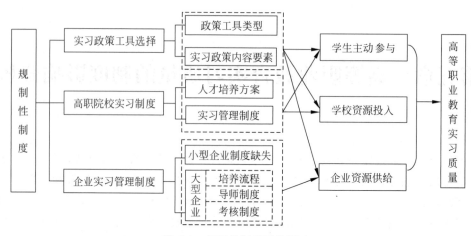

图 5-1 规制性制度及其影响

一、实习政策工具选择及其影响

(一) 实习政策工具选择倾向

1. 高等职业教育实习政策分析框架

通过对政策工具类型和高等职业教育实习要素的梳理,构建基于政策工具的高等职业教育实习政策分析二维框架。

横向维度:政策工具类型维度。政策工具分析视角以政策的结构性为立论基础,认为政策由一系列的单元工具组合、建构而来,这种组合往往是政治博弈的结果,同时,也反映决策者的公共价值和理念。[①] 研究者们做了大量的努力,尝试建构可供决策者使用的政策工具模型。例如,豪利特(M. Howlett)和拉米什(M. Ramesh)以政府提供公共物品与服务的水平为标准,将政策工具分为自愿性工具、混合型工具和强制性工具三种类型[②],如图 5-2 所示。自愿性工具受政府的影响较小,相信市场、家庭、自愿组织是解决问题的首要选择,希望在自愿的基础上解决问题;强制性工具依靠政府的强制性和权威性,直接作用于目标受众,强制推行公共政策,且目标受众几乎没有回旋的余地;混合型工具兼具自愿性和强制性工具的特征,具有两者共同的优势,在保留私人部门拥有最终决策权力的同时,也许可政府一定程度的干预。

豪利特和拉米什划分的政策工具类型,与职业教育的公共产品属性十分契合。职业教育无排他性的为国家大多数人甚至全体公民享有,具有公共产品性质,并体现出人民性、社会性、普惠性的公益性特征。[③] 此外,国内研究者以豪利特和拉米什的政策工具模型为基础,借鉴国内外政策工具的其他分类方法,结合我国的实际情况,进一步细化政策

[①] 黄萃,苏竣,施丽萍,等. 政策工具视角的中国风能政策文本量化研究[J]. 科学学研究,2011(6):876-882.
[②] 迈克尔·豪利特,M. 拉米什. 公共政策研究:政策循环与政策子系统[M]. 庞诗,等译. 北京:生活·读书·新知三联书店,2006:141-168.
[③] 和震. 职业教育政策研究[M]. 北京:高等教育出版社,2012:150.

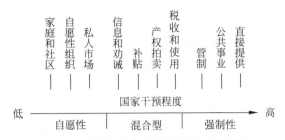

图 5-2　豪利特和拉米什的政策工具图谱

工具分类模型①,见表 5-1。这种政策工具模型具体划分了次级政策工具,其抽象程度体现了政策工具的多样性,提供了更为明确的操作方法,并在我国教育领域得到应用和验证。因此,这种分类方法对分析高等职业教育实习政策具有较强的解释力和适切性。

表 5-1　基于豪利特和拉米什的政策工具分类细化表

类　　别		应　　用
自愿性政策工具		家庭和社区、自愿性组织、自愿性服务、私人市场、市场自由化、自我管理
混合型政策工具	信息和劝诫	信息发布、信息公开、建设舆论工具、教育学习、舆论宣传、鼓励号召、呼吁、象征、劝诫、示范
	补贴	赠款、直接补助、财政奖励、实物奖励、税收优惠、票券、利率优惠、生产补贴、消费补贴、政府贷款、补贴限制
	产权拍卖	政府出售、服务权拍卖、生产权拍卖
	税收和使用费	使用者收费、社会保险金、消费税、生产税、营业税、个人所得税
	契约	公私合作、服务外包
	诱因型工具	社会声誉、权力下放、利益留存、信任、程序简化
强制性政策工具	管制	体系建设与调整、设定和调整标准、禁止、法规、许可证和执照、建立和调整规则、法令、检查检验、特许、监督、处罚、考核、裁决、制裁
	公共事业	
	直接提供	直接生产、直接服务、直接管理、公共财政支出、政府购买、转移支付
	命令性和权威性工具	机构设置、政府机构改革、政府机构能力建构、政府间协定、指示指导、计划、命令执行、强制保险、政策试验

纵向维度:高等职业教育实习政策内容要素维度。政策工具类型能清晰地描绘高等职业教育实习政策的一般特征,但并不能反应实习活动的内在规律和特点,而这些则是制订和分析实习政策过程中必须考虑的因素。因此,需要在此基础上进一步结合高等职业教育实习政策的内容要素,对实习政策工具作出更有针对性的分析。

在众多职业教育政策中,2016 年教育部颁发的《职业学校学生实习管理规定》(教职成〔2016〕3 号)是职业教育实习比较全面且具代表性的政策之一。该政策对实习内容条

---

① 朱春奎,等.政策网络与政策工具:理论基础与中国实践[M].上海:复旦大学出版社,2011:134-136.

款的规范与描述,基本能够涵盖职业教育实习政策的所有内容。具体包括目标原则,即依法实施、遵循职业能力形成规律、理论与实践相结合、服务学生全面发展等;实习组织,即行政部门指导、主管部门监督、实习基地、实习时长与要求、指导教师、校企共同组织实施等;实习管理,即管理办法和安全管理规定、实习协议、基本权利保障、实习报酬、实习综合服务平台;实习考核,即考核评价制度、考核成绩、立卷归档;安全职责,即安全监督检查、安全防护、保险制度等。① 因此,本研究以该政策的内容要素,即目标原则、实习组织、实习管理、实习考核、安全职责,作为政策分析框架的纵向维度。

通过对横向维度的政策工具类型和纵向维度的实习政策内容要素的分析,本研究构建了基于政策工具的高等职业教育实习政策二维分析框架。

2. 高等职业教育实习政策文本选择及其政策工具分布特征

高等职业教育实习政策文本的样本选择。在我国教育领域,政策主要以文件形式颁布,政府层面文件的文本也就是职业教育政策的文本。本研究在教育部官方网站逐一查阅了1996年以来,教育部发布的所有高等职业教育实习相关文件。通过整体浏览、综合比对、专家判断,选取高等职业教育实习相关的政策16项,并进行初始编码,其中实习专项文件3项,综合类文件13项,见表5-2。文件颁发部门以教育部为主,也包括国务院办公厅、国家税务总局等。

表5-2 高等职业教育实习政策文本的样本情况

序号	文 件 名 称	发文字号	初始编码
1	职业学校校企合作促进办法	教职成〔2018〕1号	ZH1
2	关于深化产教融合的若干意见	国办发〔2017〕95号	ZH2
3	职业学校学生实习管理规定	教职成〔2016〕3号	ZX1
4	高等职业教育创新发展行动计划(2015—2018年)	教职成〔2015〕9号	ZH3
5	职业院校管理水平提升行动计划(2015—2018年)	教职成〔2015〕7号	ZH4
6	关于深化职业教育教学改革全面提高人才培养质量的若干意见	教职成〔2015〕6号	ZH5
7	国务院关于加快发展现代职业教育的决定	国发〔2014〕19号	ZH6
8	现代职业教育体系建设规划(2014—2020年)	教发〔2014〕6号	ZH7
9	企业支付实习生报酬税前扣除管理办法	国税发〔2007〕42号	ZX2
10	教育部关于职业院校试行工学结合、半工半读的意见	教职成〔2006〕4号	ZX3
11	关于全面提高高等职业教育教学质量的若干意见	教高〔2006〕16号	ZH8
12	国务院关于大力发展职业教育的决定	国发〔2005〕35号	ZH9
13	教育部等七部门关于进一步加强职业教育工作的若干意见	教职成〔2004〕12号	ZH10
14	国务院关于大力推进职业教育改革与发展的决定	国发〔2002〕16号	ZH11
15	高等职业学校设置标准(暂行)	教发〔2000〕41号	ZH12
16	面向二十一世纪深化职业教育教学改革的原则意见	教职〔1998〕1号	ZH13

高等职业教育实习政策工具分布特征。本研究以政策文本中的内容条款为分析单

---

① 祝成林,和震.我国职业教育实习政策工具选择倾向及其影响:基于《职业教育法》颁布以来的主要政策文本分析[J].教育科学,2018(2):60-66.

元,首先,对遴选出的16项政策文本按照"政策编号-条款号-工具类型"方式进行编码,形成编码表。例如,"ZX1-8-管制"表示专项政策中编号为1的政策文本的第8条采用管制性政策工具;"ZH2-9-补贴"表示综合政策中编号为2的政策文本的第9条采用补贴性政策工具。为确保对政策文本编码的信度,编码工作由两名本专业的研究者进行,对有异议的地方两人进行讨论、达成一致看法。其次,根据已建立的二维分析框架将所有条目分别归类,包括横向维度的三大工具类型、纵向维度的5项实习政策内容。最后,在政策文本的条款编码和分类基础上,形成高等职业教育实习政策工具二维分布表,统计结果见表5-3。

表5-3 高等职业教育实习政策工具二维分布

项目	自愿性政策工具	混合型政策工具						强制性政策工具				总计
		信息和劝诫	补贴	产权拍卖	税收和使用费	契约	诱因型工具	管制	公共企业	直接提供	命令性和权威性工具	
目标原则	0	9	0	0	0	0	0	5	0	0	13	27
实习组织	3	19	6	0	0	0	2	7	0	0	18	55
实习管理	1	15	4	0	0	1	1	20	0	1	56	99
实习考核	0	0	0	0	0	0	0	7	0	0	3	10
安全职责	0	2	5	0	0	0	1	6	0	1	15	30
总计	4	45	15	0	0	1	4	45	0	2	105	221
		65						152				

自《职业教育法》颁布以来,我国高等职业教育实习政策使用的政策工具覆盖了自愿性工具、混合型工具和强制性工具,对实习政策内容要素的目标原则、实习组织、实习管理、实习考核、安全职责五个维度提供了多方面的规定与指导。

在横向基本类型维度上,高等职业教育实习政策工具分布呈现明显的类别化特征,如图5-3所示。第一类是频繁使用的强制性政策工具,其使用频次高达152次,占比69%。在这一类型中,命令性和权威性工具占据绝对地位,使用频次达105次,其次是管制性工具,使用频次达45次。第二类是使用相对适中的政策工具,即混合型政策工具,使用频次为65,占比29%。在这一类型中,使用了信息和劝诫、补贴、契约、诱因型工具四种政策工具,其中信息和劝诫性工具使用频次最高,共使用45次,补贴性工具也使用了15次。第三类是较少使用的政策工具,即自愿性政策工具,仅使用4次,占比2%。

在纵向政策要素维度上,高等职业教育实习政策工具分布同样具有类别化特征,如图5-3所示。第一类频繁涉及的政策要素是"实习管理",使用相关政策工具的频次为99,占比45%,也是使用政策工具类型最多的维度。第二类较多涉及的实习政策要素是

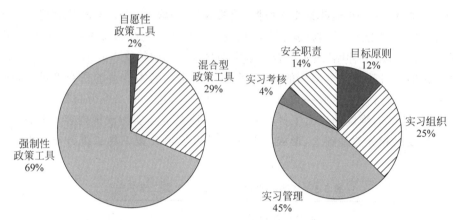

图 5-3 高等职业教育实习政策工具二维分布

"实习组织",相关政策工具的使用频次为 55,占比 25%。第三类一般涉及的实习政策要素是"目标原则"和"安全职责",相关政策工具的使用频次分别为 27 和 30,占比分别为 12% 和 14%。第四类较少涉及的政策要素是"实习考核",使用相关政策工具的频次为 10,占比为 4%,且仅使用了管制、命令性和权威性工具这两种政策工具。

自《职业教育法》颁布以来,国家层面出台的各项政策均在不同程度规范、指导和推进高等职业教育实习活动。这些政策综合使用了多种类型的政策工具,政策工具组合呈现完善和丰富的趋势,促进政策整体效应发挥。随着教育部颁发《职业学校学生实习管理规定》(教职成〔2016〕3 号),我国高等职业教育实习政策内容要素基本确定,且各维度要素均能使用多种政策工具,初步形成了促进高等职业教育实习发展的政策体系。然而,通过对遴选的实习政策文本计量分析,我国高等职业教育实习政策工具选择仍然存在问题。

(二)对高等职业教育实习质量的影响

由于政府实习政策工具选择自身存在一些问题,这些问题影响到高等职业教育实习质量形成机理中的学生主动参与、学校资源投入和企业资源供给三个维度及其因素,进而制约较高的实习质量形成。[①]

1. 高等职业教育实习政策工具选择存在的问题

强制性政策工具使用过溢。从实习政策分析框架的横向维度来看,我国高等职业教育实习政策工具选择上,表现为强制性政策工具使用过溢,混合型政策工具使用适中,而自愿性政策工具使用明显不足。强制性政策工具占据着主导位置,符合我国政府主导的职业教育办学机制体制基本情况,也表明高等职业教育实习活动是在强大的行政干预下逐步发展的基本事实。强制性政策工具不需要投入额外的资源,并且易于控制政策影响、规避不确定性,能够迅速地、低成本地实现政策预期目标。强制性政策工具最适合的情境是政府机关具有较强的能力影响社会行动者,且在执行政策时所必须面对的对象复

---

① 祝成林,和震. 我国职业教育实习政策工具选择倾向及其影响:基于《职业教育法》颁布以来的主要政策文本分析[J]. 教育科学,2018(2):60-66.

杂程度低、社会行动者的数量不多、力量较弱,政府对其具有较强的监管能力。[①] 此外,在强制性政策工具中,又过多地使用了命令性和权威性工具。命令性和权威性工具要求政策目标清晰、措施明确,政策执行机构拥有充足的资源和顺畅的运行机制。由于高等职业教育跨越教育领域和产业领域,实习则跨越高职院校和企业生产场所,这都决定实习活动需要高职院校联合行业企业共同实施。然而,在政府有关部门职责权力并未理顺、高职院校办学资源有限、校企缺乏深度合作的背景下,过多地使用强制性政策工具,且没有硬性的法律支撑,容易造成政策执行机构和目标群体选择性地执行政策或抵制政策,从而降低政策效果,甚至出现政策失效。

政策工具选择缺乏考虑长远效益。从高等职业教育实习政策分析框架的纵向维度来看,实习政策的重心聚焦于实习组织和实习管理,对实习基地建设、指导教师要求、实习时长等,都进行了明确规范,而实习考核政策供给不足,尚未形成明确的评价实习质量的政策或规则。自《职业教育法》颁布以来的高等职业教育实习政策工具主要是为了短期内推广实习活动,形成工学结合的人才培养模式。高等职业教育实习政策工具选择偏向于扩大实习资源的短期目标和控制实习政策的成本,并未充分规划实习的长远发展愿景。很多实习政策制定的初衷是针对发展中出现的问题,如教育部 2016 年颁布的《职业学校学生实习管理规定》(教职成〔2016〕3 号)等。政府在面对当时比较突出的问题时,为有针对性地、快速地解决问题,容易选取高效、直接、低成本的政策工具。这些政策往往具有一定的时效性和及时性的特点,能迅速、有效地纠正实习中的诸多问题,推动实习深入发展。然而,这也导致政策制定缺乏系统、周密的规划,忽略多种工具类型搭配使用及其带来的长远效益。最终的结果是实现了高等职业教育实习的外延发展,而忽略了诸如实习结果评价等实习的内涵建设。因此,尽管在各高职院校的专业人才培养方案中,都明确规定了实习时间累计不少于 6 个月,并通过制订实习管理办法和安全管理规定等制度,监管实习过程,实现了实习活动的规模化、规范化发展,但并没有遏制"富士康式""中介式"等低质量的实习出现。

2. 对高等职业教育实习质量的影响

通过学生主动参与影响实习质量。高等职业教育实习政策工具以强制性的方式在实习组织和管理上,做出了许多努力,促使实习活动成为高等职业教育实践领域的重要环节,并在形式上完成了每个学生在毕业前至少拥有 6 个月的实习经历。然而,由于实习政策工具选择关注短期效益,实习考核政策供给不足等现状,学生在实习任务结束后并没有清晰、严格的实习质量评价,在一定程度上造成学生实习动机不强、实习目标模糊,以及为了实习而实习的应付行为,更谈不上学生在实习过程中会发生情境学习行为。这些都不利于形成较高的实习质量。

通过学校资源投入影响实习质量。高等职业教育实习政策工具选择存在明显的强制性政策工具倾向,并且大量使用命令性和权威性工具、规制这两种政策工具。命令性和权威性工具要在高职院校拥有充足的办学资源的前提下才能发挥作用,而当前大多数

[①] 迈克尔·豪利特,M. 拉米什. 公共政策研究:政策循环与政策子系统[M]. 庞诗,等译. 北京:生活·读书·新知三联书店,2006:281.

高职院校在师资储备、技术服务能力等方面,并不能满足实习本身及实习企业的需求,从而难以形成具有可持续性的实习质量保障体系。规制性政策由政府制定,要求所指对象必须贯彻执行法规,否则要受到处罚。规制不需要弄清政策对象的偏好,只需要制定标准,说明希望遵守的规定,其成本较低、管理更有效率,甚至还具有政治动员的作用[①]。然而,规制缺乏灵活性,一方面限制了高职院校创新实习形式和内容的动力,另一方面也会带来高职院校实习管理、教师指导上的形式主义,本研究将在下文进一步论述。以上两方面共同制约了学校资源投入促进较高的实习质量形成的基础性作用,最终影响实习质量。

通过企业资源供给影响实习质量。企业供给的资源包括企业提供的实习过程管理、实习制度、实习任务、企业指导师傅等,它们能促进较高的实习质量形成。由于高等职业教育实习政策主要由国家教育行政部门颁布,虽然采取了较多的强制性政策工具,然而对追求经济利益的企业并不具有强制的约束力,即使采取了信息和劝诫性工具,但鼓励号召式政策工具除了深化社会各界对实习的认知,深度参与实习的行为,如提供丰富多样的实习任务、强化企业师傅指导等,没有明显增加,并没有充分激发企业资源供给推进实习形成较高的质量。在职业教育基本发展方针从"政府主导"向"政府推动、市场引导"转变的过程中,建议采用多元化的政策工具,鼓励企业向高等职业教育实习供给更多的育人资源,促进实习质量提升。

二、高职院校实习制度及其影响

(一)高职院校实习制度类型

1. 人才培养方案中的实习

人才培养方案是高职院校人才培养模式的集中体现,是实施人才培养工作的根本性文件,能体现出一所学校的办学思想和教育理念,反映了学校在技术技能人才培养工作上的基本思想和整体思路。[②③] 人才培养方案对高职院校提高人才培养质量具有导向作用,是指导教学工作的主要依据和基本要求。实习作为高职院校重要的实践教学环节,人才培养方案是高职院校基本的实习制度。

本研究在北京市和浙江省10所高职院校收集了16份不同专业的人才培养方案,通过分析发现人才培养方案中的实习具有以下特征。

其一,每一所高职院校都将实习视为必要的实践教学环节。在人才培养方案中对实习类型、时间、学分等进行详细规定。例如,T职院的生化制药技术专业,将顶岗实习列入本校课程体系,作为专业实践课程,在第六学期执行,共计300个学时、10个学分。

其二,实习在人才培养方案中处于"边缘"地位。高职院校对实习重视程度远不如课堂教学和校内实训。例如,在具体实施上,学生实习内容、考核标准、实习细则等都处于

---

① Barry Mitnick. The Political Economy of Regulation: Creating, Designing, and Removing Regulatory Forms [M]. New York: Columbia University Press, 1980: 401-404.
② 陈解放. 模式支撑:求解人才培养方案改革的整体性[J]. 中国高教研究,2009(10):70-71.
③ 邓志辉,赵居礼,王津. 校企合作 工学结合 重构人才培养方案[J]. 中国大学教学,2010(4):81-83.

宏观描述状态,并不像课堂理论教学或校内实训那样具有详细的规定。以 W 职院电子信息工程技术专业为例,在人才培养方案中,对实训项目和实习项目都有规定,见表 5-4。

表 5-4　W 职院电子信息工程技术专业实训项目

实训项目		学期	学分	学时	周数 起止周	主要内容及要求	实训成果
电工技术综合实训		2	1.0	20	1 —	1. 依托 Y 企业 yL-156 型照明与动力电气安装实训考核屏,熟悉配电箱的安装; 2. 照明系统的安装、线路分配设计、施工规范与安全施工训练	实训报告
模拟电子技术综合实训		2	1.0	20	1 —	1. 实用功率放大器电路分析; 2. 实用功率放大器电路安装; 3. 实用功率放大器电路调试	实训报告、实物
数字电子技术综合实训		2	1.0	20	1 —	1. 数字钟电路分析; 2. 数字钟电路安装; 3. 数字钟电路调试	实训报告、实物
毕业综合实践		6	10.0	200	10 01~10	完成毕业设计课题任务,并完成毕业设计论文	毕业综合实践文档
电子信息类产品设计	高级无线电装接工技能训练	3	4.0	80	4 16~19	1. 通过高级无线电装工等级考核; 2. 获得高级无线电装工等级证书	等级证书
电子产品生产工艺与管理	高级无线电装接工技能训练	3	4.0	80	4 16~19	1. 通过高级无线电装工等级考核; 2. 获得高级无线电装工等级证书	图纸
电类产品技术营销	职业资格考证（高级营销员）	4	2	40	2 19~20	电类产品营销技巧、方法	等级证书

从表 5-4 中可以看出,W 职院电子信息工程技术专业的学生在校内实训期间,有明确的实训任务,并且完成每一个实训任务需要的时间和学分,都有明确的规定。此外,完成相应的实训任务,学生需要做出实物、图纸,或者能够考取职业资格证书。这些明确的学习成果,既便于实训教师指导和实训结果考核,也能指导学生完成相应的实训任务。然而,在人才培养方案中,关于该专业实习项目的表述则过于宽泛,虽然规定了学时和学分,但实习的内容和要求模糊、实习成果缺乏具体化要求,见表 5-5。

表 5-5　W 职院电子信息工程技术专业实习项目

实习项目	学期	学分	学时	周数起止周	主要内容及要求	实习成果
专业社会实践（一）		1.0			根据岗位要求完成一定工作任务，并完成专业社会实践手册中规定的内容	暑期专业社会实践手册
专业社会实践（二）		1.0			根据岗位要求完成一定工作任务，并完成专业社会实践手册中规定的内容	暑期专业社会实践手册
顶岗实习	6	8.0	160	8 11～18	根据岗位要求完成一定工作任务，并完成顶岗实习手册中规定的内容	顶岗实习手册

注：专业社会实践（一）是该校的认识实习，专业社会实践（二）是该校的跟岗实习。

本研究进一步分析了 W 职院电子信息工程技术专业某位学生的顶岗实习手册。该手册包括实习单位基本情况、实习考勤与实习内容、实习考核三个部分，其中，实习内容并没有进行严格地规范和科学地设计，完全由实习学生按照当日工作内容进行事务性记录，难以体现学校在实习内容上承担的责任或发挥的作用。此外，实习考勤情况也是实习考核结果的主要依据，类似情况也出现在其他高职院校。总的来看，所调查的多所高职院校在形式上要求对实习进行课程化管理，而在实践中并没有实施课程化管理。

实习和实训都是高等职业教育必要的实践教学环节，但在当前高职院校实践中，对它们的重视程度，却存在明显的差距。通过分析高职院校的人才培养方案，当前实习在高职院校教学体系中处于"认识上重要、行动上次要"的边缘地位。究其原因，主要有以下三点。

其一，与课堂教学和校内实训相比，高职院校对实习的专业教师和资金投入不足。高职院校实习指导教师通常由专业教师兼任，而专业教师又没有充足的时间用于指导学生实习。以 W 职院为例，三年级学生顶岗实习期间，专业教师需要承担一年级学生课堂教学和二年级学生校内实训，繁重的校内教学任务迫使专业教师无暇顾及校外学生的顶岗实习，正如该校一位专业教师所说：学生顶岗实习那段时间我们太忙了，既要上课，还要指导学生毕业设计，根本忙不过来。（WT4）

此外，学校对实习资金的投入不足，进一步影响了指导教师的积极性。教师指导学生顶岗实习的劳动报酬低于校内课堂教学和指导实训是普遍存在的现象。一位高职院校专业负责人兼实习指导老师说：学生顶岗实习需要处理很多事情，但是课时费反而没有上课多，所以每次安排实习指导教师都很头痛，老师们都不大愿意指导实习。（MT）

其二，学校教师弱化理应承担的实习责任，将学生顶岗实习等同于就业的意识明显。学校在学生顶岗实习前做了比较充分的准备工作，通过组织动员、专题讲座和企业双向选择等，增强学生对顶岗实习的认识。然而，学生一旦进入企业实习，对学生的管理则相对松散，超过 80% 的被访谈教师甚至认为学生顶岗实习等同于就业，学校教师并没有对学生顶岗实习进行全过程化管理，即使通过信息化平台管理系统，也仅局限于查阅学生的实习周记等，甚至还有个别教师不能及时查阅学生的实习周记，实习已成为学校整个教学管理工作的薄弱环节。

本研究随机抽取 M 职院电机与电器专业的某位学生 1—6 月实习期间师生交流记

录,根据交流的内容,归纳为毕业事宜通知、实习事宜通知、毕业设计解答、实习技能指导4个主题,详细统计数据见表5-6。

表5-6　M职院某位学生1—6月实习期间师生交流记录统计表

类　　别	教师联系学生	学生联系教师	总计	占总数比例/%
毕业事宜通知	2	0	2	6
实习事宜通知	9	0	9	27.3
毕业设计解答	3	13	16	48.5
实习技能指导	0	6	6	18.2
总计	14	19	33	100
占总数比例/%	42.4	57.6		

注:交流记录由M职院教务处提供,并征得指导教师和学生同意在本研究中使用。

由表5-6中数据可知,在该学生为期6个月的实习期间,学校指导教师和学生之间联系33次(网络联系25次,当面联系8次),教师主动联系学生14次,其中,实习事宜通知9次,而实习指导0次。从这一个案例来看,当前高职院校存在教师弱化理应承担的实习责任的现象,在学生实习期间,师生因毕业设计(论文)联系的次数将近达到一半,而关于实习技能指导的联系次数不及30%。

其三,学校和企业难以共同制订学生实习培养方案或计划。由于企业和高职院校对实习的本质、作用等各方面认识存在差异,大部分企业虽然能够接收学生实习,但在行为上难以达到校企双方共同管理实习的预期要求。虽然高职院校努力希望与企业共同制订实习培养方案或计划,确定学生的实习岗位、实习内容和评价要求等,但企业倾向于实习学生为其带来经济效益的考虑,很难做到校企共同育人;学校不能把握学生实习中的具体情况,即使明确地规定了实习内容与技能训练要求,由于实习场所在企业的缘故,通常难以控制最终的落实情况。因此,对实习内容和考核要求的规定,具有无奈的概括性或模糊性等特征。

2. 实习管理制度

高等职业教育实习作为我国"校企合作、工学结合"人才培养模式的有效形式,具有国家政策导向的强制性特征。在2016年教育部等五部门联合印发《职业学校学生实习管理规定》(教职成〔2016〕3号)之后,高职院校依据学校自身的办学情况,积极完善相应的实习管理制度,落实国家政策层面对实习的具体要求,为实习工作提供制度遵循。因此,高职院校内部的实习管理制度是学校管理实习的具体规制性制度。

本研究在北京市和浙江省收集到7所高职院校的实习管理制度,分析发现实习管理制度具有以下特征。

其一,形成二级管理制度,要求进行课程化管理。例如,在组织建设上,B职院在学校层面成立实习工作领导小组,各二级学院分别成立相应的实习工作小组,形成二级管理制度;在管理形式上,要求各专业将实习纳入人才培养方案,保证学生在校期间有半年以上的实习时间,对实习实施课程化管理,成绩考核合格方可毕业;在实习指导上,安排专业教师和企业技术人员共同担任指导教师,负责指导和管理学生实习工作,并规定

1名学校专业教师原则上指导的学生不超过15人。

其二,校内指导教师重监督、轻指导。B职院校内指导教师的职责按照实习过程分为三个部分:首先,做好实习前的准备工作,例如,帮助学生制订具体的实习方案和计划,包括实习目标与要求、实习内容与任务、实习纪律与总结等;其次,在实习过程中,保持与实习单位指导师傅频繁沟通、与实习学生密切联系,填写《实习校内指导教师指导记录》《实习检查情况记录表》等表格;最后,在实习结束阶段,批改学生撰写的实习周(日)记和实习报告,做好学生实习考核工作,填写《学生实习考核表》,完成实习总结,并将材料存档。其他学校也存在类似的情况,正如W职院一位教师在访谈中谈道:学生实习,其实我们很难指导他们什么,最重要的工作还是监督、管理,保证他们真正在岗位上实习……另外一个麻烦的事情,我们要填各种各样的实习表格、批改他们的实习周记和实习报告。(WT4)

其三,重视对学生实习的外在形式性考核,弱化对学生实习中具体技能和实习内容等实质性考核。在B职院的实习管理制度中,明确提出学生在顶岗实习期间接受学校和实习单位的双重指导、双方考核制度。考核采取考查方式,由实习单位和校内指导教师根据学生在实习过程中的表现、实习报告等评定实习成绩,成绩设优、良、中、及格、不及格5个等级。其中,学校对学生顶岗实习考核分为个人品格、实习态度、实习成果、纪律性四大方面,包括不怕吃苦和爱岗敬业、主动学习工作相关知识、实习报告、服从校内指导教师安排等17项指标,并给每项指标赋予2~10不同分值,总分为100分,占总成绩的40%。实习单位对学生顶岗实习考核分为个人品格、工作态度、工作能力、纪律性、创新意识五大方面,包括具有良好沟通表达能力、主动协助同事共同完成工作任务、操作规范熟练和技能不断提高、按时出勤、有自主检验和创新意识等21项指标,考核等级分为优、良、中、合格和不合格,占总成绩的60%。

B职院的实习管理制度基本能够反映当前高职院校实习管理制度的现状和特征,也表明我国实习管理越来越规范,实现了高职院校学生实习制度化。然而,高等职业教育实习是培养人的活动,是促进人社会化的过程。对实习的考核需要综合考虑学生实习岗位的技能和素质的要求。由于缺乏科学的学生实习质量考核标准,目前,对学生的实习考核往往更加注重形式,正如一位学校指导教师坦言:学生能在企业认认真真地待到实习完成,我们基本上都会给他良好的。(WT3)

实习学生也表达了同样的看法:实习过程中,只要我们没有过分地违反学校和企业要求,按时按点到岗,企业师傅不会为难我们,我们一起实习的同学,企业师傅给的评价没啥区别,学校老师又不清楚我们的具体情况,往往都会让我们通过、给学分。(ZS)

只关注从形式上对实习进行考核在我国高等职业教育外延式发展阶段,有其存在的原因,例如,高职院校规模快速扩张、学生人数增加、师生比不达标、难以提供精细的实习指导和管理服务。在注重内涵发展的现代职业教育体系建设背景下,对实习结果的考核则应该落实到具体的技术技能、职业素养和个人成长等方面,而不仅仅是学生在时间和空间上完成了实习要求。

(二)对高等职业教育实习质量的影响

高职院校实习制度规制了学校在实习中的基本责任,保障了实习顺利实施,也通过作用于学校资源投入和学生主动参与两个维度及其相关因素,制约了较高的实习质量形成。

其一,高职院校通过人才培养方案和实习管理制度,规制了学校的实习责任和实施行为,强化了学校资源投入在实习质量形成中的基础性作用。职业院校通过二级管理机制、课程化管理要求,增强了高职院校组织和管理实习的责任意识,认识到实习虽然发生在学校场域之外,但依然是一种特殊的教学形式。这对学生实习行为和教师指导行为均具有规范作用。例如,高职院校将实习的考核成绩作为学生取得相应学分和毕业资格的必要条件,必然促使学生将实习付诸行动;实习制度中签订的实习协议,进一步明确学校、实习单位及学生三方的权利、义务及责任,确保实习顺利进行;制订实习计划,有助于规定学生的实习目的、实习内容、实习时间、实习方式、实习纪律及评定考核等要求。规范的实习制度在一定程度上强化了学校资源投入,为促进实习质量形成提供了制度保障。

其二,实习在高职院校人才培养方案中的"边缘地位",影响了学校指导教师的指导行为,制约了实习形成较高的质量。作为一种特殊的实践教学活动,实习环境具有真实性的特征,学习地点由教室转变为企业生产或服务现场,课程作息时间变为 8 小时工作制,这增加了实习内容和实习组织实施的难度。然而,当前高职院校人才培养方案中的实习内容并没有充分体现出实习是学校课堂教育的延伸,校内理论课程体系和校外实践教学体系衔接不合理,只是在时空体系和学分体系上实现了衔接。例如,只规定了实习安排的时间和地点、完成各阶段实习获得的学分等,却尚未规定实习的具体内容、实习要训练的技能等,造成实习并未发挥实践或检验课堂教学内容的作用,导致实习处于人才培养方案中的"边缘地位"。这削弱了学校教师对其重视及时间的投入,影响到教师指导行为,弱化教师的指导作用。

其三,高职院校实习管理制度中的考核规则,对学生主动参与产生了影响。考核是对某一阶段所从事活动的检验。实习考核就是检验学生通过实习是否在技术技能和职业素养等方面有所提高。目前,高职院校实习考核在形式上虽然实现了校内和企业双重考核、过程性与终结性评价相结合的方法,努力尝试多方面、全过程地评价学生实习。然而,由于企业并不关注学生实习中的知识和技术技能是否增长等教育教学方面的问题,企业也没有责任和精力提炼或积累自身生产过程中的技术技能,企业方面对实习学生的关注往往是个人品格和工作态度等方面。同时,学校指导教师并没有实质性地全程指导学生实习,对学生的评价通常是基于学生的实习周记、总结等材料,以及偶尔去实习场所的观察。他们考核合格的底线是学生老老实实地待在企业就行。缺乏对学生实习内容全面、实质性的考核,沦为形式的考核必然影响到学生的实习目标、动机及情境学习行为,从而制约实习质量提升。

三、企业实习管理制度及其影响

企业实习管理制度是指企业专门针对实习学生管理或培养而主动制订的办法,是企业规章制度的组成部分。与企业资源供给维度的实习制度区别在于,这种制度是企业根据自身发展的需要主动制订,而不是对外部制度要求的遵守。

(一) 企业实习制度建设现状

1. 小型企业尚未建立规范的实习管理制度

当回答"企业有没有实习学生管理或培养办法"这个问题的时候,在调研的10家企业中,有6家企业并没有形成规范的实习学生管理或培养办法,但这6家企业都强调有成熟的实习学生管理或培养经验,有一套成熟的流程,对实习的管理主要参考员工手册等企业已有的规章制度。正如一位小型企业人力资源负责人所说:公司还没有针对实习学生管理和培养的规章制度,但我们有一套成熟的经验。学生过来之后,人事部门先介绍公司的规章制度,然后把他们分配到不同的部门,按照各个部门的制度和员工手册来管理……公司与W学院合作五六年了,我们也觉得有必要把实习学生管理制度建立起来。(SH)

综合访谈结果来看,所谓"成熟的经验"大致是:大多数在小型企业实习的学生通常会参加企业组织的岗前培训,第一部分是人力资源部门组织的企业文化、规章制度、员工行为规范等培训,第二部分是用人部门组织的产品知识、专业知识、业务流程等培训。小型企业会根据自身需求情况安排实习学生在相应的岗位上完成一些基础性的执行工作,而综合性的项目或需要丰富工作经验和成长空间的工作,企业一般不会安排实习学生去执行。在不影响正常工作的前提下,小型企业也会安排一名具有工作经验的员工以一对一的形式培训、指导实习学生。此外,规模较小的企业通常将生产放在第一位,对企业的一些规章制度也是在业务的发展过程中,根据需要逐步完善。当企业已有的实习学生管理经验影响到企业效益的时候,企业会进行相关变革,甚至愿意建立规范的实习学生管理制度。

2. 大型企业实习管理制度特征

本研究调查发现,大型企业会根据自身发展规划,有目的地向企业各部门培养、输送有潜能的员工,要求企业人力资源部门对实习学生进行系统的培训。这类企业已经形成规范的实习学生管理办法和人才培训方案。本研究以鞋服行业的一家大型民营企业为例,对其实习管理制度进行文本分析。

实习学生培养流程。K企业目前有在职员工4 000余人,与当地3所高职院校开展紧密的校企合作。企业的实习学生培养过程包括,融入企业,如熟悉企业组织结构、规章制度、战略目标、企业文化等,形成认同感与归属感;生产车间实习,主要在车间进行实践学习,了解产品生产工艺;轮岗实习,由人力资源部门与实习部门负责人协商、沟通,根据实习学生前期表现和个人意愿,安排不同的岗位进行实习;定岗实习,帮助实习学生掌握某个固定岗位的知识与技能,以及工作流程,使学生实习结束后,能尽快适应岗位工作。4个阶段的实习培养过程包括企业人力资源部门集中培养与管理,企业各生产部门分散培养与管理两种形式,完成所有实习阶段需要6个月左右的时间,如图5-4所示。

导师培养制度。在轮岗实习和定岗实习期间,企业安排专门的技术人员担任实习学生指导师傅,并且制订了详细的导师聘任与职责、激励与考核制度。在聘任上,导师需要满足本部门工作2年及以上,熟悉本部门工作流程、业务等要求,并通过部门领导及人力资源部审核。在职责上,导师根据岗位工作要求,为实习学生制订相应的培养方案及计划,进行工作方法、技能的指导,并在期中与期末,评价学生的实习行为和结果。K企业

第五章 高等职业教育实习质量的制度影响分析

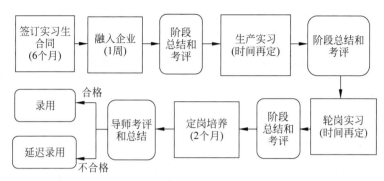

图 5-4　K 企业实习学生培养流程图

还制订了详细的导师考核表来规范导师指导行为,见表 5-7。

表 5-7　K 企业导师考核表

导师姓名			岗位						
部门			考核日期				年　月　日		
考核项目	评价标准	考核评分等级					考核评分		
		优秀	良好	中	稍差	很差	直接领导	人力资源	实习生
培养计划制订	及时制订培养计划、使其内容完善、可操作性强,针对实习生特点安排其工作、学习	17～20	13～16	9～12	5～8	1～4			
指导与沟通	与实习生进行交流、进行工作能力及工作方法、技能的指导	17～20	13～16	9～12	5～8	1～4			
总结反馈	及时认真地对实习生的总结进行反馈,指出其工作中的优点和不足,帮助其进步	17～20	13～16	9～12	5～8	1～4			
指导态度	主动热情地对实习生进行指导,认真解答问题,大胆批评其不足	17～20	13～16	9～12	5～8	1～4			
人员评估	对实习生考核认真负责,认真评估实习能力及表现,不掺杂个人因素	17～20	13～16	9～12	5～8	1～4			
记录提交分						总计			

考核最终得分=(直接领导评分×30%+人力资源部评分×30%+定岗实习生评分×40%)
　　　　　　-记录提交情况评分

在实习学生完成所有实习任务后,企业会根据导师考核成绩,为考核成绩在良好以上的导师颁发证书和给予一定的物质奖励。

实习学生考核制度。根据培养计划,实习学生考核主要分为两个阶段:在轮岗实习结束后,进行期中考核;在定岗实习结束后,进行期末考核。前者占总分的 40%,后者占总分的 60%。考核由企业人力资源部门和企业导师共同完成,以轮岗实习结束后,导师对学生的评估为例,主要评估学生的学习能力、专业技能等,见表 5-8。

表 5-8 K 企业轮岗实习学生评估表(导师用)

考核项目	评价标准	考核标准				导师评分
		优秀	良好	中	差	
学习能力	接受导师的工作指导,接受能力快,迅速掌握学习内容	16～20	10～15	6～10	0～5	
业务技能	主动开展工作,出色地独立承担相应工作任务和责任	16～20	10～15	6～10	0～5	
文化认同	认同公司文化,遵守公司规章制度,表现积极主动	16～20	10～15	6～10	0～5	
团队精神	热情主动,关系融洽,工作中团结协作	16～20	10～15	6～10	0～5	
创新能力	能够积极发现并解决问题,提出改善方案或合理化建议	16～20	10～15	6～10	0～5	

基于以上描述,K 企业已经形成了完备的实习学生人才培训方案和管理制度,进一步表明当前企业参与高等职业教育实习并不会影响自身对利润的追求,这为更多企业参与实习提供了榜样示范作用。通过深入分析,K 企业的实习管理制度具有以下特征。

第一,K 企业的实习学生培养出发点是企业战略发展需要,强调企业整体绩效提升。这类培训的宗旨并不是全方位地育人,而更多的是关注所学是否实用,是否能在工作中得到应用,其最终目标是培训符合企业生产任务的员工。这既符合企业作为营利性组织的特质,显示了企业对于人才储备,以及新员工学习与成长的重视,也揭示了企业参与高等职业教育实习的实质是一项策略工具,是一种面向企业潜在员工或新员工的培训,支持企业实现其发展目标。这种培训的主要任务是帮助企业潜在员工了解企业的基本情况、即将从事工作的基本内容与方法,从而促使他们明确自己的工作职责、程序、标准,也向他们灌输企业及其部门所期望的态度、规范、价值观和行为模式,最终帮助他们适应企业环境和工作岗位,能在最短时间上岗和最长时间留任,从而为企业创造效益。这种培训式的实习仅仅关注技能提高,并没有形成学习组织,也不是一种持续性的、与工作相融合的组织学习,更不会通过实习组织层面的学习来改善组织工作绩效。

第二,企业指导师傅管理制度规范,对指导师傅提出明确、详细的要求。这表明当前企业已充分意识到老员工的价值。然而,在企业以生产为首要任务的前提下,缺乏足够的奖励和监督措施,这必然会影响企业指导师傅对这一政策的执行。

第三,对学生实习结果进行评价,更多地强调学生的积极性和主动性。在考核项目的五个维度中,有四个维度提到要求学生"积极""主动"。这样的考核主观性太大,缺乏对专业技能和职业素养等方面的客观评价。此外,企业对实习学生主动性的期待与学生实际情况存在一定落差,这也在一定程度上影响对学生实习结果评价的效度。另外,从实习现场来看,实习学生通常难以独立开展生产工作,其原因既有能力上的不足,也有独立工作机会的不充分。因此,要求学生"出色地独立承担相应工作任务和责任"等类似的考核条款,不切实际、难以实现。

（二）对高等职业教育实习质量的影响

企业实习管理制度主要作用于企业资源供给维度的相关因素，进而影响较高的实习质量形成。

1. 通过企业师傅指导行为影响实习质量

小型企业由于缺乏规范的实习学生管理和培养制度，大多数小型企业要求师傅指导实习学生往往也难以得到规范地执行，有的企业在员工管理手册中提出鼓励老员工带实习学生或新员工，并给予一定的奖励；有的企业规章制度中甚至没有相关内容，只是在生产中鼓励这种形式。这必然会造成企业师傅指导实习学生的内容和方法，完全取决于师傅个人的主观意愿和能力。正如一位企业负责人所说：企业师傅培养实习学生，包括给他们上课，还没有培养目标和课程表，我们会安排业务方面比较突出的老员工，根据自己的经验，组织教学内容。（TB）

在学生实习过程中，难免会出现凭企业指导师傅的主观经验或感觉判断设置培养内容，从而忽视本企业真实的发展需要、学生已有的技术技能水平等客观因素，仅仅在形式上完成了实习中的人才培养任务。一些大型企业虽然制定了导师培养制度，但是在生产压力和缺乏必要的监督条件下，企业指导师傅往往难以执行已有的制度，依然凭借经验参与实习学生的培养。虽然已有的企业实习管理制度规制了企业师傅指导行为，能促进学生实习，但并不足以保障较高的实习质量形成。

2. 通过企业实习任务影响实习质量

如前所述，调查中的大多数小型企业依靠经验、参考员工手册等企业规章制度，对实习学生进行管理或培养，学生在实习中的培训内容包括企业文化、员工行为规范、产品知识和业务流程等；调查中的大型企业制订了实习管理制度、形成了实习学生培养流程和导师培养制度，学生在实习中能够进行轮岗、参与多项工作。不管是大型企业还是小型企业，它们在实习中都发挥了积极的作用。然而，两者对实习学生培养出发点都是基于企业自身发展需要和对自身业绩的追求。由于学校和企业在实习任务上缺乏沟通与对接，学生的实习任务、工作内容往往是企业根据自身需要，独立、单方面地决定。实习任务通常并不是学校课堂学习的延伸，有些实习任务甚至是企业指导师傅随意安排，大多数实习任务与《职业学校专业（类）顶岗实习标准》的要求相差甚远，并不能体现实习任务的技能训练多样性和工作任务重要性等特征。缺乏精心设计的实习任务必然会影响到学生技术技能训练的内容和方式，从而影响到较高的实习质量形成。

此外，企业并不重视对学生实习结果的评价，只是一味地强调学生态度上积极和主动，而不关心学生技术技能是否增长。这一方面限制了企业为学生提供较多的技术技能训练机会，另一方面削弱了学生专研技术、训练技能的动力。

第二节 规范性制度要素及其影响

在高等职业教育实习中除了有明确要求、强制服从的规则，还存在一些规范性的规则。这些规则不仅规定了事情应该如何完成，而且对特定行为者的行动有一种规范性的期待。既规范行为者价值观念和行为目标,也规范追求行为目标的合法方法或手段,这些就是规范性制度要素。规范性制度要素通过约束性期待机制来影响行为者,社会规范通过社会公众所认可的价值观念和行为准则,从而对行为者行为产生约束性的期待,行为者在面对具有道德合法性的规范性制度时,往往基于社会责任而遵照期待规范自我行为。① 假设高等职业教育实习中存在某些规范性制度,那么就能够在这个场域中找到利益相关群体觉得应该这么做的社会责任,并且这些社会责任确实影响到了他们的行为。通过分析访谈资料,在高等职业教育实习中存在着一些被确定型利益相关者所共同感知的社会责任,并影响到他们参与实习的行为,这些责任至少包括"促进就业""学校本位""人才储备"这三种高等职业教育实习规范,它们也通过不同的机制影响了实习质量,如图 5-5 所示。

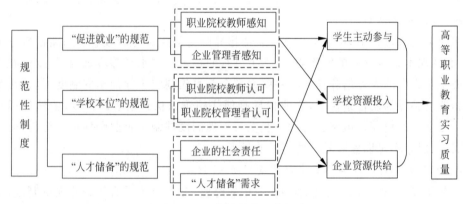

图 5-5　规范性制度及其影响

一、"促进就业"的实习规范及其影响

"促进就业"一直以来是我国职业教育的办学导向,职业院校也以提高就业质量作为办学标准。2016 年,联合国教科文组织在《职业技术教育与培训(TVET)战略(2016—2021 年)》中,提出未来 5 年职业技术教育与培训优先发展的 3 个领域,其中包括"促进青年就业和创业"②。可以看出,不管是在国内还是国际上,职业教育的功能与就业均联系密切。

(一)"促进就业"的实习规范的内容

本研究发现,在国家政策导向和高职院校教师感知中,都存在着一种"促进就业"的高等职业教育实习规范,即一种以学生就业为中心,围绕学生的学校理论学习与企业实践相结合、促进学生职业技能与就业能力发展,来组织和开展高等职业教育实习活动的规范。

---

① W.理查德·斯科特.制度与组织:思想观念与物质利益[M].姚伟,王黎芳,译.北京:中国人民大学出版社,2010:63-65.
② 联合国教科文组织国际职业教育技术与培训中心.职业技术教育与培训(TVET)战略(2016—2021 年)[EB/OL].(2016-04-12)[2017-10-04].http://unesdoc.unesco.org/images/0024/002452/245239C.pdf.

第一，国家政策层面存在"促进就业"的职业教育规范倾向。 自 20 世纪 90 年代以来，我国快速发展的经济社会对技能人才的需求不断增强，职业教育在国家经济社会发展中的作用不断受到重视，政府出台了一系列的政策文件促进职业教育发展[1]，体现出促进学生就业是职业教育实习的重要价值。例如，我国《职业教育法》中就明确指出："职业教育是国家教育事业的重要组成部分，是促进经济、社会发展和劳动就业的重要途径"。《国务院关于大力推进职业教育改革与发展的决定》（国发〔2002〕16 号）和《国务院关于大力发展职业教育的决定》（国发〔2005〕35 号）两个重要文件都将发展职业教育视为促进就业和再就业的重要举措。《国务院关于加快发展现代职业教育的决定》（国发〔2014〕19 号）进一步将"以促进就业为导向"视为加快现代职业教育体系建设的指导思想。在国家的法律和权威政策层面，存在着"促进就业"的职业教育规范的倾向，并且具有鲜明的连续性和递进性。

在此期间，还有众多政策在不同程度上强调了职业教育促进学生就业的功能。其中，教育部在《关于以就业为导向深化高等职业教育改革的若干意见》（教高〔2004〕1 号）中，将高职院校办学方向定位为"以服务为宗旨，以就业为导向，走产学研结合的发展道路"。此外，在《教育部关于职业院校试行工学结合、半工半读的意见》（教职成〔2006〕4 号）中，肯定了职业院校试行工学结合、半工半读"是坚持以就业为导向，有效促进学生就业的需要"，而实习是"工学结合、半工半读"的具体形式。国家政策层面的职业教育促进就业导向必然影响到高职院校教师的教育教学实践活动。

第二，高职院校教师感知中"促进就业"的实习规范。 访谈中，在"您如何看待高等职业教育实习活动"的回答上，大部分被访者在回答这个问题的时候，非常直接地表达了促进学生就业的观点。正如一位专业负责人兼学校实习指导教师说：实习一定要让学生毕业以后，能够找到好的工作，这是我指导学生实习的出发点……在就业这么难的情况下，只有早点去就业市场占位置，让企业早点了解学生，他们就能通过实习实现就业。（WT1）

当学生通过实习，找到满意的工作，也能给教师带来工作获得感，如这位老师所说：学生顺利就业、找到好工作，我就很有成就感，我觉得已经达到目标。我要让更多的企业认可我的学生，这就是我最近 3 年来做实习工作的一种目标、追求。（WT1）

一位高职院校分管教学工作的副系主任兼实习指导教师在谈到他对实习认识的时候，表达了希望实习能帮助学生和企业之间实现"无缝对接和零距离就业"，他说：学生从掌握知识、技能到工作，需要到企业实习。这个过程能让学生与企业的距离越来越近，甚至达到零距离接近企业人才需求。我们提出一个实习口号"校门对厂门，实习无缝对接、零距离就业"。（JT1）

还有一位高职院校校长，在谈到这个问题的时候，虽然没有直接表明实习促进学生就业的功能，但以另外一种方式表达了她对实习和就业割裂的担忧：高职院校人才培养要和企业工作岗位、学生就业、人生发展，形成一个很顺利的衔接，而不是各自割裂，如果我们没有很好地衔接，那学生的实习、就业也将是割裂的。（MP1）

---

[1] 和震.我国职业教育政策三十年回顾[J].教育发展研究,2009(3):32-37.

第三，企业管理者感知中"促进就业"的实习规范。 在企业人力资源管理层面，同样存在着这样一种规范。一位企业人力资源经理说：实习有利于学生就业，学生来企业实习，就是更好地适应企业……通过实习，学生的就业方向会比较明确，更容易就业。(YH)

另一位企业负责人也表达了同样的观点：对学生来讲，实习起到就业之前的铺垫（作用），如果没有经历过实习，学生刚毕业、走上社会，很难在短时间内适应企业工作环境。(TB)

就职业教育特征而言，"促进就业"的高等职业教育实习规范有其合理性和必要性，促进了个体获得从业资格的技能和习得工作经验，体现了职业教育对于个体的外部价值，但是在强调"促进就业"的同时，也不可否认职业教育对于个体还有重要的内部价值，即职业教育更应该促进人的全面发展，否则将会出现前面那位高职院校校长所担忧的"就业"与"人生发展"的割裂。"教育不仅仅是为了给经济界提供人才，它不是把人作为经济工具，而是作为发展的目的加以对待的，教育的使命是促使每个人的潜在的才干和能力得到充分发展。"①因此，高等职业教育实习需要将促进学生就业能力发展的功利性目标与促进学生个体发展的公益性目标有效地融合。如果高等职业教育实习仅关注、凸显外部价值，难免会使得自身陷入"工具主义"陷阱，片面地体现高等职业教育在学习空间上实现跨界，而不能整体地体现高等职业教育关注经济发展、更关注人的发展的这种内在的跨界。

（二）对高等职业教育实习质量的影响

"促进就业"的高等职业教育实习规范迎合了企业的需要，满足了企业对人力资源的追逐，能有效地吸引企业参与实习，但也会带来弱化实习育人价值的风险。"促进就业"的实习规范通过作用于学校资源投入和学生主动参与两个维度及其因素，影响较高的实习质量形成，进而制约实习质量提升。

首先，"促进就业"的高等职业教育实习规范对学校资源投入产生影响。 直接表现为学校层面容易片面地认为实习就是让学生提前进入工作岗位、培养就业素质，帮助学生将来找到一份好工作。这种认识会渗透到学校实习管理和教师指导的各个方面。例如，学校会将实习视为提前就业，从而放松了对学生的管理力度，对于学生违反实习要求的行为，也会宽大处理；在实习前期准备阶段，学校指导教师也不会制订清晰的实习目标，而是笼统地告诉学生实习就是为了就业，如一位指导教师说：在参加实习之前，我会告诉学生一个非常实际的目标，实习就是找到一份好工作，不会跟他们讲要学什么知识、什么技能。(WT1)

另一位高职院校校长也证实了这位教师的言论：学生在参加实习的时候，没有帮他们制订具体目标，我们只跟学生说两方面，一方面是专业上遇到不懂的问题，多问问，尽量从实习中学一点专业的东西；更重要的一方面是体会企业的工作状态、工作流程、工作

---

① 联合国教科文组织.教育：财富蕴藏其中[M].联合国教科文组织总部中文科，译.北京：教育科学出版社，1996：70.

压力,尽早地融入工作环境,这对毕业找工作有帮助。(MP1)

总体而言,"促进就业"的实习规范不利于发挥学校资源投入在实习质量形成过程中的基础性作用。从高等职业教育实习的本质上来讲,它是一项教育教学活动,应该具有明确的目标和达到目标的具体步骤。然而,"促进就业"的实习规范赋予实习达成就业这样一个极为实际的终极目标,学生难免无所适从,也会进一步影响到学生主动参与维度的相关因素。

其次,"促进就业"的高等职业教育实习规范对学生主动参与产生影响。具体表现为学生实习动机不强烈、实习目标不明确、不知道在实习中学习什么和怎么学习。在学生座谈中,大多数学生并不能真正地明白到底为什么实习,实习对自己职业生涯到底意味着什么意义。一位被学校指导教师和企业指导师傅都认可的学生,在回答自己实习目标的时候,说道:我们要实习半年,在这半年时间当中,我希望能在每一个岗位都过一遍,然后再到某一个岗位深度地实习,为今后就业打基础。(OS)

这位学生在教师的眼中无疑是优秀的,或者他的观点代表了大多数认真实习的学生的想法,这部分学生是高职院校中想学习、也能够认真学习的群体,在某种程度上代表了职业教育发展的未来。然而,把就业导向视为工作任务技能训练或企业工作岗位试用,这是职业教育外延式发展阶段实现规模迅速扩张的权宜之计。在注重职业教育内涵发展的当下,需要把就业导向延伸至个体的整个职业生涯、个人成长,不仅包括扩大择业范围,增加个体就业机会,还要促进个体在职业生涯中的持续发展,实现自然人通过与特定的工作岗位结合,成为能积极参与社会发展的优秀公民。

还有一部分学生并不以"促进就业"为实习目标,他们内心深处没有就业的需要或压力。这一部分学生的确存在,并且占据一定的数量。一位东部沿海城市的高职院校教师说:现在很多学生没有找工作的压力,他们觉得找不到工作没关系,没有生存方面的压力,他们对老师介绍的实习岗位都不感兴趣。(WT3)

此外,当学生的实习目标不明确,或者对实习存在模糊性认知时,必然会影响到自身的实习动机,出现为了实习而实习,甚至"假实习"现象,正如一位教师所说:有一些学生在假实习,比如,有的学生自己找的实习企业,实际上他根本就没有在实习,我们去企业看他,并没有发现学生在那实习。(WT2)

这种"假实习"的现象并不是极少数的个案,在被访谈的高职院校都存在类似的"假实习",而且这种现象在学生自主选择企业实习中较多。

职业教育绝不能等同于一般的、功利性的职业培训实践活动,作为一种教育类型,职业教育依然应该高举教育以人为本、促进人的全面发展的大旗[①]。高等职业教育实习过度强调促进个体就业,获得报酬、社会地位等,忽视对个体自我意义建构的贡献,如职业的自我认知、社会的责任意识,而一味地强调被动适应,将阻碍个体工作能力和创新能力的培育与发展。如果仅从就业角度认识高等职业教育实习的基本价值,必然会忽视教育实现人的全面发展的根本目标。现代社会职业处于动态发展状态,职业多次变迁、终身职业消解,必然要求高等职业教育实习整合社会发展需求和个性发展要求,将就

---

① 姜大源.职业教育要义[M].北京:北京师范大学出版社,2017:12.

业贯穿于个体生涯发展始终,统一人的社会性和个性发展,这也是高质量实习的发展方向。

二、"学校本位"的实习规范及其影响

"学校本位"的高等职业教育实习规范并不是指实习在高职院校内完成,也不是指实习仅由高职院校独自承担。它实际上是一种实习管理理念,背后隐含着高职院校在实习环节应当承担什么样的角色和责任,是与"企业本位"截然相反的一种教育理念。这符合高职院校是实习的发起者和主要设计者的主体地位。基于"学校本位"的高等职业教育实习规范的逻辑,高职院校作为培养技术技能人才的教育机构,应该拥有支配各种社会资源服务实习的权利,并为使用这些资源应当带来的实习效益负责。

(一)"学校本位"的实习规范的内容

"学校本位"理念的背后是权利和义务的关系,具体到高等职业教育实习是学校和企业在其中如何合作的关系。高职院校并不否认实习是自己的日常教育教学任务之一,并能够充分认识到实习对学生成长的重要价值。在访谈中,学校内各类访谈对象在交流过程中都表达出对实习的责任感,都认为高职院校有义务规范学生实习,发挥实习应有的教育价值,正如一位高职院校校长所说:校外实习和校内学习都是全日制学习范畴,共同构成一个完整的人才培养过程,两个方面我们都要考虑。学生实习时,不管学生在哪里,都是学校的学生,学校应该给予他教育,至于给予怎么样的教育方式,还需要我们认真考虑……其实在实习这个过程,我们到底要赋予它一个什么样的责任、目标,到底如何开展实习,我觉得这一块高职院校做得还不好。(MP1)

高职院校管理者也认识到实习应当是有目的、有计划的"校外课堂教学",对当前实习中的"放羊式"的现象表示担忧,正如一位高职院校校长所说:学校里面有很多人对实习存在错误的理解,认为学生到企业去实践、体验,就是实习,这是错误的。因为这种实习不是有目的、有计划的教学方面的实习。实际上实习是校外的课堂教学,有明确的目标,需要像课程一样安排,比如说,学生在某个岗位上实习结束后,需要提升哪些技能、哪些素质……有的学校把实习"放羊式"管理,是现在实习最大的问题。(WP)

一位高职院校教师表达了实习对学生的重要性,以及学校开展实习的客观难度。他还明确地认为,学校应该承担实习的主要责任,并针对实践中的"放羊式"实习、学校不负责任行为,表达出不满的情绪:怎么样把实习质量提上来,对学校的确是个难题,但学校作为教育机构,对实习负主要责任,不能让企业把学生当成廉价劳动力。前段时间教育部曝光出来的实习问题,我觉得那几所学校做法过分了,不能放纵这样的行为。(JT3)

从高职院校校长和教师的访谈中,我们能够清晰地体会到他们对高等职业教育实习的责任感。这说明实习的重要性,以及学校应当承担的责任已经被高职院校管理者、教师内化为一项基本的教育责任,并且落实到了具体行动。从访谈来看,当前每所高职院校都形成了自己的一套实习"范式",内容和形式上大体一致,在具体实施和管理方面,略微存在差异,以访谈中的一所学校为例:实习分三个阶段,一年级之后,学校要组织一次体验实习,带学生到企业进行一到两周的参观、学习、体验,了解企业的工作氛围和工作

场景;二年级之后,学校开展跟岗实习,两个半月左右,要求学生到企业真实的岗位上进行操作锻炼;三年级第一学期之后,学校开展时间较长的顶岗实习,每年12月初启动,之后半个学期学生除了做毕业设计或毕业答辩之外,一般都在企业。我们要求学生尽量将毕业设计和顶岗实习结合起来,很多学生的毕业设计就是在企业实习过程中完成的。(JD)

总而言之,高职院校从来没有否认自身在实习过程中应当承担的责任。大量的实习事务主要还是由高职院校自己解决,并且学校通过各种努力,希望提升实习质量。因此,当前高职教育领域明显存在"学校本位"的实习规范。这种实习规范进一步验证了高等职业教育实习质量形成机理的研究结果,即高职院校是实习的发起者和主要设计者,在实习质量形成过程中发挥着基础性作用。

(二)对高等职业教育实习质量的影响

"学校本位"的高等职业教育实习规范通过作用于学校资源投入和企业资源供给两个维度及其因素,影响较高的实习质量形成。

首先,这种实习规范直接影响到学校实习管理和对实习指导教师的具体要求,保障了实习质量形成。研究发现,不管是学校层面还是指导教师层面,都觉得实习工作是自身的一项教育教学责任。即使部分教师不愿意指导学生实习,或者对学校给予实习指导的补偿性报酬远远地低于自己实际劳动付出,但他们最终都会接受学校安排的实习指导任务,基本上都能完成学校的规定要求。显然,这与教师认为实习是高职院校应当承担的责任密切相关。正如一位高职院校教师所说:实习是学校教学计划内的事情,学校不仅仅是组织和管理,更重要的是要指派专业指导教师,到企业指导和监督学生实习情况。(JT3)

当教师们感知到"学校本位"的实习规范的时候,他们指导学生实习的行为也会受到影响。正如一位高职院校教师在动员学生实习时所说:企业和学校不一样,你们在学校遇到问题可以随时问老师,包括实习的时候也一样,因为老师的职责就是教你,但是你到企业就不一样了,企业师傅不愿意教你很正常,所以大家要摆正心态……(WT1)在这位教师看来,不管什么时候只要学生向他咨询,他都有义务指导学生,而企业师傅没有这种实习规范的约束。这从侧面表明,"学校本位"的实习规范对企业没有约束力,不足以保障企业参与实习。

这种实习规范影响到学校实习管理层面,除了制订专门的实习管理制度以外,几乎每所高职院校都有专门的实习管理组织,并形成一套实习管理办法,以被调查中的一所高职院校为例:学校层面有产学办公室,二级学院层面也有产学办公室,这两个机构都有专门负责人,管理实习日常事务,还有一些兼职教师负责管理,像班主任、辅导员、专业老师等,每位老师分8~10位同学。学校还通过专门网站,学生和教师可以及时在网站上发送消息,方便彼此沟通、管理。(JD)

这种实习规范也促使高职院校积极联系企业、寻求合作,通过订单班人才培养、聘请企业的技术人员或管理者到学校授课、联合企业共同制订实习计划、邀请企业参加校园招聘会等,保持与企业联系。总体而言,"学校本位"的高等职业教育实习规范积极地发挥了学校资源投入的作用，保障了实习顺利运行和基本的质量要求，然而，从高等职业教育实习质量形成机理来看，单靠学校资源投入的发起作用、忽视企业资源供给的推进作用，并不能促进较高的实习质量形成，而这种规范的弊端恰恰在于难以落实企业应当承担的责任。

其次，"学校本位"的高等职业教育实习规范难以激发企业资源供给作用，削弱了企业的协同育人行为。"校企合作、工学结合"是职业教育的基本规律，职业教育在空间上要跨越学校和企业。这就要求"学校本位"的高等职业教育实习规范不仅要发挥学校自身的"内力"，还要吸引学校以外的"外力"。然而，由于这种规范容易忽视企业在校企协同育人中的主体地位，容易导致"关系式实习""打工式实习"等现象。

"学校本位"的高等职业教育实习规范虽然强化了学校在认知层面对实习的重视，认可实习是学校教育教学活动的重要环节，然而学校在实习实施过程中存在诸多实际困难，难以有效地落实企业共同育人的责任。一方面，企业参与实习需要投入成本和精力，在缺乏明显的利益驱动下，企业往往不关心高职院校技术技能人才培养，而只注重内部员工培训。另一方面，高职院校并不能较好地发挥对行业企业的服务能力，例如，高职院校在人力和物力上均不具备为行业企业提供技术支持及辅助新产品研发等方面的能力，也很难承担区域行业企业员工培训和继续教育的任务，不足以吸引企业参与人才培养。具体到学生的实习能力、实际掌握的技术技能上，均落后于企业工作岗位需求的技术技能，学生实习并不能提升企业的生产效益，部分企业甚至担心安全问题而不愿意接纳学生进入企业实习。这些问题表明企业对高职院校依赖较小，双方缺乏最佳的合作共赢点。因此，在"学校本位"的实习规范影响下的企业并不认为自己必须参与实习，即使是为了储备新员工的目的参与其中，也是为了维护自身利益。这些都不利于企业供给多余的生产资源，推进实习发展，促进较高的实习质量形成。

三、"人才储备"的实习规范及其影响

企业需要找到合适的人为其创造效益，个人需要找到企业实现自身发展的目标和诉求。企业对员工的责任除了提供生存条件和居住环境等基本层次之外，更需要对员工提供培训和专业学习等机会。在当下经济发展方式转型升级的背景下，企业若不履行职业教育责任将会逐渐失去职业教育赋予的权利。因此，企业在追求传统经济目标的同时，必须考虑参与职业教育的责任。企业承担职业教育责任的成本是直接的、即期的和有形的，其收益是间接的、远期的和无形的。企业承担职业教育责任并不会立即对企业经营生产产生效益，但从长期来看，企业承担职业教育责任的收益大于其成本投入。这在研究过程中，已得到企业访谈对象证实。企业逐渐愿意参与高等职业教育实习、共同育人，驱动这一行为的力量可以归纳为基于"人才储备"的企业参与实习规范。

（一）"人才储备"的实习规范的内容

1. 企业参与职业教育是一种社会责任

世界可持续发展商业委员会（WBCSD）将企业的社会责任定义为"企业将对可持续的经济发展做出贡献，将与员工、他们的家庭、当地社区及整个社会合作来改善生活质量

的承诺"①。可以看出，企业的社会责任既是企业对自身的责任，也是对利益相关者和社会期望的责任。我国企业参与职业教育的社会责任具有法律基础，《职业教育法》规定："企业应当根据本单位的实际，有计划地对本单位的职工和准备录用的人员实施职业教育。"在职业教育政策文件中，《国务院关于加快发展现代职业教育的决定》（国发〔2014〕19号）要求，"将企业开展职业教育的情况纳入社会责任报告。"企业参与职业教育是承担社会责任的道德行为，有助于提升社会声誉。在访谈过程中，企业也确实在履行参与职业教育的社会责任。正如一位高职院校校长所说：在合作的企业中，有一些大企业责任意识比较好，不管学生实习结束后，是走还是留，学生到了企业，企业都会给予培训，而且按照学生在企业的实际贡献，给学生报酬和实习评价。这些企业比较有社会责任，它考虑到即便学生离开了，但学生在这里实习过。（MP1）

企业在履行职业教育的社会责任过程中，也享受到相关利益。例如，在企业参与职业教育实习过程中，能够缩短新员工熟悉企业岗位的时间、节约新员工岗位培训需要的成本；企业还可以选择接受适合自身发展需要的优秀实习学生，得到高素质的企业员工，从而在市场竞争中长期受益。

2. 企业参与高等职业教育实习满足"人才储备"的需求

知识经济时代，企业和社会的共生关系越来越紧密，"企业社会责任与其经济利益紧密结合，是现代企业可持续发展的基础"②。当前我国产业转型升级需要一支高技术技能、高素质的人才队伍支撑，基于企业可持续发展的需要，越来越多的企业愿意参与职业教育人才培养活动。在访谈过程中，通过与企业人力资源部门负责人交流，企业参与高等职业教育实习的意愿正逐渐增强，尤其是技术含量相对较高的企业，对员工的专业技术和综合素质要求不断提升，迫使他们更加青睐接受过专门训练的高职院校学生。正如一位企业人力资源经理所说：企业对员工专业知识、技能的要求相对较高，比如，商品管理岗位，员工不但要懂鞋，还要懂数据分析；营销岗位，要懂店铺流程、商务礼仪、销售技巧。没有经过培养的员工一般不会上手、不会上岗。企业要长远发展，就必须要培养一批人才，而不是随便招个人过来就可以直接用。（KH1）

另一位家居定制企业的人力资源经理也表示，面对当前企业发展趋势与人才需求的矛盾，企业希望通过接收实习学生满足企业的专业人才需求。他说：家居定制目前发展态势很好、需求量大，但是专业对口人才储备欠缺，专业性人才难招，企业也想通过接收学生实习，来解决人才需求问题。（LH）

一位高职院校中层管理者进一步表明，即使在缩短顶岗实习时间的前提下，企业依然愿意参与高等职业教育实习，虽然企业期望实习时间更长，驱动企业这一行为的动机是获得符合其自身发展目标的优秀员工，满足人才招聘的需求。这位中层管理者说：我们学校顶岗实习一般两个月，对企业没什么吸引力，但是学校上次顶岗实习招聘会，来了很多企业。如果企业觉得两个月时间短而不来，和学校的合作会疏远，招聘的时候会吃

---

① 菲利普·科特勒，南希·李.企业的社会责任：通过公益事业拓展更多的商业机会[M].姜文波，等译.北京：机械工业出版社，2006：3.

② 买生，王忠.企业社会责任管理研究[M].北京：人民日报出版社，2015：49.

亏,毕竟我们培养的学生在全省这个行业还是得到认可的。企业参与顶岗实习就是为了在第六学期招聘的时候,有优先权。(JT2)

企业作为经济主体,为社会提供经济发展的产品和服务,最大限度地创造社会福利,是企业的生存根基。21世纪的前十年,我国企业对承担职业教育社会责任是否会影响企业的经济利益存在顾虑,需要国家层面规制性制度驱动。然而,在产业转型升级的背景下,我国企业要走出国际产业链中"微笑曲线"谷底的位置,则需要主动地参与高职院校技术技能人才培养。

企业追求利润是其根本目标,但是企业也认识到参与人才培养的重要性。这个过程实际上也是为企业可持续发展做准备,毕竟"人才储备"决定企业发展已成为共识。从近几年企业参与高等职业教育实习的情况来看,企业出于自身发展的需要,逐渐形成了"人才储备"的企业参与高等职业教育实习规范。这一规范是企业追求利润和承担社会责任的耦合结果。

首先,企业参与高等职业教育实习并不影响其追求利润的目标,甚至可能因为缩短新员工的培训时间而提升企业生产价值。 正如一位企业研发部门经理兼实习指导师傅所说:公司的技术团队每年要有新人进来,如果直接从学校毕业生中招聘,新人试用期是企业的投入期,不会给企业带来多大利益。所以,公司通过实习把新人试用期放到实习期,这时候招进来的新员工的试用期就缩短了,公司实习过的学生在试用期就可以用了。(YT4)

企业越来越愿意参与高等职业教育实习,源自企业将新人试用期前移至学生实习期间。学生在实习期对企业的整个运作流程、产品生产线都已熟悉,一旦实习结束,能在最短时间投入生产。一位高职院校教师结合自身的校企合作经验,表达了类似的观点,她说:企业把新员工招进来要培训,学生实习实际上就把培训提前了,所以现在企业很乐意我们学生在那里实习,企业每年都会从实习学生中留几个下来,节省了新员工培训的成本。(WT1)

其次,企业参与高等职业教育实习将有助于获得忠诚于企业发展的员工,降低企业员工招聘成本。 企业拥有优秀而稳固的人才团队,是应对市场竞争的重要保障资源,企业的核心竞争力包括员工对企业的忠诚度。企业参与高等职业教育实习不仅有利于获得忠诚于企业的员工,还能降低企业员工招聘成本。正如一位企业人力资源经理所说:我们做实习这件事情,就是想把学生培养好、留下来,成公司的人。从其他地方招聘一个工程师,既需要招聘成本,还存在一些风险,例如,不能融入团队、不认同公司文化。但是实习学生就没有这方面的问题,如果学生实习后真的愿意留下来,他们对公司的感情、忠诚度都不一样。(SH)

通过与多位访谈者进一步交流,企业参与高等职业教育实习已由早期的政策驱动,转向为企业内在发展的需求驱动,且源自企业追求自身利益目标与承担社会责任的统一。"人才储备"的高等职业教育实习规范必然会推动企业深度参与高等职业教育办学,促进产教深度融合、校企紧密合作。同时,这种规范也带有明显的重视职后培训、轻视职前培养的倾向,在一定程度上影响了较高的实习质量形成,不利于提升高等职业教育实习质量。

(二) 对高等职业教育实习质量的影响

"人才储备"的实习规范通过直接作用于企业资源供给、间接作用于学生主动参与两个维度及其因素,进而影响较高的实习质量形成。这种规范能够促进企业供给多余的生产资源、积极参与高等职业教育实习,推进了实习顺利开展。然而,这种规范的核心是企业利益优先,对学生参与实习也带来了负面影响。

首先,这种实习规范容易造成"差异实习"现象,削弱部分学生的学习机会。企业通过实习项目,可以对学生能否成为潜在的正式员工进行评估。国外一项调查研究表明,企业会为前来实习的70%以上的学生提供正式的工作机会[①]。在访谈过程中,企业也表达了同样的想法,他们也会在实习学生中,挑选大部分学生成为自己的正式员工。正如一位企业负责人所说:我们希望能在实习学生中挑到满意的新员工,比如说,现在有个五六个学生在企业实习,最后能有个三四个学生长期在这边工作。(TB)

基于"人才储备"的实习规范,企业在接收实习学生之前会通过企业和学校两个方面,对拟接收的实习学生进行一次初步筛选,期望获得更加符合企业发展需要的学生,具体表现为:一是招聘企业所在地生源的实习学生;二是通过学校推荐符合企业需求的学生。这两方面从学校教师层面都能得到佐证。正如访谈中一所高职院校教师所说:企业在接收实习学生时,本地企业都是招本地生源,具体到县市优先,一般较远的生源,企业也不愿意招,怕这些学生将来不一定留下来。(JT2)

另一所高职院校的教师则表达了企业更加愿意接收符合企业人才需求的学生,他说:我们和企业能够顺利合作下来,主要因为我们根据企业的人才需求,推荐合适的学生,企业也会安排对应的岗位。(MT)

企业愿意培养实习学生基于两个前提:一是企业自己有需求;二是学生自己有特点、有能力,能够得到企业的认可。初期的实习学生选拔只是"差异实习"的外显行为,实习应该是每一个学生平等、无差别地获得技能训练的机会。"人才储备"的实习规范由于存在选拔、针对性地培养,必然会导致一部分学生低效实习,造成"差异实习"的内隐行为。这种差异通过学生已有的学习成就进行分层性区分,削弱了实习的作用。虽然工作并不等于学习,但是工作能够提供学习机会,深度参与企业工作的学生将会获得更多的学习机会,而有些工作几乎不能为学生提供有意义的学习机会。这会违背实习通过工作而学习、在工作中学习的初衷。这种现象在企业也被视为理所当然,正如一位企业人力资源负责人所说:因为公司也不是很大,我们会有目标地选择一些好的学生,重点培养那几个可能留下来的学生,他们获得的学习机会肯定相对多一点。(SH)

实习对于学生个人及社会发展来说是良好的媒介,这种媒介为学生提供工作生活中所需要的更广泛的技能、价值和态度。学生在开始实习之前,都始于学习组织的边缘,然后向着中心移动,由新手向熟练者和专家的方向努力。然而,一旦学生没有获得学习的机会,他们也将处于更加边缘的位置。因此,实习的差异现象甚至可能造成实习的等级化。譬如,一个学生没有进入企业潜在员工的考察范围,那么他将会失去许多学习的机

---

① 加里·德斯勒.人力资源管理[M].刘昕,译.北京:中国人民大学出版社,2012:191.

会,或者说他的学习能力将难以被全部激发。学生具有各自的内在特征,但是不能如他所希望的或所能够的那样发挥作用。这样的情况在学校的学习环境中是很少发生的。

其次,企业给予的学习机会是"单环学习",忽视学生创新能力培养。"单环学习是指特定的工具性学习,它可以改变行动策略或其潜在假定,但不改变行动理论的价值观。"[①]例如,发现缺陷产品的质量控制检查员可能会把信息传达给生产工程师,而生产工程师可能会因此改变产品规格和生产方法以纠正缺陷;发现月销量低于预期的营销经理可能会调查其原因,寻找合理的解释并据此制订新的营销策略,以使销售业绩达标。

具体到高等职业教育实习过程中,学生只能按照企业指导师傅的安排,规范地完成各项任务。在实习过程中,出现错误的行为或不符合企业要求的行为,企业指导师傅仅会给予纠正或示范,而不会正面评价或认可学生实习行为的科学性和可行性。在这样的学习中,师傅和实习学生之间的单环反馈环会把实习中的错误跟预期的行动策略及其潜在假定联系起来,使得学生的实习行为保持在企业现有的价值观和规范所设定的范围内。即使学生的观点或行为是正确的,也不会得到企业的认可。正如访谈中的一位部门研发经理所说:我去年指导一个学生,在设计产品的时候,提了不少建议,还写成文档,从设计本身来说,的确不错,但不切合企业实际。他可能只从产品设计的角度,没有从产品整个营销、成本的角度考虑问题。后来,我还是让他修改了不符合企业的产品理念。(YT2)

不可否认的是,在高职院校中,像这样有自己想法的学生越来越多,他们正努力用自己的创新能力和设计能力打破外界对这一群体的质疑,因此,"单环学习"现象并不是孤立存在的。本研究在调查过程中,曾遇到过一件类似的事件,大致经过如下:某位服装设计专业的学生在一家服装企业实习,按照企业指导师傅要求,设计一件男装,这位同学将在学校所学知识充分运用其中,设计出一件令自己非常满意的作品。然而,企业指导师傅却认为不符合企业品牌的风格,并为这位学生推荐了企业最新的几款产品,要求模仿、重新设计。后来,这位学生的这件作品在学校毕业设计展览会上被另一家服装企业看中,并将他招聘为助理设计师。

在这两个案例中,两位同学的作品都因为不符合企业规范,而被要求纠正"错误",我们可以将这视为实习中的"单环学习"现象。从学习者学习的角度来看,是误判事件;从企业生产角度来看,这又是正常的。正如被访谈的企业人力资源部门负责人所说:企业刚刚选了十几个学生过来实习,我们希望企业研发部门能按照企业的规范,把这批学生培训好,让他们能够很快投入工作。(YH)……我们希望优质的学生来实习,选派经验丰富的老员工按照企业的规范,指导学生迅速地成长,让他们成为企业的一员。(SH)

以上两位企业人力资源经理在访谈中都提到"规范",这种规范实质上是企业的价值观或产品生产标准等。就学生学习角度而言,我们不否认实习中这种遵循企业价值观或规范的"单环学习"的重要性。这种学习方式至少可以培养出符合企业要求的合格人才,但在一定程度上也否定了学生设计的多样性和创新能力的发展,并不能够完全达到提升

---

① 克里斯·阿吉里斯,唐纳德·舍恩.组织学习Ⅱ:理论、方法与实践[M].姜文波,译.北京:中国人民大学出版社,2011:19-20.

实习质量的目标。因此,在新的生产方式下,我们更加提倡"双环学习"。

"双环学习"是指让使用理论的价值观及其策略和假定都发生改变的学习[①]。也就是说,策略的改变可以跟价值观的改变同时发生,价值观或规范也可以发生改变。以上述设计服装案例为例,此时学生不仅仅是按照企业的品牌风格或企业规范修改自己的设计,可能需要企业为了自身品牌或业绩,改善或重建自己的品牌或价值观。与"单环学习"相比,"双环学习"不仅会影响行动的策略和假定,也会影响到行动的策略和假定来源的价值观。需要说明的是,提倡实习中的"双环学习"并不是鼓励学生颠覆企业已有的价值观或参与重建,而是希望企业在实习中能够积极地引导学生的创新,认可学生的创新和多样性发展。

第三节 文化—认知性制度要素及其影响

在复杂的制度环境中,除了存在规制性制度和规范性制度要素之外,还存在文化—认知性制度要素。这是一种更深层次的制度要素,行为者往往无法察觉。它通常被大家认为是一些理所当然的认知范本和行为图式,通过图式机制来影响行为者,为行为者提供行为模板、产生行动力量。当行为者面对具有可理解、可认可的文化—认知性制度时,通常会视若当然地模仿和遵照。这种制度在本质上是由外部的文化系统所塑造的,并且影响也更为持久和有效。文化—认知性制度要素对高等职业教育实习质量的影响,如图 5-6 所示。

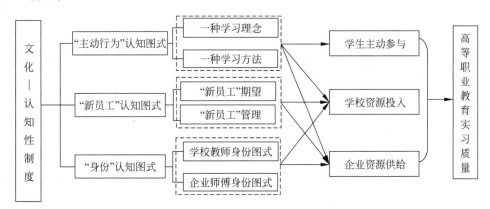

图 5-6 文化—认知性制度及其影响

一、实习的"主动行为"认知图式及其影响

(一)"主动行为"认知图式的内容

高等职业教育实习要求学生在具体而真实的工作过程中学习。这种学习能够帮助

---

① 克里斯·阿吉里斯,唐纳德·舍恩.组织学习Ⅱ:理论、方法与实践[M].姜文波,译.北京:中国人民大学出版社,2011:20.

学生积累事实性知识、训练心智技能,也能够帮助学生将知识和技能进行有效地整合。知识与技能的整合则需要学生以内隐的方式进行,而不仅仅是指导者通过语言或身体示范等方式简单地传授。也就是说,实习是一个学生主动参与、积极建构知识的过程。在访谈过程中,各类访谈对象在表达自己对实习的认识过程中,都在不同程度上认识到实习是学生主动学习的过程,形成了一种"主动行为"认知图式。这种认知图式体现在学习理念与学习方法两个层面,并且贯穿整个实习过程。

1. "主动行为"是一种学习理念

大部分被访者在回答"如何提升高等职业教育实习质量"这个问题时,都提到了学生主动性的问题。正如一位企业人力资源经理所说:实习主要还是学生自己的问题,是自己的主动行为活动,关键是态度,有些学生态度主动、积极,实习质量就会比较高。(KH1)

企业指导师傅在谈到这个问题的时候,同样表达了学生主动行为的重要性,认为实习是学生自己的事情:我们做多少没什么用,主要还是看学生,他想学什么,他想干什么,这是最主要的。(YT1)……实习跟学生关系很大,有些勤快的、积极主动的学生带起来比较容易,其实实习是学生自己的事情。(KT3)

企业方面的"主动行为""态度主动""积极""勤快"等充分反映了他们对学生实习的基本认识。他们用"学生自己的事情"来形容实习,其潜在含义要求学生依靠自己完成实习中的学习任务。一位高职院校教师则用"认同"和"应付"来表达学生实习主动行为的特征,正如他所说:学生方面主要是认同,如果学生认同实习的话,他会发自内心的去做这件事情,这个时候实习质量肯定会好;如果他不能认同实习、应付的话,怎么样都不行。(JT3)

基于以上访谈内容分析,"主动行为"认知图式首先是一种学习理念,即要求学生积极行动、自主学习。这种认知图式表明,有效地提升实习质量,需要学生主动学习而不是被动学习,需要学校联合企业充分激发学生主动参与,调动学生内在的动机和热情,积极利用企业中的学习机会和资源,促进专业技能发展、职业素养提升和自我成长。①

2. "主动行为"是一种学习方法

"主动行为"认知图式也是一种学习方法。一位企业人力资源经理认为,学生要通过自学,找到解决问题的方法。正如他所说:很多时候还是靠学生自学,自己寻找解决问题的办法,企业指导师傅可能只给一些经验性的东西。(SH)

一位高职院校校长在谈到实习的时候,表达了同样的认识,他进一步将自学细化为反思和探究:对学生来说,应该把实习看成是自己职业素养、就业能力提升的过程,他要带着脑袋瓜去实习、带着问题去实习、带着思考去实习,在实习中经常反思、发现问题和解决问题。(WP)

学生在实习过程中是否主动,将影响到企业师傅的指导意愿和指导行为,在学生多问、企业师傅多教的情境下,学生的实习质量必然会高。一位企业指导师傅说:有的学生

---

① 祝成林,和震.指导者的文化—认知能提升高职院校学生实习效果吗:基于30位实习指导者的深度访谈分析[J].教育发展研究,2021,41(13):55-61.

每个细节会问得很清楚,有的学生就无所谓、不想学,这个时候我也没办法,反正我对每个人都是一样,学的好坏都是靠学生自己,积极主动一点就多学一点,我也愿意多教一点,只要学生问,我都会教。(KT1)

从学校和企业两个方面的调查来看,"主动行为"是对学生实习的基本要求。这一种认知图式符合高等职业教育实习质量形成机理的研究结果,即学生主动参与是影响较高的实习质量形成的关键因素,不能弱化学生主动参与在实习质量形成过程中的关键作用。在他们的眼中,这种"主动行为"包括积极的实习态度、主动地反思、自主地学习等。具体表现为充分理解实习的原因、有明确的实习目标。除了工作和薪酬的外在激励因素之外,内在激励因素,如个人生活质量、自尊心和责任意识,都能有力地激发自主学习。然而,应然的"主动行为"图式与学生自身因素的实然状况存在差距,必然影响到实习质量。

(二) 对高等职业教育实习质量的影响

"主动行为"认知图式对高等职业教育实习质量的影响是递进式传导,首先表现为企业与高职院校方面对实习的应然认知和学生自身因素的实然状态之间的矛盾;其次,这种矛盾影响实习指导者的行为和意愿,从而影响实习质量提升。

1. "主动行为"认知图式与学生自身因素的矛盾

"主动行为"认知图式强调学生在实习过程中的主观能动性,强化了实习是学生个人事情的认知。高职院校指导教师会认为,学校任务是为学生创建好实习环境,联系好实习企业,最终还是要靠学生自己去实习,实习质量的高低跟学生自身有很大关系。正如一位学校指导教师所说:学校属于搭平台,主要还是学生自己去走,当他不走的时候,我们顶多再推一把,至于再往下怎么走,可能我们也鞭长莫及。(MT)

另一位高职院校副校长也表达了类似的观点,学校的主要责任是帮助学生找到高质量的实习单位,提供多样性的实习任务。通过高职院校近些年的努力,实习学生成为廉价劳动力的现象在逐步减少,学生的实习岗位质量也得到改善,最终的实习质量则需要学生自己去创造,她说:学生进入实习岗位以后,他经历的是一些完整的活动,我们会要求企业让学生在每一个工作岗位走一遍,体验一个完整的工作过程,但在这个过程中,其实还是靠学生自己去感悟。(MP1)

然而,学生是否同样认可"主动行为"认知图式,学校似乎没有太大的把握和具体的措施:现在学生主动性这一块其实还没有完全被激发起来,面对实习,他们会漫不经心。(WT3)……学生的实习目标一般不明确,学生在学校的学习目标都不明确,哪里会有明确的实习目标,可能极少部分学生会有。(JT3)

虽然以上两位高职院校教师谈到的可能并不是普遍现象,但也真实地表明了学生主动学习的困难。正如一位实习学生所说:现在学习比较少,自学比较难。如果有学习的话,都是为了完成工作,解决工作中的新问题,需要的新知识,但是这种学习机会和时间不多。(SS1)

学生难以实现主动学习的原因是多方面的,既有多年的个人学习习惯,也有进入工作场所后的自我意识放松,还有繁重的工作任务挤压学习时间等。在学校指导教师和企业指导师傅看来,实习主要依靠学生自己在企业实践中观察、感悟,这需要学生具备较高的自主学习意识,然而,能够在企业中自主学习的学生并不多。当学生面对他人期待和自我困境的时候,就会带来企业、学校方面的应然期待与学生方面的实然行动之间的矛盾。一位高职院校教师也直接表达出解决这种矛盾的期待:现在学生实习都是学校硬性任务,怎么样将硬性任务转化为学生的内在动力,我们期待能尽早解决!(WT4)

2. 矛盾影响了实习指导者的行为和意愿

高职院校教师从教师职业规范出发,监督和引导学生实习。然而,这种矛盾并不能给予教师成就感,反而会增加教师的倦怠感,从而影响学校教师指导学生实习的意愿。正如一位指导教师所说:学生的主动性还没有完全发挥出来,要依靠企业的现实手段,例如,通过待遇或者其他刺激,把学生的主动性挖掘出来,光依靠老师推着走,老师既很辛苦,效果也不好。(MT)

同样地,在企业里面,面对缺乏主动行为的学生,企业指导师傅更加不会督促学生,因为教书育人不是他的职责。企业在录用或招聘实习学生的时候,实际上是在挑选能够为自己产生增值利益的人力资源,它的出发点是这个人能否给企业带来效益。当企业面对缺乏主动行为的实习学生,他们会果断地放弃培养。一位企业指导师傅间接地表明了这一观点:企业更关心学生的实习态度,如果学生做事的态度不主动、不积极,我们也不会逼着他,即使我们想培养他,可能也很难。(LT)

高等职业教育实习质量形成机理理论模型表明,学生主动参与是影响较高的实习质量形成的关键因素,同时,在学校资源投入和企业资源供给促进实习质量形成上,发挥了重要的中介作用。实习中学生缺乏主动行为,不仅直接地影响到实习质量,还弱化了学校教师和企业师傅指导的作用,又进一步影响到实习质量,形成了不良循环。

二、实习学生的"新员工"认知图式及其影响

(一)"新员工"认知图式的内容

新员工通常是指没有工作经验或者新进入某个组织的人员。本研究中的"新员工"认知图式是企业赋予实习学生的一种期望或身份,与"人才储备"的实习规范密切联系。对于绝大多数企业而言,接收实习学生的最直接动机是招聘到适合企业发展的新成员。"新员工"认知图式包括"新员工"期望和"新员工"管理两方面内容。[①]

1. "新员工"期望

如前文所述,企业招聘实习学生的人数会略多于当年企业需求的人数。通过实习期间的考察和培养,以及最后阶段的双向选择,企业会获得满意的新员工。因此,当实习学生进入企业实习时,企业已经认为他们是企业的一员。在访谈过程中,所有的企业都表达了这种期望,正如一位企业人力资源经理所说:学生刚来,我们会给他们发一本新员工入职手册,这就相当于把实习学生当作新员工了。(OH)

---

① 祝成林,和震.指导者的文化—认知能提升高职院校学生实习效果吗:基于30位实习指导者的深度访谈分析[J].教育发展研究,2021,41(13):55-61.

另一家企业的负责人也表达了同样的想法,他说:3月到7月的顶岗实习,我们就把学生当新员工了。如果学生仅仅是为了完成毕业任务过来实习,我们一般不太愿意接收。(ZB)

一位高职院校教师也佐证了这一看法:我们现在合作的企业,企业负责人在学生实习的第一天,就表达了学生成为企业员工的希望。(WT4)

2. "新员工"管理

企业把学生视为新员工的同时,一切管理都按照新员工的要求进行,并对实习学生提出企业的规范和要求,即"新员工"管理。"新员工"管理代替了企业实习学生管理。

首先,"新员工"管理方式存在于企业人力资源部门,正如两位不同企业的负责人和人力资源经理所说:每年3月份来实习的这批学生,我们就会按照新员工来管理他们。(TB)……我们希望他们不要把自己当成实习学生,把自己当成企业的员工,和我们共同进步。(SH)

其次,"新员工"管理方式还普遍存在于企业生产过程中,企业指导师傅也将实习学生视为自己生产线上的一名员工。实习学生来到生产车间,已经属于我们的员工了,整条生产线的员工也都是把他们当成新员工来看待的。(KT1)……我把他(实习学生)当成自己的员工一样,我和他交流、沟通,和自己线上的员工都是一样的。(KT3)

"新员工"认知图式虽然直接来源于企业的认知,但企业客户眼中的"新员工"会进一步强化企业对这种图式的认知。这一点从一位企业人力资源经理的访谈中可以得到佐证,他说:我们是去客户现场提供服务的,实习学生也好、正式的工程师也好,在客户那里都是企业的员工。所以,学生来这里实习,基本上就是企业的新员工了,我们就会像管理员工一样去管理他们。(SH)

虽然在访谈过程中,企业方面都直接否定了实习期间学生为企业创造利润的可能性,但是"新员工"认知图式揭露了企业要求实习学生尽快创造生产价值的意愿,从而必然会影响高等职业教育实习的教育价值及其质量。

(二)对高等职业教育实习质量的影响

"新员工"认知图式通过作用于企业资源供给和学校资源投入两个维度及其因素,进而影响较高的实习质量形成。

1. 企业师傅指导行为具有明显的倾向性,阻碍了学生创新能力发展,不利于实习质量提升

企业进行新员工培训是期望获得符合企业需要的人力资源,培训的内容往往都是围绕企业自身的发展战略。由于并不是所有的学生最终都能够或愿意留在实习企业工作,因此,企业对学生的新员工培养模式阻碍了学生多样性技能和创新能力发展。正如一位高职院校专业负责人所说:我们有三个服装设计专业的学生在企业实习,企业指导师傅的指导原则是学生的设计一定是企业需要的,学生不能设计成其他样式。企业师傅指导三个学生设计,三个学生原本可以设计出不同的样式,但是现在三个人经过企业师傅指导,他们只能设计企业需要的那种款式。(WT4)

可以看出,企业师傅指导具有明显的倾向性,与学校人才培养差异较大,学校教师指导往往没有任何倾向,只会根据学生作品本身,提出调整建议或方案,帮助学生设计出更

加美好的作品。而在企业则不同,学生有可能设计得很好,但是不符合企业的要求,就会被否定,学生的设计想法受到很多因素限制,会抹杀学生的创新思维。由于学生在企业实习过程中接收到的信息与自身的职业生涯发展有很大的关系,企业师傅带有明显倾向性的指导行为,会影响学生创新性思维和职业生涯发展,与提升实习质量背道而驰。

2. 学校指导教师缺乏深层次关心,影响学生主动参与实习,阻碍较高的实习质量形成

任何一名新员工都会有入职期望,即员工在进入企业前对工作及其他相关方面的预期。期望的内容可能包括工作环境,如同事关系、工作部门规模、领导特质等;组织因素,如组织规模和政策等;工作内容,如重复性、自治程度和责任等。[①] 因此,新员工在刚进入组织阶段,都会了解组织概况,并且对自身特质与组织匹配程度做出评价与判断。这种初始认识或评价会影响学生对新的工作环境的适应状况。学生在实习过程中也会出现期望落差,即"个体在工作中的积极或消极体验与其期望的经历之间的差异"[②]。当学生面对这种落差时,他们需要学校指导教师的关心和帮助,正如访谈中一位企业人力资源经理说:学生实习前可能对工作有憧憬,到了企业以后,发现工作原来是枯燥的,前期的憧憬、以后的发展,都看不到希望。这时他们心态会动摇,需要学校老师开导,但这个时候老师对学生的关注却比较少。(KH1)

一位被访谈的高职院校教师也承认对顶岗实习学生缺乏深层次关心:顶岗实习阶段,我们只是通过实习平台和学生交流,学校还有两届学生,你必须上课……说实话,对顶岗实习这批学生,感觉对他们的关心是不够的。(WT4)

面对实习中的期望落差,在没有学校指导教师深层次的关心下,学生往往很难做到主动参与实习,进而会影响到学生的实习行为,甚至会中止实习。一位被访谈的某位学校实习管理者表示,学生在实习过程中,变换实习单位的行为常有发生:有些学生实习到一半的时候,不想实习或想换单位,造成的原因是多方面的,一是出于同学间对比心理,例如,同学的实习企业不错;二是觉得实习收获不多,做些打杂类的工作,现实和期望相差太远。(WT2)

当学校指导教师也认为实习中的学生是企业的新员工时,他们不会给予学生深层次关心,处于期望落差中的学生也难以主动参与实习,进而阻碍较高的实习质量形成。学校指导教师对实习学生缺乏深层次关心,一方面是客观原因造成的,如时间和空间上的不便;另一方面也与主观原因密切相关,如教师的"身份"认知图式等。

三、实习指导者的"身份"认知图式及其影响

(一)"身份"认知图式的内容

身份是对个体存在的本体论的设定,指明个体是什么样的人,是个体对"我是谁""我为什么是这样"等问题的回答。"身份既是结构性的又是建构性的,结构性表现为群体在

---

① Dean R A, Ferris K R, Konstans C. Reality Shock: Reducing the Organizational Commitment of Professionals [J]. Personnel Administrator, 1985, 26: 139-148.

② Porter L W, Steers R M. Organizational, Work, and Personal Factors in Employee Turnover and Absenteeism [J]. Psychological Bulletin, 1973, 80(2): 151-176.

整个社会结构中的阶层地位,建构性表现为存在一种人为的价值预设。"① 结构性特征将身份规定为个体的一种社会属性标识,强调个体在特定社会文化和职业下拥有的权利和承担的责任,在很大程度上是制度型构的结果;建构性特征将身份视为人标识自身的一种独特标记,是人把自我与他人或其他群体进行联系和区别的象征,与个体理解"我是谁"及"什么对我有意义"相关。② 本研究发现,在高等职业教育实习过程中,不管是学校指导教师还是企业指导师傅,都形成了自身的建构性身份图式,并且这种身份图式使他们产生了"我的本职工作是什么""我应该做好什么""外在强加的任务是什么"等这样一些认知,这些认知又直接作用于他们参与实习的行为,影响到实习质量。

1. 学校教师身份图式

学校教师的身份图式基于自身多年学习和工作的经验逐渐形成。对于大多数教师而言,从小学到大学,甚至工作,在漫长的学习和工作过程中,学校是长期存在且又是极其重要的场所,学校不仅使得广大民众将教师和学生联系起来,塑造了教师的结构性身份,也在建构性身份层面塑造了教师身份图式,即"我是学校的老师"。在访谈过程中,大部分教师更愿意谈论学校内的教育教学活动,教师的本职工作在学校范围内,遵守学校规章制度,完成学校安排的课堂教学任务,是基本的工作要求。

这种身份图式让教师形成了一个概念,即"学校教学优先"。在这种身份图式的指引下,"我是某某学院的教师,我承担某某专业的课堂教学任务,我的工作范围在学校、在课堂",这些被认为是理所当然的。而发生在学校之外的教育教学活动,譬如,学生实习,他们也会理所当然地认为是"非基本工作",甚至是"额外任务"或可以不做的工作。他们往往更加关注学校内的教育教学改革或质量提升,而不太关注学校外的教育教学活动及其质量。正如一位高职院校校长所言:在学校课堂教学中,教师都已经达成共识,要进行课程改革,加强课堂教学管理,提高课堂教学质量。但是职业教育不像普通教育,它还涉及企业实习,职业教育的完整过程是两段的,教师现在只关注前面的学校教学,没有关注后面的企业实习,这确实是我们整个职业院校面临的一个大问题。(MP1)

在同几位具体负责教学管理工作的学校中层领导、专业负责人访谈过程中获悉,学校教师每学期都会认真制订授课计划,向学校教学管理部门提交教学任务书,专业教研室统一提交各门课程的课程标准,而关于实习方面的教学材料,如实习计划、实习内容安排等,则几乎没有。这也进一步表明"学校教学优先"明显存在于高职院校教师日常工作中,正如一位教师说:没有花太多时间去做实习这件事,现在学校内事情太多,有点时间还要备课、完成学校教学工作量,学校的课更重要,根本没有时间考虑实习怎么弄。实习都以任务形式下来,我们也有自己的经验应对,不需要把实习工作做多好。(JT1)

在教师看来,学生实习虽然是一项必不可少的教学活动,但可能是一项额外的任务。这项任务不需要做得太好,甚至也很难做好,只需要完成学校的基本规定、基本要求,不出现重大失误或安全事件,就算完成实习任务。因此,他们很少深入企业指导学生技能训练、技术学习。下面三位教师的访谈,基本可以认同这样一个判断。学校对实习的要

---

① 阎光才.教师"身份"的制度与文化根源及当下危机[J].北京师范大学学报(社会科学版),2006(4):12.
② 祝成林.高职院校教师的身份及其文化建构[J].教师教育研究,2017(3):19-24.

求比较笼统,比如,教师每周或者每月去看望学生一次,我们只要达到学校的要求就行。(JT3)……实习之前,要告诉学生注意安全,我会选一个组长,每天晚上统计大家是否都回来了,并向我汇报。(MT)……大部分教师主要是完成学校规定要求,有些教师觉得只要保证学生安全就够了,指导学生专业技能训练比较少。(WT3)

本研究还发现有一位专业负责人不属于"我是学校的教师",在她看来,学生实习不是一项任务,并且已经意识到如何让学生和企业在实习过程中都能满意。她说:作为一个普通老师、一个专业负责人,关于学生实习,我尽量让学生满意,让企业满意。(WT1)

在这样一种信念下,她将学生实习工作视为自己的本职工作,在自己负责的专业内形成了一套有别于学校基本要求的实习,像学校课堂教学那样,规范地管理实习活动。她说:这个学期开学初,我就联系实习岗位、提前准备,等到7月底实习结束,我还要走访企业,调查学生和企业的实习反馈,把实习做好,需要一年的投入……我们学校这样做的老师不多,学校要让教师意识到,我做这件事情不是为了完成学校的任务,这也是真真切切的本职工作。(WT1)

这位教师刚来这所学校工作2年,在进入这所高职院校之前,她在企业工作过很长一段时间。相比较而言,她对企业的认识比学校更加深刻。这进一步佐证了教师对自己身份的认知决定了他们如何看待自己的本职工作及其范畴。

2. 企业师傅身份图式

企业指导师傅的身份图式同样是基于自身的工作场所形成。作为企业的员工,完成企业的生产任务是企业指导师傅的本职工作,并在企业生产过程中塑造了这一群体的身份图式,即"我是企业的员工"。企业和员工以交易的形式完成契约中彼此的责任与义务。企业作为经济组织,员工在这个组织中通过工作,为企业创造效益,为个人获得薪酬和回报,生产或服务工作是员工的本职工作。因此,企业指导师傅按照企业规章制度,在规定的时间内完成生产任务,获得相应报酬,是这一群体基本的工作义务和权利。

在这一身份图式指引下,企业指导师傅逐渐形成了一个概念,即"企业生产优先"。由于企业支付给员工的薪酬标准是以他们创造的价值为基础,企业师傅不得不靠努力工作创造价值从而获得工资收入,而承担培养实习学生的任务并不是他们的职责,甚至会担心带实习学生影响自己的生产。正如两位企业指导师傅说:要不是领导安排,不会带实习学生。(YT1)……指导实习学生会耽误一些工作时间,特别是生产那一块,指导师傅每天都有规定的生产量,有实习学生帮他干活,会完成的快些,但是其中可能有产品是实习学生生产的,不合格,师傅后期要返工,这就比较麻烦了。(YT4)

由于当前企业大多采用项目制和任务制,完成项目或任务的时间是确定的,实际完成时间也与企业奖励密切相关。因此,在有的实习岗位,企业师傅在决定是否指导实习学生之前,会事先评估实习学生的能力,如果学生对生产的影响可以控制或较小的时候,会愿意接收实习学生。因此,企业指导师傅的"企业生产优先"对提升高等职业教育实习质量具有明显的阻碍作用。

由于企业师傅和学校之间没有直接关系,企业按照工作量付给他们报酬,学生去实习,企业师傅往往会担忧学生影响他生产。在企业师傅看来,承担指导学生实习任务并非本职工作,通常是企业安排的一项额外任务,甚至没有额外的工资补助,工作的投入程度与自己的工资收入水平并不成正比,即使有的企业以奖励的形式给予一定补助,也不足以引起企业指导师傅指导实习学生的热情。正如一位生产线上的企业师傅和一位企业人力资源负责人所说:我们指导实习学生,企业没有给额外工资补助,相当于企业安排任务一样做这件事情。(KT1)……指导实习学生是公司安排的任务,虽然没有补贴,但师傅带出一个实习学生、留下工作,公司会给师傅颁发导师奖励。公司将加大奖励措施,因为老员工们都不太愿意指导实习学生。(TB)

此外,在当下企业环境中,相对富有经验的资深管理者或技术人员并没有与缺乏知识和经验的实习学生形成紧密的师徒关系,也难以为实习学生提供情感或职业方面的支持。指导学生的师傅往往都是工作在一线或团队中下层的员工。因此,企业指导师傅在尽量不影响生产和避免出现生产安全事故的情况下,就算完成企业安排的实习指导任务,而不会关心学生到底学习到了什么。有位企业指导师傅直接表明了这一看法:我也知道学生实习目标不明确,但也没有帮他们制订目标,反正就是厂里安排的一个任务,我早上8点过来,下午5点回去,中间也要工作,确实没有时间,我主要责任就是避免学生受伤。(LT)

虽然企业指导师傅能明确地认识到指导实习学生具有重要的意义,但由于占用自身生产时间的缘故,他们往往难以真正地指导实习学生的企业学习活动。一位企业指导师傅充分表露了这一无奈:如果我们有时间,有计划地指导他们,我觉得蛮好的,但是我们就缺少这样的时间。(YT1)

"身份"认知图式的本质是本位主义,在一定程度上阻碍了校企资源共享。高职院校教师承担繁重的教学任务,很难经常到企业中参与企业的产品研发、指导学生实习等工作;企业技术人员生产任务繁重,生产设备利用率高,也很难利用生产设备或抽出生产时间,参与学生实习活动、指导学生学习。正是由于他们对各自身份的不同理解,致使他们对实习的重要性没有足够的认识,进而影响到各自参与实习的行为,制约了实习质量提升。

(二)对高等职业教育实习质量的影响

"身份"认知图式通过作用于学校资源投入和企业资源供给两个维度,影响较高的实习质量形成。

1. 通过学校资源投入影响实习质量

首先,"身份"认知图式造成学校指导教师应付式实习指导行为,完成形式上的实习指导,应付学校管理制度上的要求。正如一位学校指导教师所说:学校有实习指导手册等材料,但都是给督导看的,说白了,都是应付检查。(WT1)

其次,学校指导教师将监督视为指导,保证学生在企业实习的出勤时间,而不注重学生的实习内容和实习任务,也不会组织学生定期进行实习反思。正如一位学校指导教师所说:去企业的时候,通常就是按照系里要交的材料,填一张指导记录单,记录指导几次、跟学生聊天内容等,像组织学生实习讨论、反思方面的记录是没有的。(JT3)

另一位指导教师也表达了难以对学生进行指导的无奈:我们指导学生实习,很难发

挥指导作用,更重要的作用是监督,对他们进行监控。(WT4)

最后,不管是应付学校要求的形式指导,还是以监督代替指导,最终都会影响到学校和企业的深入沟通和联系,影响到校企关系维系。由于没有深入指导学生的要求和缺乏校企双方共同指导实习的实践平台,学校教师和企业人员也很难建立紧密联系,即使部分学校要求教师尽可能地跟企业管理者,至少和实习指导师傅做简单的沟通、交流,了解企业对学生实习的满意度、人才培养质量能否符合企业要求等,但是大部分教师很难做到。一位学校教师提到了部分原因:去企业指导的时候,如果是我认识的企业,会和企业指导师傅交流,但有时候实习岗位不是我提供的,或者是一些外地的企业,这种情况下,我肯定不认识企业师傅,跟他们交流最多就是打个招呼。(WT3)

此外,"身份"认知图式也使得少数教师对学校实习管理制度产生怀疑,针对"我是学校的教师"而"学生在企业实习",有教师提出学校应该通过奖惩制度,直接加强学生实习管理,而不是通过教师的监督作用,进行间接管理。也有教师认为,将更多的实习管理责任压在教师身上,效果反而不好,教师不会因为实习对学生进行处罚,教师对学生实习目标的达成度基本上是没有任何要求的。

2. 通过企业资源供给影响实习质量

企业指导师傅的"我是企业的员工"身份图式直接带来这一群体被动的指导行为和安排简单化的实习任务,表现为学生问什么教什么、放任自流、安排无关要紧的工作等。

"学生问什么,企业师傅教什么",基本上代表了大多数企业师傅的指导态度。与指导学生相比,忙于生产是企业师傅的主要工作,正如一位企业师傅所说:我们上班也很忙,学生问什么就给他们说什么,学生问这个怎么做,我就教他怎么做,大部分的交流就这样。(KT1)

在多数情况下,企业师傅知道实习对企业人才储备的作用,有助于把学生培养成企业需要的人,但他们并没有培养新员工的义务。他们通常认为自己的精力应当全部放在企业生产上,所以在指导实习学生过程中,会出现放任自流的现象:我一般把实习学生分到不同项目组,跟着团队一起去做,不可能每个人都自己带,精力也不够。(YT1)

虽然不同企业的指导师傅存在差异,有些可能会负责一点,但更多的时候,他们觉得指导实习学生是一个负担。尤其是学校教师和企业通过私人关系建立的实习,学校教师往往直接找到企业负责人,通过企业负责人强制性地把实习学生安排给企业指导师傅。在这种情况下,企业指导师傅存在抵触情绪的可能性更大,更加认为实习是一项额外的负担。此时,他们通常会安排无关要紧的工作任务给实习学生,对具体业务的传授和讲解也比较随意。有的师傅把学生当作自己的助理,让学生帮自己做一些简单、琐碎的事情。一位企业项目经理兼企业指导师傅直接表明了这一现象:我们是项目小组制,一般不会安排太复杂的事情给实习学生,通常都是派一些简单的活,譬如,做一个小程序、领材料。(YT4)

一位高职院校教师也证实了这一现象:如果企业工作很忙,企业师傅没空指导学生,那么他只会把一些杂事、简单的活交给学生。(JT3)

企业师傅对实习学生的指导普遍存在"形式大于内容"的现象。一方面,企业师傅的指导时间有限、指导方式被动,难以达到预期效果;另一方面,学生在接受指导后,甚至认为解决工作中的问题并不需要课堂所学的知识,对课堂学习产生怀疑或对实习产生抵触。这些都会影响学生参与实习的积极性,从而制约了较高的实习质量形成。

第四节 高等职业教育实习中的两套制度逻辑

通过对以上影响高等职业教育实习质量的三种制度要素进一步分析,可以发现,在高等职业教育实习中存在两套不同的制度逻辑。为表述方便,本研究把其中一套制度逻辑称为"教育的实习"制度逻辑,把另外一套制度逻辑称为"生产的实习"制度逻辑。① 制度逻辑本质上是无法观察的东西,但在真实的社会生活中,可以具体化为一些可观察或感知的物质实践(material practice),如民主具体化为投票。② 制度逻辑的形成归根到底是那些拥有一定资源的有关各方,在特定的认知观念的制约下,基于他们对自身利益的衡量,在斗争和妥协中相互达成的一种政治协商。③ 由于两套制度逻辑的共同存在,产生了以上影响高等职业教育实习质量的各种制度要素。通过对这些制度要素进行梳理和归类,教育和生产两套实习制度的内容如图5-7所示。

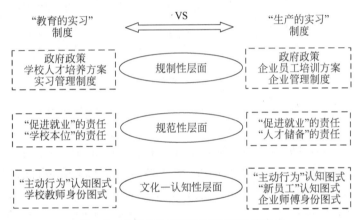

图 5-7 教育与生产两套实习制度的内容

从组织域层面来解释这两套共同影响高等职业教育实习质量的制度逻辑,并揭示两套制度逻辑下的实习困境,从而进一步理解这些制度影响实习质量的根源。组织域是指由那些聚合或集群在一起的组织,如重要的供应者、资源与物品的消费者、规制性机构,以及其他能够提供相似服务与产品的组织,共同构成的一个被认可的制度生活领域。④ 依据这一概念,高等职业教育实习完全符合组织域的基本特征。在高等职业教育实习组

---

① 祝成林,褚晓.教育抑或生产:高职教育实习的制度逻辑与选择[J].江苏高教,2022(11):54-60.
② Friedland R,Alford R. Bringing Society Back in: Symbols, Practices, and Institutional Contradictions[M]// Powell W W,DiMaggio P J(Eds.). The New Institutionalism in Organisational Analysis[M]. Chicago: University of Chicago Press,1991:232-263.
③ Campbell, John L. Institutional Change and Globalization[M]. New Jersey: Princeton University Press, 2004:1.
④ Dimaggio P,Powell W. The Iron Cage Revisited: Institutional Isomorphism and Collective Rationality[J]. American Sociological Review,1983(48):147-160.

织域中,同样存在供应者、消费者和规制性机构,如高职院校、行业企业、学生与家长、政府等。它们不仅有着自己的利益需求,还有着对高等职业教育实习应然状态的基本认识,并且凭借自己拥有的资源以不同的方式参与制度逻辑的协商。

一、"教育的实习"制度逻辑

"教育的实习"制度逻辑基于教育的价值诉求,以高职院校为主体,其主要内容是以提高技术技能人才培养质量为价值追求,源自于技术技能人才成长规律。这套制度逻辑认为,实习作为一项教育教学活动,是学校教育的延伸,是高职院校和企业共同进行技术技能积累的平台。这套制度逻辑的主要内容和运行规则如图 5-8 所示。

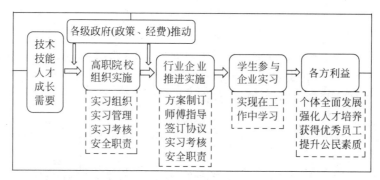

图 5-8 "教育的实习"制度逻辑的运作流程

根据职业教育办学和技术技能人才成长的规律,在政府政策和经费支持下,高职院校联合行业企业共同组织实施学生实习活动,希望学生通过实习达到在工作中学习的目的,从而实现学生全面发展和高职院校人才培养质量提升,有助于企业获得优秀员工,促进社会公民素质全面提高。在这套流程中,有关各方在认知上清楚自己的职责,能够认识、理解对方行为,希望彼此共享同一套意义系统的结果,即通过培养技术技能人才释放人口红利。这套制度逻辑也是我国过去很长一段时间倡导的"政府主导、依靠企业、充分发挥行业作用、社会力量积极参与"的职业教育办学方针的具体实践形式,其顺利运行的应然状态需要达成以下条件。

其一,高职院校深刻地明白实习在整个教育环节中的地位,在学生参与实习之前做好充分准备,在实习中能够投入充足的师资和管理力度。高职院校通过向企业输送具备一定技术技能基础的学生,希望促进企业生产,借此向企业获取相应的办学资源,进而促进自身办学质量提升,并以此进一步向政府、家长、行业获取更多的教育经费和办学资源,为持续性地培养技术技能人才提供充足的保障。

其二,企业根据自身发展现状,面向高职院校供给生产中富余的资源和实习岗位,并协助高职院校组织实施学生实习、推进实习发展。在参与学生实习过程中,企业实现人才储备、履行社会责任、获得企业声誉等目的。

其三,行业协会能够及时发布本行业人才需求,推进校企合作,参与指导并监督企业参与高等职业教育实习,协助政府部门共同推动产教融合、校企合作。

其四,对政府而言,高职院校持续不断地为社会输送技术技能人才,满足区域经济社会发展需求,这就意味着现有的高等职业教育运行正常,对实习活动基本满意。政府将继续通过财政拨款和项目建设经费,向高职院校提供办学资源;通过税收政策等措施向企业提供实习补贴。

其五,对家长而言,协助高职院校鼓励和督促子女积极参与实习,要求通过实习能够帮助子女在完成三年学习后获得一份理想的工作,他们会将对高等职业教育的满意情况传递给其他家长,从而为高职院校带来新的生源和办学经济资源。

简而言之,这套制度逻辑需要各方清晰地知道自己要做什么、预期别人做什么,对每一方的积极性、主动性都提出较高的要求。这套制度逻辑符合我国职业教育领域对实习的应然期待,也是当前我国大多数高职院校积极践行的实习行动范式。然而,这套制度逻辑下的高等职业教育实习却存在众多困境,尚未带来"人民满意"的职业教育。

二、"生产的实习"制度逻辑

"教育的实习"制度逻辑因为更加符合我国以学校为主的职业教育办学体制,长期存在于高等职业教育实习的理论和实践领域,在国家政策持续推动下,其发展日趋稳定、成熟。然后,在政府职能转变和产业转型升级的背景下,高等职业教育创新发展要求充分发挥市场机制作用,引导社会力量参与办学,发挥企业重要的办学主体作用。在人才需求的压力下,技术技能人才缺乏倒逼企业参与职业教育。此时,"生产的实习"制度逻辑在高等职业教育实践中慢慢成形。这套制度逻辑是基于生产的利益需求,以企业为主体,即以满足企业人才储备、提升企业生产效益为价值追求,源自于生产实践对技术技能人才的强烈需求。这套制度逻辑下的实习被演变为企业对新员工筛选和培训的工具,其实质是企业新员工培训的前移。该制度逻辑的主要内容和运行规则如图 5-9 所示。

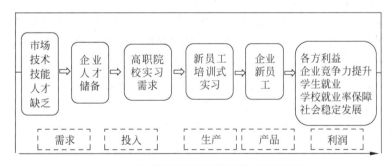

图 5-9　"生产的实习"制度逻辑的运作流程

"生产的实习"制度逻辑源自于市场需求,是一条自下而上推进高等职业教育实习的策略。由于制造业的崛起带来旺盛的技术技能人才需求,加快应用型人才储备成为企业提升竞争力的战略选择。在这种情况下,企业会根据自身发展需求选择性地参与高等职业教育实习:一是选择性地参加与自身生产领域密切相关的、拥有相对较好社会声誉的高职院校;二是选择性地给予高职院校学生实习机会,选择的范畴包括学生是否拥有良好的技术技能基础和较高的职业素养、生源地与企业所在地之间的距离、学生个人成长愿景与企业发展目标一致性等。只有当这些选择性因素符合企业的期望时,企业才会给予学生实习机会,并像培训新员工一样给予学生实践技能训练。

高职院校迫于实践教学的需要和政府政策要求,向愿意参与高等职业教育实习的企业提供能够成为潜在员工的学生,并签订实习协议,同时,要求企业"保住底线",即不发生安全事故等恶性行为事件,其余一般不做强行要求。家长方面一般也不会反对企业将自己的子女实习活动当作新员工培训,因为这与他们期待子女找到满意工作的期望并不矛盾。由于这套实习制度逻辑并没有违背政府政策要求,在这套制度逻辑指导下接收实习学生较多的企业甚至还会获得政府的实习经费补偿。

这套实习制度逻辑带有鲜明的企业生产逻辑,即企业根据市场需求和自身人才储备需要,借助高职院校实施实践教学的需要向其获取学生资源,在校企合作、共同投入下,生产出符合企业需求的产品——企业新员工,最后的利润是各相关方均从中获益,即企业获得了切合自身发展需要的人力资源,提升了竞争力;学生顺利就业,保障了学校就业率和政府发展职业教育促进个体就业的愿望,实现了社会稳定发展。

源自市场需求的"生产的实习"制度逻辑似乎更有生命力,至少它破解了企业被动、消极参与高等职业教育实习的现实。然而,一味地迎合市场的需求,忽视实习的教育价值,最终将实习演变为技术技能人才培训的工具,有悖于高等职业教育实习的最初愿望,也会带来实习中的矛盾困境。

三、两套制度逻辑下的实习困境

(一)"教育的实习"制度逻辑下的实习困境

"教育的实习"制度逻辑下的实习困境可概括为"壁炉现象",即在高等职业教育实习中,高职院校方积极主动,努力与企业合作,获取满足学生实习需要的场所和环境,而企业方则消极被动,不愿意为实习学生提供必要的实习机会和条件等,由此而形成的"一面热,一面冷"现象。[1] "壁炉现象"背后的本质问题是企业缺乏参与实习的动力和利益诉求。针对此现象,一部分人认为,通过立法的形式强制企业参与高职院校的人才培养,制定对企业具有一定约束力的法律法规[2];另一部分人建议,政府通过减免企业一定税收或给予一定财政补贴等制度方式,鼓励企业参与高等职业教育的人才培养[3]。但不管是强制性制度机制还是诱致性制度机制,都难以消除实习的"壁炉现象"。一方面,通过外部强制力量要求企业参与实习难以持久,当企业参与实习的投入没有得到应有的利益回报时,其参与的广度和深度会逐步消退,实习会沦为形式主义;另一方面,给予企业税收或财政补贴的政策固然能调动企业参与实习的积极性,但作为理性经济人的企业会在优惠政策与实习成本之间权衡利弊,实习则会面临机会主义风险。破除高等职业教育实习"壁炉现象"应从避免"教育的实习"制度逻辑的弊端入手。

可以说,这种制度逻辑与当前我国职业教育实行"学校单一主体"的办学模式密切相关,学校在政府的主导下组织并实施职业教育,承担招生、教学及学生就业等工作,企业

---

[1] 王为民,俞启定.校企合作 "壁炉现象"探究:马克思主义企业理论的视角[J].教育研究,2014(7):54-62.
[2] 张志强.校企合作存在的问题与对策研究[J].中国职业技术教育,2012(4):62-66.
[3] 颜楚华,王章华,邓青云.政府主导 学校主体 企业主动:构建校企合作保障机制的思考[J].中国高教研究,2011(4):80-82.

并没有真正融入职业院校人才培养内在机制,常常被视为职业院校的附属和职业教育实践教学场所的提供者,是校企合作积极拉拢的参与者。这种基于"学校单一主体"的"教育的实习"制度不利于企业深度参与实习,也不可能促使企业成为实习的推进者和合作设计者。实习学生属于在校学生,与学校之间存在明确的接受教育服务和提供教育服务的关系,学生身份表明其并不具有企业员工身份,即使学生到企业实习、参与企业生产或服务。"学校人而非企业人"的身份决定了企业不能合法地支配学生的劳动力,也不会与学生建立有效的契约关系。此外,企业不能拥有实习学生的劳动支配权,这意味着企业对实习学生的投入将难以获得回报。随着实习学生完成实习任务返回学校,企业潜在的收益也会随着实习学生的离开而流失,甚至不利于企业自身知识产权和商业机密的保护。这些与企业追求利益最大化的基本原则相背离,因此,必然会影响企业参与高等职业教育实习的积极性,从而影响企业对实习的资源供给。从高等职业教育实习质量形成机理研究结果来看,企业缺位必将严重阻碍较高的实习质量形成。

(二)"生产的实习"制度逻辑下的实习困境

"生产的实习"制度逻辑建立在企业对技术技能人才的追逐上,希望打破实习学生是"学校人而非企业人"的身份,但却走向了另一个极端——准企业人的身份。这套制度逻辑也带有鲜明的"企业单一主体"人才培训的色彩。企业"准员工"身份意味着实习学生可能成为自由劳动力,企业可以按照现有的管理制度进行管理,同时,也不用担心实习学生完成任务后离开企业所带来的利益损失。然而,这种制度逻辑指导下的实习沦为缺乏教育性的技术技能人才"培训工具",违背了高等职业教育实习的宗旨。

首先,"生产的实习"制度逻辑会导致企业参与高等职业教育实习带有明确的选择性,最突出的表现为愿意接收大三学生的顶岗实习,不愿意接收大一或大二学生的认识实习和岗位见习。这违反了实习的系统性和循序渐进性原则。

其次,由于企业规模的限制,同一个企业往往只会接收同一个专业的部分学生参与实习,同一批学生分散在不同的企业,学生实习内容存在较大的差异。学生在企业实习通常会抱怨学不到知识和技能。其实,企业生产过程中很多知识是隐性的、学生不知道的,需要有专业的师傅指导,以及学生自身的观察与反思、实践与总结。而在"生产的实习"制度逻辑下,企业创造利润的追求并不会促使企业成为教书育人的主体,学生实习过程中的学习行为也得不到充分发挥,必然会带来低质量的实习。

最后,当企业的实习要求与高职院校教学计划冲突时,企业往往会根据自身的生产任务需求向学校提出实习需要。通常这类实习岗位技术含量低、技能训练单一,甚至存在获取廉价劳动力的嫌疑。高职院校为了维持校企合作,在无奈的情况下,以牺牲学生的学习为代价换取这样的实习机会。

在以上两套制度逻辑影响下,高职院校和企业在组织实习时形成了形式主义的实施策略,即把形式和实质分离,用形式和实质来应对实习的不同方面。具体而言,高职院校层面努力有所作为却难以作为,出现实习"说起来重要、做起来次要"的现象,在形式上完成了实习环节,在实质上却没有达到实习的本质要求。例如,当前实习考核具有明显的形式主义特征,实习在人才培养方案中的"边缘"地位则是形式上完成了课程化管理的要求等。企业则在人才需求的驱动下,有选择地参与"准员工培训式"实习,看似在形式和实质上都达到了实习的本意,却以生产代替教育、工作代替学习,忽视了实习的教育属性。从高等职业教育实习质量形成机理来看,高职院校和企业针对实习各自采取的形式主义行为终将难以提升实习质量。

  基于上述分析,本研究认为,高等职业教育实习面临的困境并非单一制度逻辑的作用结果,也不是两套制度逻辑的简单叠加,而是校企双方行为主体在双重制度逻辑相互交织的关系网络中相互博弈的单独行动结果。这种单独行动偏离了实习希望通过生产的载体功能实现培养技术技能人才的教育性目标,也难以实现最终为生产提供高质量的技术技能人才的初衷。这种单独行动抛弃了实习希望通过工作而学习、在工作中学习的预期设想,使得学习活动彻底沦落为生产活动。简而言之,这种单独行动扭曲了高等职业教育实习的原价值,使其脱离了培养人的教育轨迹,也忽视了提升学生技术技能、职业素养、实现学生全面发展的育人目标,甚至落入了企业层面过于强调经济功能的员工培训。

  两套制度逻辑能更加深刻地表明制度是如何影响实习质量的,也表明校企双方在实习中的利益诉求。高等职业教育实习质量形成机理研究结果表明,高职院校和企业是实施实习分工不同的双主体,实习是双边而非单边行动,任何一方都不能单独提升实习质量,并且高职院校为实习做出的大多数努力需要通过企业的中介作用,才能发挥育人效应。在高等职业教育实习的全过程中,学校与企业应当成为互为"主客体"的需求与供给的"命运共同体",充分利用企业人才需求激发其育人资源供给,是完善"教育的实习"制度逻辑的努力方向;在产业需求导向下坚持育人目标,是变革"生产的实习"制度逻辑的重要内容。因此,走出高等职业教育实习困境需要正视校企双方主体的利益诉求,合理选取两套制度逻辑的优势,尊重教育的规律和生产的规律,将学生的发展融入经济社会发展中,促使高等职业教育实习有效地融合经济社会发展需求和学生个性发展需求。同时,通过实习使得高职院校人才供给紧随产业、行业和企业的发展需要,避免纯学校式或纯企业式的单独行动,从而引发"教育的实习"和"生产的实习"的弊端。简而言之,坚持育人为本的高等职业教育实习目标,是在与企业需求紧密相关的生产活动中实现的,需要准确地把握实习的教育与生产、学习与工作两对关系。这既是提升实习质量的根本性制度逻辑,也是优化当前影响实习质量的制度,提高已有制度的有效性来提升实习质量的指导思想。

本 章 小 结

  本章在高等职业教育实习质量形成机理实证研究结论的基础上,以新制度主义的制度三要素理论为分析框架,通过访谈和文本分析的方法,深入分析了现有实习制度是如何作用于高等职业教育实习质量形成机理的学生主动参与、学校资源投入、企业资源供给三个维度及其因素,进而影响实习质量的,主要结论如下。

  其一,规制性制度要素及其影响。在实习政策工具选择上,存在强制性政策工具使用过溢、政策工具选择缺乏考虑长远效益等问题,并作用于学生主动参与、学校资源投入和企业资源供给三个维度。高职院校层面主要存在人才培养方案和实习管理制度两种形式。一方面,人才培养方案和实习管理制度强化了学校资源投入在实习质量形成中的作用;另一方面,实习在人才培养方案中的"边缘地位",影响了学校指导教师的指导行为,在实习管理制度中的考核规则,对学生主动参与产生了影响。在企业实习管理制度上,小型企业尚未建立规范的实习管理制度,大型企业已经形成规范的实习学生管理办法和人才培训方案。这些制度的有无对企业指导师傅指导行为和对企业实习制度建设都具有影响。

其二,规范性制度要素及其影响。实习中存在"促进就业""学校本位""人才储备"三种规范。"促进就业"的实习规范以学生就业为中心,围绕学生课堂理论学习与企业实践相结合,来组织和开展实习活动,对学校资源投入和学生主动参与都具有影响。"学校本位"的实习规范表明,高职院校从未否认自身在实习过程中应当承担的责任,并且通过各种努力,希望提升实习质量。这种实习规范积极地发挥了学校资源投入的作用,然而,却难以激发企业资源供给的作用,削弱了企业协同育人的意愿和行为。"人才储备"的实习规范表明,企业参与实习已由早期的政策驱动,转向为企业内在发展需要。这种实习规范容易造成"差异实习"现象,削弱部分学生学习机会,而且企业给予的学习机会是"单环学习",对学生主动参与产生了影响。

其三,文化—认知性制度要素及其影响。"主动行为"认知图式体现在学习理念与学习方法两个方面。这种认知图式影响了指导教师的行为和意愿,从而影响了实习质量。"新员工"认知图式是企业赋予实习学生的一种身份。这种图式既造成了企业师傅指导行为具有明显的倾向性,又带来了学校指导教师忽视对学生深层次关心,进而影响了学生主动参与实习。学校指导教师和企业指导师傅都形成了建构性身份图式,前者表现为"我是学校的老师",后者表现为"我是企业的员工"。这两种身份图式各自作用于学校资源投入和企业资源供给。

综上分析,以上三种制度要素在不同程度上影响了学生主动参与、学校资源投入、企业资源供给三个维度及其因素。依据高等职业教育实习质量形成机理,这些影响会制约较高的实习质量形成,不利于提升实习质量。

这三种制度要素源自于高等职业教育实习组织域中的两套制度逻辑,即"教育的实习"和"生产的实习",这两套制度逻辑下的实习都存在不同的困境。因此,需要在统筹考虑这两套制度逻辑和已有的三种制度要素的基础上,依据高等职业教育实习质量形成机理,通过优化已有的实习制度促进较高的实习质量形成,进而提升实习质量。

第六章　高等职业教育实习质量提升的制度保障策略

　　本研究结合高等职业教育实习质量形成机理的研究结果,对影响实习质量的制度要素做出了比较完整的分析和解释。尽管分析和解释本身也是学术研究的目标之一,但是在此基础上提出保障实习质量的制度优化策略,是本研究要回答的最后一个实践问题。从制度层面促进较高的实习质量形成,切实发挥制度的有效性,首先,要尊重制度变革的路径依赖规律。路径依赖意味着历史是至关重要的,"人们过去的选择决定了他现在可能的选择"①。虽然我们希望通过制度变革能够尽快地提升高等职业教育实习质量,但是也应该清晰地认识到这在短时间内是不可能实现的。因此,如何在现有的实习制度中做得更好一些、提升现有实习制度的有效性是务实的选择。其次,在优化现有的实习制度时,需要切实关注实习利益相关者的利益诉求,促使他们的实践活动置于既定的规范框架之下。由于制度逻辑归根到底是组织域各相关方参与斗争和妥协的结果,这就要求通过制度提升高等职业教育实习质量,必须考虑组织域中的各方拥有的资源和利益诉求。综上分析,本章在准确把握和解释已有的实习制度是如何影响实习质量的基础上,结合高等职业教育实习质量形成机理研究结果,基于制度互补性理论,从规制性、规范性、文化—认知性三种制度要素入手,将借鉴国际相关经验和提炼本土实践经验相结合,提出保障高等职业教育实习质量的制度优化策略。

第一节　提升高等职业教育实习质量的互补性制度优化思路

　　高等职业教育实习中存在两套制度逻辑表明,实习的发展是制度多样化而不是制度趋同的过程。上一章分析影响高等职业教育实习质量的三种制度要素不仅为实习制度的多样性提供了解释,也为提升实习质量的互补性制度优化思路提供了基础。

一、提升实习质量的互补性制度优化的可行性

　　法国经济学家罗伯特·布瓦耶(Robert Boyer)教授研究制度结构时提出制度互补性理论。他认为,制度互补性理论是一个充满希望的研究领域,将互补性理解为一种将不同制度形式相互粘连的力量,同时,强调形式多种多样的制度互补性,②可以是两重甚至

---

① 道格拉斯·C.诺斯.经济史中的结构与变迁[M].陈郁,罗华平,等译.上海:上海三联书店,1991:1-2.
② 罗伯特·布瓦耶,耿纪东.一致性、多样性和资本主义演化:一个制度互补性假说[J].政治经济学评论,2006(2):90-116.

多重,由于不同制度接合得不紧密从而可能产生不确定性,这就要求采取不同的方法来实现互补。依据制度互补性理论观点,制度要素不是孤立和单独地发生作用,而是相互耦合与匹配,通过组合成"制度系统"而产生最大功效。[①] 在越来越重视制度多样性的过程中,制度互补性的作用将越来越被重视。互补性的存在意味着制度安排富有活力且能够以整体的形式出现,也使得单个制度不会被轻易地改变。在整体制度安排中以互补关系的形式存在来弥补单个制度的不足,需要关注一个给定制度与其他制度之间的相互作用关系,制度间的相互配合又会产生加强其中一种或几种制度效果的作用。

国内学者总结出两种类型制度互补性的形式:"一是在制度体系互相作用的过程中,不同制度安排相互促进,合力实现制度运行的秩序;二是不同制度安排相互弥补各自的缺点和不足,从而实现制度运行的秩序。"[②] 较高的互补性可以增强制度间的相互适应性,提高制度实施的效益,并能受到行动者的高度重视。因此,本研究基于这样一个基本假设,即采取互补的制度优化措施,能够促进较高的实习质量形成,进而提升实习质量。正如斯科特所说,制度的每一种基础要素都非常重要,"在大多数制度形式中,并非是某一单独的制度要素在起作用,而是三大要素之间的不同组合在起作用。这些制度要素结合在一起,所产生的力量是十分惊人的。"[③]

在第五章中,本研究基于斯科特的制度三要素理论框架,分析了影响高等职业教育实习质量的各种制度要素的内容。这对设计提升高等职业教育实习质量的互补性制度优化思路极具基础价值。首先,三种制度要素在实习中都存在,并且展示了这些制度究竟是如何联系在一起的、如何起作用的及能否实现互补。其次,采用制度要素而非制度作为分析单元,符合高等职业教育实习的复杂性。高等职业教育实习具有明显的跨界特征,涉及教育和产业等不同领域的制度,采取柔性的制度要素而非刚性的制度对其分析,更具可行性。最后,制度的规制性、规范性、文化—认知性三要素既包括有意识的要素和合法实施的要素,又包括无意识的要素和被视为理所当然的要素。这种制度框架更具弹性和包容性,从而避免采用过于简单的制度分析方式难以深入解析制度间的互补关系。

二、提升实习质量的互补性制度优化设计框架

在制度互补性理论启发下,本研究依据实习质量形成机理理论模型和影响实习质量的制度要素分析研究结果,设计提升高等职业教育实习质量的互补性制度优化框架,如图 6-1 所示。

(一)实习的互补性制度优化策略内容

利用规制性制度要素的强制性和权威性特征,通过法律法规等制度形态,一是强化高职院校实习组织管理力度,使其切实承担实习的发起者和主要设计者的职责;二是确

[①] Milgrom P,Roberts J. Complementarities and Systems:Understanding Japanese Economic Organization[J]. Estudios Económicos,1994,9(1):3-42.

[②] 王星.从"分配政治"到"生产政治"——转型过程中的单位政治研究[D].长春:吉林大学,2008:123.

[③] W.理查德·斯科特.制度与组织:思想观念与物质利益[M].姚伟,王黎芳,译.北京:中国人民大学出版社,2010:70-71.

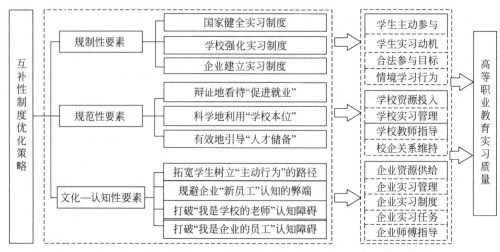

图 6-1　提升高等职业教育实习质量的互补性制度优化设计框架

定企业参与实习的权益和义务,履行实习的推进者和合作设计者的责任;三是完善学生实习考核制度,激励学生成为参与高等职业教育实习的主动体验者。借助规范性制度要素的规范性特征,规范高等职业教育实习中相关各方的价值观念和行为目标,促进实习利益相关者遵守实习的规范、承担实习的义务和责任。完善文化—认知性制度要素,在高职院校和实习企业形成能够被广泛接受的实习文化,鼓励各利益相关者形成推进实习发展的认知图式。

(二) 实习的互补性制度目标指向

依据利益相关者理论,管理者应给予高等职业教育实习的确定型利益相关者最高的关注度,最优先明确和回应这类群体的要求。本研究以高等职业教育实习质量形成机理理论模型中的三个维度,即学生主动参与、学校资源投入、企业资源供给,作为实习互补性制度优化的目标指向,希望在三种制度要素的作用下,最大限度地发挥这三个维度及其因素的正向作用,进而促进较高的实习质量形成。

综上而言,本研究将基于高等职业教育实习质量的互补性制度优化设计框架,详细论述如何从规制性制度、规范性制度、文化—认知性制度三种制度要素,优化现有的实习制度来提升实习质量。

第二节　提升高等职业教育实习质量的规制性制度优化策略

规制性制度要素是对可以做或不可以做的行为进行明确规定,通过规则、奖惩等手段影响实习参与主体的行为。在我国现行职业教育体制机制下,统筹发挥好政府推动和市场引导的作用,是深化高等职业教育实习发展的基本原则。基于前文分析规制性制度要素对实习质量的影响,充分考虑政府、高职院校和企业在实习组织域中拥有的资源和利益诉求,在已有的实习规制性制度层面,需要进行有效的改革和完善,进一步发挥规制性制度的强制与激励功能。

一、倡导国家层面健全高等职业教育实习制度

(一) 提升实习政策工具多元性与适切性

随着政府转变职能、高等院校内部管理转向治理,治理范式也从一元工具向多元工具发展,强制性政策工具已经不再是推动教育政策执行的唯一手段。在反思高等职业教育实习的经验与困境的同时,遵循职业教育规律,积极主动地丰富实习政策"工具箱",提升实习政策工具的多元性与适切性,是从规制性制度层面优化实习制度的重要策略。职业教育与区域经济发展、市场人才需求、促进就业、个体成长的紧密联系是其区别于其他类型教育的基本规律。实习也需要妥善处理组织层面的教育与生产的关系、个体层面的学习与工作的关系。因此,实习政策工具以进一步发挥市场在高等职业教育资源配置中的基础性作用,培育并发挥非营利社区组织的作用等都应得到重视。因为"在实现一个复杂子系统的过程中,涉及为数众多、相互矛盾的群体时,实行市场工具的政策比较有利,这种政策可以很好地处理多方行动主体和多方利益的关系"[①]。相对于其他类型教育政策,高等职业教育实习政策子系统是一个复杂系统,且带有明显的学校育人和企业生产的矛盾。已有理论表明,当政府的愿望和民众的偏好一致时,补贴工具就很容易构建,因为人们希望采取某些认为可取的行动,但出于某种原因没有付诸实施,此时补贴就可以很有效地解决问题[②]。在产业转型升级、生产技术革新的新背景下,企业对技术技能人才储备的需求迫使其参与高等职业教育。这为高等职业教育采用实习政策补贴工具提供了实践基础。

在补贴工具尝试上,英国政府实施的"雇主学徒制津贴(apprenticeship grant for employers, AGE)"项目有效地解决了企业雇主参与学徒制吸引力不足的问题。政府发布"雇主学徒制津贴"计划和资金支持,经过技能资助机构(skills funding agency, SFA)批准的培训机构可以向国家学徒制服务中心(national apprenticeship service, NAS)提交拨款申请[③]。英国政府的这一举措为雇主加入学徒制发出了一个明确的激励信号。虽然我国职业教育现行的一些政策文件也意识到补贴、鼓励的重要性,但往往描述得过于笼统。例如,2006年中共中央办公厅、国务院办公厅颁发的《关于进一步加强高技能人才工作的意见》(中办发〔2006〕15号)规定,对积极开展校企合作承担实习见习任务、培训成效显著的企业,由当地政府给予适当奖励,但对奖励的具体措施并没有明确的指示,从而降低了政策的执行力度。在《国务院办公厅关于深化产教融合的若干意见》(国办发〔2017〕95号)中,则有了进一步明确的指示,如"通过探索购买服务、落实税收政策等方式,鼓励企业直接接收学生实习实训"。因此,我国应当批判地吸收英国政府实施的"雇主学徒制津贴"经验,严格执行已有政策,积极引导和监督企业参与实习的行为,科学地评价企业参与的成果。同时,依据评价结果,对企业执行税收减免、津贴发放、银行贷款等,保证各

---

① 迈克尔·豪利特,M. 拉米什. 公共政策研究:政策循环与政策子系统[M]. 庞诗,等译. 北京:生活·读书·新知三联书店,2006:282.

② Barry Mitnick. The Political Economy of Regulation: Creating, Designing, and Removing Regulatory Forms[M]. New York: Columbia University Press, 1980: 350-353.

③ 王怡然,李爱燕. 雇主学徒制津贴:英国吸引企业参与学徒制的新举措[J]. 职业技术教育,2015(22):66-71.

种财政补贴政策能公平、公正地落实。此外,家庭与社区等自愿性工具作为其他工具的补充和调节,也是重要选择。例如,充分利用校友资源、学生家长资源,提供实习的机会和服务。

(二)扩大高等职业教育实习考核的政策供给

实习考核政策是高等职业教育实习政策供给的薄弱环节,也制约了较高的实习质量形成。政策供给不足进一步造成了高职院校和企业在具体实施实习考核时采取形式主义行为,考核并没有发挥激励和督促学生实习行为的作用。面对当前实习考核政策供给现状及考核实践存在的问题,首先,国家层面要设计高等职业教育实习考试制度。德国《联邦职业教育法》规定,学徒工培训期间需要进行两次国家考试,考试合格后获得毕业证书。[①] 这对我国高等职业教育实习建立考核制度具有借鉴意义。例如,建立实习结束考试制度,由高职院校组织,吸收行业企业、学校专业教师,在企业实习现场进行技术技能操作考核,考核结果与学生毕业及企业入职、薪酬密切相关。

其次,在《职业教育法》修订和后续政策制订中,进一步明确企业参与职业教育的权利和义务,通过权威性法律保障高等职业教育实习考试制度的实践效益。同时,借助税收优惠、生产补贴、消费补贴、政府贷款、社会声誉等政策工具,扩大企业参与实习考核的行为,建立企业与学校双元主体、师傅与教师双元教学的实习双元育人评价制度。

最后,构建阶梯化的实习体系,为学生提供不断向上发展的通道。例如,将学生实习目标分解为初级、中级、高级三大层级,在教育行政部门的协调下,高职院校联合合作企业和行业协会,制订"高等职业教育实习考试制度实施细则",明确每个层级的考试内容、考试形式、评价标准,尤其要制订考试结果与学生毕业、入职标准、入职薪酬的详细方案,具体落实企业、学校双元管理与评价的双元育人制度,从而激发学生主动参与实习,促进较高的实习质量形成。

(三)完善高等职业教育实习法律法规的建设

国家层面健全制度的顶层设计、院校层面强化制度的执行力度、企业层面加大参与力度等制度措施是高等职业教育实习有效运行的重要基点,可以使实习质量提升更具可操作性。然而,为了更加有效地规范高等职业教育实习组织实施过程,除了严格执行以上制度之外,还应该重视法律法规在实习中的作用。

从国际上职业教育发达国家的经验来看,德国周密而完备的职业教育立法是其职业教育稳步发展的保障。自第二次世界大战以后,德国先后颁布了10多项有关职业教育的立法。例如,《联邦职业教育法》以法律的形式规定"双元制"职业教育制度,该法既是德国职业教育最重要的法律,也堪称西方国家中最严密、最详细的职业教育法规;《职业教育促进法》保障了职业教育的质和量稳定而持续的发展;《企业基本法》主要涉及企业在职业教育中应有的权利和义务;《实训教师资格条例》则明确而详细地规定了企业学徒培训师资的要求等。[②] 这套法律体系对德国"双元制"职业教育的人才培养目标、专业设

[①] 石伟平,匡瑛.比较职业教育[M].北京:高等教育出版社,2012:42.
[②] 吴雪萍.国际职业技术教育研究[M].杭州:浙江大学出版社,2004:110-112.

置、教学活动、教师资格、考核办法等都有具体的要求,实现职业教育的各个方面都有法律依据,保障了德国职业教育蓬勃有序、相对均衡地发展。

纵观我国职业教育的相关法律法规,在《教育法》中指导性地提出"国家实行职业教育制度和继续教育制度";在《高等教育法》中规定性地要求"专科教育应当使学生掌握本专业必备的基础理论、专门知识,具有从事本专业实际工作的基本技能和初步能力";在《职业教育法》中则细致地规范了职业教育的体系、实施措施、保障条件等。然而,关于实习的相关内容仅仅散见于《职业教育法》的条款中,并且仅有的这些关于实习的法律法规条款也表现出明显的滞后性。这既脱离了当前国家倡导大力发展现代职业教育的现实,也回避了目前实习面临的一些实际问题。例如,要求职业教育机构加强生产实习基地的建设、企事业单位接纳学生和教师实习、适当给予上岗实习的学生劳动报酬等。从仅有的关于实习的法律条款来看,这些内容并不足以确保实习的规范性和教育性。这在很大程度上不利于较高的实习质量形成。基于此,在未来我国职业教育质量提升过程中需要进一步推进关于实习的法律法规建设,例如,在《职业教育法》框架下,制定《实习工伤条例》《实习保险法》《实习指导教师资格条例》等,进一步明确高等职业教育实习质量保障体系中的相关各方的义务与权利、目标与职责等。这也是整个职业教育质量保障活动规范化运行至关重要的一环。

二、督促高职院校完善高等职业教育实习制度

(一)建立"互联网+"实习制度

"互联网+"作为一项国家战略,正在成为我国经济社会创新发展的重要驱动力量。国务院印发的《国务院关于积极推进"互联网+"行动的指导意见》(国发〔2015〕40号)可视为官方对"互联网+"权威性的解释,即"把互联网的创新成果与经济社会各领域深度融合,推动技术进步、效率提升和组织变革,提升实体经济创新力和生产力,形成更广泛的以互联网为基础设施和创新要素的经济社会发展新形态"[1]。欧盟在《新的教育反思策略》(New Rethinking Education Strategy)中提出,"构建世界一流的职业教育和培训系统,提高以工作实践为基础的学习水平,充分利用互联网技术,扩大开放教育资源。"[2]

在全球范围内,互联网技术向经济社会全面渗透的同时,也正在深刻地改变着高等职业教育的面貌,推动高等职业教育向网络化和数字化等方向发展。"互联网+"对"教育资源、教育机构、学习模式和教学模式等教育要素带来了深刻影响,并改变了教育理念"[3]。鉴于此,本研究提倡建立"互联网+实习"制度,即以实习内容设计为核心,集成整合高职院校、企业优质教育资源,构建高等职业教育实习资源的网络超市,为学生提供多类型、多层次的公共实习服务,具体包括以学生需求为导向、以学生体验为核心的"互联网+实习体验"的虚拟实习平台;以有效促进实习管理和监控,打造出以"智慧实习"为目

---

[1] 国务院.国务院关于积极推进"互联网+"行动的指导意见[EB/OL].(2015-07-04)[2017-12-15]. http://www.gov.cn/zhengce/content/2015-07/04/content_10002.htm.
[2] European Commission. Commission Presents New Rethinking Education Strategy[EB/OL].(2012-11-20)[2017-12-28]. http://europa.eu/rapid/press-release_IP-12-1233_en.htm.
[3] 张岩."互联网+教育"理念及模式探析[J].中国高教研究,2016(2):70-73.

标的"互联网＋实习管理"的智慧实习平台。

1. 虚拟实习

虚拟实习可以帮助学生解决实习的空间距离、危险操作、特殊技能训练等问题。虚拟实习通过在暂时的工作岗位上，实习学生不一定需要像日常生产活动中的普通员工一样亲临现场，可以通过网络平台，通过既定的程序设计，参与日常的生产活动和各种商业活动等。传统实习指导方针依然适用于虚拟实习，例如，实习学生应该如何运用技术工具、获得管理者或技术人员支持。由于虚拟实习的过程几乎都是借助计算机完成的，而不是学生与他人面对面，实习学生与工作团队联系较少，情感依附也更少，这可能影响到在实习中的社会支持程度和与他人的联系[①]。此外，虚拟实习要求较强的独立工作意愿，实习学生需要积极主动地获得支持，并能够制订自己的实习计划，以便完成实习任务。这也意味着在虚拟实习的过程中，实习学生需要精通技术，表现出很强的自律能力，并能够自我激励。因此，虚拟实习对学生的综合能力提出了更高的要求，并不是所有的学生都适合虚拟实习。

2. 智慧实习

"互联网＋实习"以基于互联网的智慧平台为基础，从实习岗位信息发布、学生实习岗位选择、实习过程中实现个体和集体层面的学习、实习反馈及实习评价5个层面促进互联网与高等职业教育实习的全面而深度融合。目前，浙江省已有高职院校开始尝试"互联网＋实习"，本研究在已有实践基础上，设计智慧实习模式，如图6-2所示。

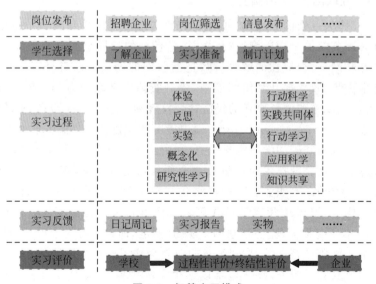

图 6-2　智慧实习模式

智慧实习能够实现实习动态感知、智能资源发送、实习过程监控、实习结果评价等，为优化高等职业教育实习过程管理提供有力的支持。在实习动态感知上，一方面，学生

---

① Debora J,Carolyn A. E-Internships: Prevalence,Characteristics and Role of Student Perspectives[J]. Internet Research,2014,24(4): 457-473.

可以及时获得实习岗位信息,在进入实习现场之前对企业形成客观的认识,从而激发自身主动参与的意愿;另一方面,学校教师和企业师傅可以获取学生实习状态,易于了解和分析实习动态信息,从而做出有效的干预和调整,推进实习活动有序开展。在智能资源发送上,智慧实习平台整合丰富的企业学习资源,借助智能终端,学生可以实现与实习资源无缝衔接,提升学生实习的创造性和灵活性。在实习过程监控上,智慧实习希望实现智能终端、优质实习资源和实习支持服务平台有效整合,促进学生自身,以及与团队成员之间的多向深度互动,完成在个体和集体两个层面的学习。在实习结果评价上,智慧实习整合大数据分析技术,能实现实习过程性评价和终结性评价,并有针对性地对学生实习总体情况提出建议。

为了充分利用智慧实习平台有效地汇总、发布、收集及查阅各参与主体信息的功能,消除因距离而产生的交流障碍,使得实习管理更加便捷和及时,基于互联网的智慧实习平台需要完善的内部结构和严格的外在规范作为保障,并形成长期而稳定建制的组织。

(二)完善"交替—递进式"实习制度

职业教育实习包括认识实习、跟岗实习和顶岗实习三种形式。三种形式逐步递进、学习难度依次增加,先后经历观摩与体验、认识与辅助工作、独立工作与参与生产等环节。由此可见,职业教育实习是一项"交替—递进式"学习活动。通过学校理论学习与企业实践的不断交替,实现实习难度的循环上升。从当前实践现状来看,大多数高职院校虽然都意识到要开展以上三种形式的实习,但很难真正地落实"交替—递进式"实习制度。学校往往在学生学习的第六学期开展集中实习,这虽然在时间上达到了硬性要求,但学生却并没有经历过工学交替的学习。当学生在实践中遇到问题的时候,也没有机会在课堂上获得理论解答的机会。

施奈德于1906年在辛辛那提大学将学生分为在学校学习和到工厂工作两组,并且每星期将两组轮换一次。这种模式是"合作教育的经典模式,也称工学交替模式"[①]。该模式实现了学习与工作交替进行。学生在工作实践中发现自己所从事的工作不仅是技术问题,还包括社会和伦理等问题,这会促进他们返回学校学习更加完整的知识结构,接受更加全面的知识、技能与素质训练。此外,学生在学习和工作交替过程中能够掌握多种求知的方法,提高自身解决问题的能力、创造能力和设计能力。

合作教育的工学交替经验有助于破解当前高职院校集中实习现象的弊端。鼓励高职院校结合自身办学实践,完善以学校理论学习为起点和终点,中间穿插2~3次企业工作实践的"交替—递进式"实习制度。这种实习制度旨在促进学生在工作中感受到已经学习的内容不够用,甚至用不上,要用的知识与技能没学过,并将工作实践中的这些问题带回学校,反馈给教师,从而促进自身更加有目的地学习。

(三)落实实习的课程化管理制度

如前文所述,本研究调查的所有高职院校都将实习明确地列入专业人才培养方案,在形式上完成了课程化管理的要求,然而,尚未对其实施课程化管理或课程化管理意识

---

① 陈解放.合作教育的理论及其在中国的实践[D].上海:华东师范大学,2002:49.

薄弱,以至于实习在人才培养方案中处于"边缘"地位。高职院校对实习的重视程度远不如课堂教学,甚至不如校内实训。这种"形式上重视、行动上轻视"的现状带来学生实习的任务不明确、教师指导和实习结果评价缺失等问题。因此,本研究建议高职院校严格执行实习的课程化管理制度,赋予高等职业教育实习真正意义上的课程地位。

落实实习的课程化管理制度要求高职院校和企业参考教育部公布的《职业学校专业(类)顶岗实习标准》,共同制订实习目标、设计实习任务、制订实习实施策略、深化实习考核。首先,实习目标与一般的课程目标不同,应当体现实习场所和工作情境的特征,实习目标还要侧重于促进学生专业技能、职业素养和个人成长三个方面的发展。其次,实习任务基于企业的岗位工作任务的同时,还要兼顾学生已有的知识与技能基础,合理地融入企业的典型工作任务。再次,校企共同制订实习实施策略,内容包括实习岗位的选择、指导教师的选派、实习过程管理等。最后,严格执行高等职业教育实习结果评价。评价是实习课程化管理的重要环节,需要企业、高职院校等多方共同参与,既要与国家层面的考核政策实现衔接,又要体现专业和企业类型等方面的差异,从而改变当前实习评价的形式主义。

三、引导优质企业建立高等职业教育实习制度

针对当前小型企业尚未建立实习管理制度、大型企业建立了实习管理办法的现状,本研究提倡发挥大型企业的引领作用,鼓励优质企业遵循职业教育规律,建立促进学生工作场所学习的实习制度、实习联盟制度和创新型实习制度来提升实习质量。

(一)协助企业建立促进学生工作场所学习的实习制度

本研究在前文中提出,实习是希望以生产为载体,达到教育的目标。具体到学生个体层面,实习需要实现学生通过工作而学习、在工作中学习的目标。此外,本研究还详细地论述了实习过程包含理论与实践相结合的学习模式、显性和隐性相互转化的两种知识类型、个人和集体不断融合的两类学习主体等三个动态的维度,十项具体的学习类型。这些有助于实习组织者建立促进学生工作场所学习的实习制度,改变当前以新员工培训为主要特征的企业实习制度现状,进而保障对实习质量的监控。

由于实习发生在企业生产现场,企业对实习活动的组织与管理更加直接、有效。然而,企业的主要社会责任是生产而不是承担具体的教育活动,在生产的压力和追逐利益的驱动下,企业往往不会主动且有能力地建立促进学生工作场所学习的实习制度。"生产的实习"制度逻辑充分表明了这一点。因此,需要高职院校充分发挥实习的发起者和主要设计者的作用,协助企业围绕实习的内涵和核心要素,建立促进学生在实习过程中学习的实习制度,具体内容如下:其一,建立实习投入制度条例,规范学生实习任务,通过制度保障学生的实习任务具有技术技能多样性、工作任务重要性和完整性等,避免学生的实习任务单一性、重复性;其二,优化企业师傅指导制度,明确师傅的权益和责任,确保学生实习过程顺畅;其三,遵循实习的质量特性,建立面向学生专业技能、职业素养、个人成长等全面发展的实习评价制度,激励学生积极地参与实习;其四,优化学生实习管理办法,保障学生拥有良好的实习环境,如工作时间规范性、薪酬合理性、安全保障可靠性等。

(二) 鼓励优质企业建立实习联盟制度

本研究在第二章中提出,高职院校和企业并不是简单的供需关系,而是互为供方和需方的,这种互为主客体的关系赋予了企业办学主体的地位。正如有研究者呼吁,"给予有资格的企业以教育机构的地位"[①],以提高企业参与职业教育实习的积极性。本研究提倡鼓励有条件的企业建立实习联盟制度,供给企业用于生产富余的资本与设备、知识与技术、设施与管理等要素参与高等职业教育实习,促进人力资源开发。

企业建立实习联盟制度是指以行业内的一家或多家优质企业为主体,吸引产业链上下游不同规模、类型的企业共同参与职业教育实习活动,培养适应企业联盟发展需要的职业人才。目前,国内已有企业进行了努力探索,并取得较好的效果。例如,华为信息与网络技术学院(简称:华为 ICT 学院)采用"1＋1＋1＋N"的合作新模式,即把华为、高等院校、教育合作伙伴和华为产业链上 N 家企业联结在一起,共同构建 ICT 认证体系和人才生态链,把 ICT 人才有效输送给人力资源短缺的合作伙伴,推动人才向产业的多个细分领域延伸。这一做法不仅解决了华为产业链上的企业、华为的经销商人才招聘的难题,缓解了人力资源短缺的困境,更重要的是以华为为主体的企业联盟通过组织学生实习、培训,为华为产业链上的企业精准地甄选出一大批优质的 ICT 人才,促进了高等院校人才培养与产业界的有效衔接。

基于华为 ICT 学院的经验,鼓励有条件的企业建立实习联盟共同开展实习活动:一是联盟内的企业能在高职院校内精准地找到人才,填补岗位缺口;二是学生能够精准地找到就业机会,快速与用人单位的需求进行对接;三是能够促进产业中人才的可持续流动。具体措施如下:其一,高职院校和企业联盟合作共建实习项目;其二,将部分重要的专业基础课与企业联盟实习内容紧密结合;其三,实习考核合格的学生在企业联盟中高薪就业。

(三) 引导企业建立创新型实习制度

新的生产方式呼唤创新型实习,以满足学生创新能力的发展。这种类型的实习任务往往是企业在生产过程中需要解决的技术问题,并能够成为实习学生的研究课题,也可以是学生在实习过程中,教师、学生、企业技术人员共同设计的研究性学习任务。作为培养学生创新能力的创新型实习,以发现、解决问题为主要训练内容,鼓励高职院校联合企业,根据企业技术需求设定项目或课题,以专业领域的基础知识和技能为基础,将创新元素贯穿于开发新技术、新产品的计划、设计、加工到评价等一连串过程中,让学生在实习中体验研究性学习,促使原来的以生产、简单技能训练为主体的"生产"实习向为了掌握进行新的产品创造或技术革新的方法、理念等转变。

创新型实习以二三年级学生为主,将同一个专业的不同年级学生组成实习小组,在专业教师和企业技术师傅指导下进行技术开发、制造产品,其具体目标为:掌握创意方法、理解知识产权制度和掌握专利检索方法、学习创造性问题解决方法、理解设计方法、机械加工与组装、学习撰写专利申请书的方法等。当然,并不是要求所有实习学生都必

---

① 姜大源.完善职业教育和培训体系:现状、愿景与当务[J].中国职业技术教育,2017(34):25-34.

须达到以上所有的目标,有的目标是大家都必须达到的,有的则可以根据自己的特长来进行选择,实现目标因人而异,最终要求掌握适合自己个性的知识、技术、技能。

引导企业建立创新型实习制度,具体措施包括两个方面:其一,面向所有学生在传统的实习项目中,鼓励渗入创新要素,并通过制度予以保障;其二,面向少数学生设置创新型实习项目,通过制度保障其规范化、常态化,例如,以企业真实研发项目为载体的研究性学习、直接参与企业技术研发工作等。

第三节 提升高等职业教育实习质量的规范性制度优化策略

社会规范通过社会公众所认可的价值观念和行为准则,对行为者的行为产生约束性的期待。当行为者在面对具有道德合法性的规范性制度时,往往基于社会责任而遵照期待规范自我行为。任何教育变革都需要得到主流的价值观和社会规范的认同,否则会容易遭遇种种阻力,最后难以执行或遭受变通执行,因此,要注重社会规范在教育变革中的作用。同时,我们也应该认识到任何规范都具有社会建构性,并非自然生成,而是产生和形成于一定的历史条件和社会基础。这也意味着社会规范是可以变迁的,如在公共政策领域对于社会规范进行构架是政策推动者必须掌握的重要技巧,合理地引导和管理社会规范有利于促进新政策的实施。[①]虽然"促进就业""学校本位""人才储备"的规范在一定程度上促进了高等职业教育实习的发展,但与实习的内在要求还存在一定的冲突。因此,提升高等职业教育实习质量还需要在规范性制度层面,有效地利用和引导原有规范的道德基础。

一、辩证地看待"促进就业"这项社会规范

所谓"辩证地",也就是说以变化发展的视角认识高等职业教育实习的"促进就业"这项社会规范,要求以动态发展的眼光来观察和分析实习与就业的具体关系。当许多教师都把帮助学生顺利就业视为自己的一项基本社会责任时,他们就会对实习中那些一切以就业为中心的做法持包容和理解的态度。这固然能够促进高等职业教育实习的顺利推进,但却不利于学生的长久发展。教师之所以觉得自己应该努力帮助学生获得工作,源自他们认为只有这样才是对学生的前途负责。为学生前途负责无疑是正确的,它符合职业教育"促进就业"的基本要求。然而,学生的前途并不是简单地等同于获得一份工作,即使学生毕业后获得了工作也并不等于将来就有前途。实际上,高等职业教育实习的许多出发点就是学生的发展前途,例如,促进学生融入社会、追求人人出彩等。只是我们还没有把这些"故事"说好,缺乏足够的吸引力。

辩证地看待"促进就业"的高等职业教育实习规范,既要体现实习促进个体就业的外部价值,也要体现促进个体全面发展的内部价值。因为高等职业教育不仅是为了满足经济界的人才需求,把人作为经济工具对待,它的使命更在于促进每个人的潜力得到充分发展,达到人人出彩。在具体目标上,融合高等职业教育实习促进学生就业能力发展的

---

① 柯政.理解困境:课程改革实施行为的新制度主义分析[M].北京:教育科学出版社,2011:176-177.

功利性和促进学生个体发展的公益性双重目标,不仅在学习空间上实现跨界,更要在关注经济发展和关注人的发展两个方面实现跨界。在具体内容上,学校指导教师在实习准备阶段,需要帮助学生制订清晰的实习目标,而并非笼统地以"促进就业"为终极目标,从而导致学生在实习中忽视自我意义的建构,如职业的自我认知、社会的责任意识等。

二、科学地利用"学校本位"这项社会规范

如前文所述,"学校本位"的高等职业教育实习规范是一种实习管理理念,隐含着高职院校在实习环节应当承担的基本责任。高职院校可以利用校友资源、家长资源和服务企业的科研资源,更好地履行"学校本位"这项社会规范。

(一)形成校友资源反哺实习的规范性制度

校友资源是指"校友自身作为人才资源的价值,以及校友所拥有的财力、物力、信息、文化和社会影响力等资源的总和"[①]。校友资源包括育人资源,指校友拥有丰富的社会实践经验、社会阅历、创业历程和人生体验,他们的成就对在校大学生具有很强的影响力,对在校学生的成长和工作等都具有启迪意义;信息资源,校友通常分布在各个行业,构成了庞大的信息网,熟悉专业领域内最先进的技术及生产概况等信息,这些信息对学校的决策和发展具有重要影响;物资资源,校友本人或校友通过做工作使其他的单位或个人以资金或技术等要素回报母校,促进学校建设和发展的重要物质资源。

形成校友资源反哺实习的规范性制度,需要充分利用校友的三种资源。高职院校校友大多任职于行业企业一线,从共享企业资源、合作育人的角度来看,高职院校校友具有与企业紧密联系的优势,是破解校内实践教学条件落后于企业生产实际等问题的促进者。一方面,大多数校友从事的工作与学校办学专业相近,且在各自的行业企业拥有一定的管理资源;另一方面,一部分校友甚至成为企业的管理者或所有者,由于他们对母校的感情,促使他们愿意为母校提供实习岗位。

目前,以校友工作为重要纽带,积极探索与校友企业共享资源、合作育人的方法已被大多数高职院校所重视。例如,浙江省某高职院校依托各地的校友分会,建立产学合作工作站,在浙江省内各主要产业集群城市建设了若干产学合作区域工作站,聘请当地校友企业家担任站长,构建以校友企业家群为主要骨干的产学合作工作站制度,实现企业用工和学生实习的双赢,既满足学生通过实习来提高实践技能的需要,又满足校友企业通过学生实习,从中挑选合适的人才,解决企业人才需求的问题[②]。综上所述,形成校友资源反哺实习的规范性制度是提升高等职业教育实习质量的重要举措之一。

(二)建立家校合作的规范性制度

家校合作是指高职院校和家庭两个社会结构对学生实习形成合力,使双方在各自的范围内都能得到对方的支持和帮助。从当前来看,家庭并没有积极地参与到高等职业教育实习中,一方面表现为家长虽然参与实习,但往往以旁观者的角色参与,没有充分发挥

[①] 谢晓青.高校校友资源开发与运用研究[J].高教探索,2010(2):27-30.
[②] 黄道平,项建斌.对高职院校做好校友工作的思考[J].教育与职业,2010(32):35-36.

作用;另一方面实习多由高职院校主导,家长往往难以参与其中,在正常情况下,学生实习时家长会收到《告家长书》,当遇到意外事件等非正常情况时,家长才被邀请参与危机事件处理。以上两个方面都不能提升实习质量。其原因既有家长缺乏参与高等职业教育的意识,如有的家长甚至认为孩子终于进了大学,对孩子的教育可以放松了,也有我国职业教育长期以来与家庭合作机制的缺失有关。这些都在一定程度上阻碍了家校合作的运行。

美国职业教育领域的家校合作经验对我国建立家校合作制度具有重要启发。美国技术学院预科高中(Pathways in Technology Early College High School)主要面向STEM产业领域培养初级或中级职业技能人才,"在人才培养过程中,通过建立家长联络站(parent-liaison)等,促进家长参与学校治理及人才培养过程,鼓励家长支持和指导学生选择适合自身及家庭需要的职业发展道路,帮助学生确定学习进程。"[①]这一举措既促进了家长学习、体验技术学院预科高中的人才培养过程,又充分发挥了家长给予学校发展的最大帮助,对我国高等职业教育实习建立家校合作制度具有重要启示。

基于此,本研究建议我国高职院校尝试建立家校合作的规范性制度,在理念上,让家长成为高等职业教育实习管理者的伙伴,鼓励家长积极参与实习活动,获得家长对实习的认同感、支持;在组织上,设立专门的组织对家校合作进行总体上的规划,如家长委员会等组织,并形成明确的家校合作宗旨和实质性内容,协调家长与教师、家长与学校、家长与企业的沟通,对子女的实习情况有了解和发言权;在过程上,有组织地开展合作活动,在传统书信、电话、家长会等渠道的基础上,充分利用网络资源的优势,通过各种不同方式与家长保持联系,引导家长协助学校监控学生的实习过程。

(三)完善以科研服务企业的规范性制度

"学校本位"的实习规范对企业没有约束力,高职院校也不能较好地发挥对行业企业的服务能力。前者不足以保障企业参与实习,后者不能吸引企业参与实习,而服务企业的科研却是高职院校自身可以做好的工作,并以此能够获取企业供给实习资源。

产学研结合是职业教育办学的重要经验之一。高职院校的"研"包含两层含义:"一是立足为区域经济社会服务,满足区域产业的技术革新、技术升级需求;二是立足为区域行业企业服务,通过开展应用研究,引领区域行业企业的技术发展。"[②]然而,相对薄弱的高职院校科研能力并不能较好地服务于行业企业技术技能转型升级的需求。究其原因有两方面:"其一,真正能教授学生理论知识、指导学生实训、参与企业新技术和新产品研发的教师很少;其二,高职院校教学设备落后于企业生产设备,难以吸引企业合作。"[③]这会造成企业对高职院校依赖性较小,有实力的企业即使需要校企合作,往往也会选择国内知名研究型大学,即便与高职院校合作,合作的内容和深度也非常有限。

---

① 祝成林,和震.美国技术学院预科高中人才培养模式及其对我国中高职衔接的启示[J].外国教育研究,2017(3):117-128.
② 丁金昌.基于"三性"的高等职业教育可持续发展研究与实践[J].高等教育研究,2010(6):72-77.
③ 祝成林,柳小芳.产教融合背景下高职教育培养技术技能人才的困境与路径[J].职业技术教育,2015(34):41-45.

目前,我国高职院校越来越重视科研。例如,江苏某高职院校密切关注企业对人才和技术的迫切需求,提出企业出题、学院接题解题,通过"导师制+项目化"定制培养,让一些学生参与教师科研团队、参与技术服务,促进科研反哺教学[1];浙江某高职院校鼓励教师跨专业组建科研平台,通过给予科研平台场地和经费的支持,引导教师与企业合作开展科研,并对科研成果给予奖励。

基于已有的实践基础,完善以科研服务企业的规范性制度措施包括:其一,政府层面出台引导高职院校教师服务企业的科研制度,鼓励高职院校教师积极参与科研;其二,高职院校和企业层面制订促进高职院校教师开展服务企业科研的规范性制度,规范教师科研的价值观念和行为目标,以及追求行为目标的合法方法或手段;其三,高职院校营造教师开展科研服务企业的文化氛围,"鼓励教师形成科研被广泛接受或视其为理所当然的意识,增进高职院校教师科研的动机和意愿"[2],同时,给予教师的科研成果相应的奖励。

三、有效地引导"人才储备"这项社会规范

"人才储备"的实习规范有利于增强企业参与实习的动机,扩大企业资源供给,"有效地引导"就是要适当加强这项社会规范的作用,但不能对它产生依赖,更不能过于依靠这项社会规范来推动高等职业教育实习的深入发展。

首先,这项社会规范指引下的实习容易陷入一味迎合企业需求的极端,而不利于高等职业教育培养全面发展的人的最终目标。从高等职业教育深层逻辑来说,其具有两个规定性,即高等职业教育的逻辑起点在"职业",逻辑重点在"高等教育"。教育就是通过一系列的手段将某种本来潜在于个体身体和心灵内部的东西引发出来。教育是一种促使个体无限地接近于自由状态的活动。因此,高等职业教育实习的"教育性"就是通过系统化制度性的安排,促进个体知识与技能的增长,具备从事某项职业的技术技能和从业意愿。

其次,"人才储备"的实习规范通常是围绕着企业的主流价值观,并不能代表学校等教育机构的价值追求。由于我国的职业教育依然是学校主导的发展形态,所以从战略上来说,我们应该通过教育的价值诉求来影响企业的社会规范,而不能本末倒置。此外,企业的价值追求随着市场的变化而变化,如果过于依赖企业的某项社会规范,那么当某个时候企业的"人才储备"社会规范消失时,高等职业教育实习将会陷入被动状态。

企业人才储备通过人才招聘、培训和岗位培养,"使人才数量和结构能够满足企业组织扩张的要求,服务企业的发展愿景,其目的是获得合适的储备人才,在合适的岗位上为企业创造效益。"[3]然而,企业在人才储备过程中存在的风险问题,并不一定能达到企业的预期目标。因此,有效地引导"人才储备"的企业参与实习规范,着重要鼓励企业为实习学生营造积极向上的企业文化氛围、宽松和谐的工作环境和良好的人际关系,合理地监

---

[1] 翟帆.高职院校,科研短板补起来[N].中国教育报,2017-11-28(9).
[2] 张宝臣,祝成林.高职院校教师企业实践中的知识共享研究[J].中国高教研究,2017(5):98-101.
[3] 李恩平,仝汶灵.企业人才储备风险及其控制机制探讨[J].山西农业大学学报(社会科学版),2011(8):810-813.

管学生的实习过程,并通过企业相关制度加以保障,从而拉近与实习学生的距离,使其对企业产生一种归宿感,在企业实习中找到自己的位置,将学生个人发展目标和企业发展愿景相结合,实现双方共赢的局面。

第四节 提升高等职业教育实习质量的文化—认知性制度优化策略

文化—认知性制度要素以可理解和认可的文化支持为合法性基础,斯科特使用带有连字符的"文化—认知"一词,意在强调内在的理解过程由外在的文化框架所塑造。与社会规范一样,作为非正式制度的文化—认知也具有社会建构性,可以根据需要进行合理地利用和引导。"主动行为"认知图式是符合实习本质的,因此,需要强化学生对其认知;"新员工"认知图式具有一定的合理性,能吸引企业参与实习,但也存在明显的弊端;而学校教师和企业师傅"身份"认知图式则在一定程度上阻碍了较高的实习质量形成,因此,需要打破原有的认知图式。

一、拓宽学生树立"主动行为"认知图式的路径

不管是在前文中对高等职业教育实习内涵及其学习特征的分析,还是在访谈中学校教师和企业指导师傅谈及对实习的认识,都认为实习是学生主动行为的过程。然而,学生往往很难做到实习的三个维度十项学习类型的大部分学习行为。究其原因,学生并没有充分认识到自身在实习中积极行动的重要性,对实习中的自我缺乏认知,这是当前实习中薄弱且可以通过学生自身努力得到改善的环节。

学生在实习中的自我认知是将自己作为认识的客体,对自己的实习心理、行为及自己与实习环境的关系进行观察、判断、认识与评价。自我认知是福柯(Michel Foucault)关于自我技术理论中自我关注的首要任务。自我技术本身就是实习行为策略的体现,正如福柯所言,"自我技术是存在于一切文明中的对个体进行建议或规定的一系列措施。"[①]在学生参加实习之前,他们的学习经历通常是有确定的指导者、明确的学习内容、严格设计的学习过程及规范的学习结果评价等环节,并且形成了成熟的文化—认知层面的制度。一旦他们走进企业实习,这些都发生了变化,有利于实习的认知图式几乎尚未建立,从而影响学生主动参与对形成较高的实习质量的关键性作用。这时需要学生通过自我认知去确定新的学习者身份,建立有助于自身发展的实习认知图式。因此,我们不仅需要从规制性和规范性制度层面影响学生主动参与,更要动员各方力量,为学生开发体现实习特征和可操作性的实施策略,从文化—认知层面促进学生认可"主动行为"的认知图式。

首先,强化实习的前期准备,要求学生在企业调研的基础上,在学校教师和企业指导师傅的指导下,制订出符合自身需求的实习计划。其次,邀请已经毕业的校友回校分享实习经验,面向不同实习阶段和实习任务的学生给予针对性经验指导。最后,鼓励企业给予学生主动参与实习的机会,一方面包括开发创新型的实习项目、避免重复劳动或低

---

① 米歇尔·福柯.自我技术:福柯文选Ⅲ[M].汪民安,译.北京:北京大学出版社,2015:13.

技术技能训练的工作，让学生通过实习能够感知知识与技能的增长；另一方面创设丰富、平等的实习氛围，让学生在实习过程中体验到归属感。只有当学校指导教师、企业指导师傅和学生三者共同践行"主动行为"认知图式，而不是简单地认为"学生的事情自己做"，才能从根本上消除学生不主动的现象。

二、规避企业"新员工"认知图式的弊端

"新员工"认知图式是企业赋予实习学生的一种期望，也是大多数企业接收实习学生的直接动机，即通过学生实习，招聘适合企业发展的新员工。从企业促进生产发展的视角来看，企业的这种"新员工"期望具有一定的合理性，高职院校可以充分利用，吸引企业参与实习。企业希望通过接纳学生实习完成全部或部分新员工培训的内容，从而促进自身生产。然而，由"新员工"期望带来的"新员工"管理则是高等职业教育实习组织者理应关注的环节，因为"新员工"管理往往容易忽视实习的教育价值，而一味地追求实习的生产价值。当许多企业都把实习学生当作新员工来管理的时候，他们就会对要求学生投入生产的行为持更多的包容态度，而对学生在实习中理应强化的学习行为选择漠视的态度。这与实习本质上属于教育教学活动是背离的。

企业之所以选择"新员工"管理的方式对待实习学生，与其自身主要承担的社会生产责任密切相关，因为育人是学校的社会责任。但实际上，企业的育人行为并不阻碍其生产或对利益的追求。已有研究表明，"企业参与实习希望改善自身形象、获得社会认可，从而为其带来经济效益。"[①]在我国存在类似的情况，例如，浙江省某港口物流企业在明确知道参与职业教育实习并不能为其带来直接利润的前提下，依然积极支持当地职业院校实习活动，创造人文关怀和情感支持，丰富学生的实习生活，其直接动机是提升企业的社会声誉。该企业的付出也得到了回报，据该企业一位负责人介绍，很多在这里实习过的学生离开后成了企业的潜在客户，为企业带来了很多物流订单。这样的例子并不是偶然或独立存在的。相反，有的企业过于强调采用新员工的方式管理实习学生，由于学生并没有做好参加工作的准备，反而对企业产生逆反心理，在实习结束后不仅不会留在实习企业工作，甚至不愿意参加任何工作。

因此，企业应当降低"人才储备"的规范与"新员工"认知图式之间的关系强度，努力寻求新员工获得与高等职业教育实习之间的共同点，通过企业中的教育，尊重工作场所学习的规律，培养学生对企业的认可度，促进学生获得适应企业当前生产方式的技术技能，实现实习促进学生就业和职业生涯持续发展的功能。具体措施如下。

其一，鼓励社会形成企业参与技术技能人才培养的文化氛围。在"创新驱动、转型发展"的新态势下，社会对人才的需求不断提高，高职院校和企业互为技术技能人才培养的供需方正逐步被人们所接受。鉴于此，本研究建议通过试点教育性企业项目，遴选一批具备相关资质的企业予以教育机构的地位，先行扩大企业参与高等职业教育的积极性，破解实习面临的困境，在社会上营造企业参与高等职业教育实习是理所当然的惯例。

---

① Garavan T N, Murphy C. The Cooperative Education Process and Organisational Socialisation: A Qualitative Study of Student Perceptions of Its Effectiveness [J]. Education & Training, 2001, 43(6): 281-302.

其二,强化企业对实习学生的"学生身份"认知。"作为一项实践教学活动,职业教育实习的社会功能属于准公益事业。"①由于高职院校和企业是价值取向区别很大的不同组织,被前者视为学生的群体极易被后者视为员工,这是市场思维下的产物。作为校企合作育人的载体,高等职业教育实习属于"公共产品"生产活动,理应遵循政府主导调节的思维,摆脱市场思维下的"新员工"认知图式,强化企业对实习学生的"学生身份"认知。

三、打破学校教师和企业师傅"身份"认知图式的障碍

在高等职业教育实习中,高职院校教师存在"我是学校的老师"这一"身份"认知图式,企业指导师傅同样也存在"我是企业的员工""身份"认知图式。前者容易误导教师将自身的本职工作限定在学校范围内,后者则容易将实习理解为企业安排的一项额外任务。这两种"身份"认知图式均不利于较高的实习质量形成,需要建立新的文化支持,打破学校教师和企业师傅"身份"认知图式。

针对"我是学校的老师""身份"认知图式,首先,要充分利用高职院校教师企业实践制度,强化教师对跨场域工作情境的认识,对自身职业的跨界特质形成科学的认知。《现代职业教育体系建设规划(2014—2020 年)》(教发〔2014〕6 号)提出,建立一批职业教育教师实践企业基地,实行教师定期实践制度。2016 年,教育部等七部门颁发的《职业学校教师企业实践规定》(教师〔2016〕3 号),是对高职院校教师企业实践的进一步规范与保障。国家在政策层面鼓励高职院校教师参与企业实践,其本意是希望教师参与企业管理、产品生产或技术革新,通过融入企业、接轨市场,将企业生产中的技术技能需求、技术创新等新信息整合到课堂教学中,提升高职院校人才培养过程的针对性和有效性。因此,高职院校教师应当充分利用这一举措,努力打破"我是学校的老师""身份"认知图式。

其次,加大从企业引进师资力度,促进当前职业院校师资引进从"校门到校门"向"企业到校门"转变。本研究调查中的一位专业负责人,由于具有较长的企业工作经历,对企业形成了深刻的认识,并意识到要让学生和企业在实习过程中都能够满意。因此,她能够将学生实习工作视为自己的本职工作,像学校课堂教学那样,规范实习活动。这位教师绝不是一个偶然的特有现象,在实践中,也经常会发现从企业引进的教师更加善于从事校企合作活动,能够更好地将学校和企业联系起来,因为企业工作经历并没有使他们囿于"我是学校的老师"这一狭隘的身份中。

针对"我是企业的员工""身份"认知图式,其一,建议高职院校和企业共建实习导师制度。通过学校正式聘请、企业物质奖励等措施,创建企业指导师傅参与实习的文化氛围,增强企业师傅指导学生实习的荣誉感和获得感。其二,鼓励高职院校联合企业共建知识共享平台。以知识共享平台为载体,促使企业指导师傅和学校师生互为知识的提供方和接受方,强化企业指导师傅与高职院校沟通、互动,实现实习中的技术与企业生产实践中的技术同频共振。其三,赋予企业技术人员以教育专家的身份。将优秀的企业技术骨干吸引到实习环节,赋予他们以教育专家的身份,充分发挥他们的技术专长,指导学生

---

① 欧阳河,吴建新.以学生成长为目标构建行业企业参与职业教育的长效机制:基于《职业教育法》重新修订的视角[J].中国职业技术教育,2014(36):8-18.

更加积极主动地参与实习,进而促进较高的实习质量形成,实现提升高等职业教育实习质量的目标。

本 章 小 结

本章在分析和解释已有的高等职业教育实习制度的基础上,统筹考虑"教育的实习"和"生产的实习"两套制度逻辑,结合高等职业教育实习质量形成机理研究结果,通过借鉴国际相关经验和提炼本土实践经验,基于制度互补性理论,对当前影响实习质量的规制性制度要素、规范性制度要素、文化—认知性制度要素,针对性地提出优化策略,促进高等职业教育实习质量提升。

第一,在规制性制度优化策略上,倡导国家层面健全高等职业教育实习制度,具体包括提升实习政策工具多元性与适切性、扩大实习考核的政策供给、完善实习法律法规建设;督促高职院校完善实习制度,具体包括建立"互联网+"实习制度、完善"交替—递进式"实习制度、落实实习的课程化管理制度;引导优质企业建立符合职业教育规律的实习制度,具体包括协助企业建立促进学生工作场所学习的实习制度、鼓励优质企业建立实习联盟制度、引导企业建立创新型实习制度。

第二,在规范性制度优化策略上,辩证地看待"促进就业"这项社会规范,融合实习促进学生就业能力发展的功利性和促进学生个体发展的公益性双重目标;科学地利用"学校本位"这项社会规范,鼓励高职院校利用校友资源、家长资源和服务企业的科研资源,服务学生实习活动;有效地引导"人才储备"这项社会规范,既要适当加强这项社会规范的作用,但又不能过于依靠这项社会规范来推动实习深入发展。

第三,在文化—认知性制度优化策略上,拓宽学生树立"主动行为"认知图式的路径,强化学生对实习中的自我认知;规避"新员工"认知图式的弊端,强化企业对实习学生的"学生身份"认同;打破学校教师和企业师傅"身份"认知图式的障碍,建立新的文化支持,拓宽他们的工作范围。

参 考 文 献

中文参考文献

中文专著、译著(按姓名音序排列)

[1] 安妮塔·伍尔福克.伍尔福克教育心理学[M].伍新春,张军,季娇,译.北京:中国人民大学出版社,2015.

[2] 约翰·杜威.民主主义与教育[M].王承绪,译.北京:人民教育出版社,2001.

[3] 约翰·杜威.经验与教育[M].姜文闵,译.北京:人民教育出版社,2005.

[4] 约翰·杜威.杜威全集:早期著作·第五卷[M].杨小微,罗德红,等译.上海:华东师范大学出版社,2010.

[5] 王凤玉,单中惠.杜威在华教育讲演[M].北京:教育科学出版社,2007.

[6] 道格拉斯·C.诺斯.制度、制度变迁与经济绩效[M].刘守英,译.上海:上海人民出版社,1994.

[7] 道格拉斯·C.诺斯.经济史中的结构与变迁[M].陈郁,罗华平,等译.上海:上海三联书店,1991.

[8] 菲利克斯·劳耐尔,鲁珀特·麦克林.国际职业教育科学研究手册(下册)[M].赵志群,等译.北京:北京师范大学出版社,2017.

[9] 菲利克斯·劳耐尔,赵志群,吉利.职业能力与职业能力测评:KOMET 理论基础与方案[M].北京:清华大学出版社,2010.

[10] 菲利普·科特勒,南希·李.企业的社会责任:通过公益事业拓展更多的商业机会[M].姜文波,等译.北京:机械工业出版社,2006.

[11] J.莱夫,E.温格.情景学习:合法的边缘性参与[M].王文静,译.上海:华东师范大学出版社,2004.

[12] 加里·德斯勒.人力资源管理[M].刘昕,译.北京:中国人民大学出版社,2012.

[13] D. A.库伯.体验学习:让体验成为学习与发展的源泉[M].王灿明,朱水萍,等译.上海:华东师范大学出版社,2008.

[14] 克里斯·阿吉里斯,罗伯特·帕特南,戴安娜·麦克莱恩·史密斯.行动科学:探究与介入的概念、方法与技能[M].夏林清,译.北京:教育科学出版社,2012.

[15] 克里斯·阿吉里斯,唐纳德·舍恩.组织学习Ⅱ:理论、方法与实践[M].姜文波,译.北京:中国人民大学出版社,2011.

[16] W.理查德·斯科特.制度与组织:思想观念与物质利益[M].姚伟,王黎芳,译.北京:中国人民大学出版社,2010.

[17] 刘易斯·科恩,劳伦斯·马尼恩,基思·莫里森.教育研究方法[M].程亮,宋萑,沈丽萍,等译.上海:华东师范大学出版社,2015.

[18] 马克思,恩格斯.马克思恩格斯全集:第23卷[M].北京:人民出版社,1972.

[19] 迈克尔·豪利特,M.拉米什.公共政策研究:政策循环与政策子系统[M].庞诗,等译.北京:生活·读书·新知三联书店,2006.

[20] 米歇尔·福柯.自我技术:福柯文选Ⅲ[M].汪民安,译.北京:北京大学出版社,2015.

[21] R.爱德华·弗里曼.战略管理：利益相关者方法[M].王彦华,梁豪,译.上海：上海译文出版社,2006.
[22] 列奥·施特劳斯.什么是政治哲学[M].李世祥,等译.北京：华夏出版社,2011.
[23] T.胡森,T.N.波斯尔斯韦特.教育大百科全书：职业技术教育[M].张斌贤,等译.重庆：西南大学出版社,2011.
[24] 沃尔特·W.鲍威尔,保罗·J.迪马吉奥.组织分析的新制度主义[M].姚伟,译.上海：上海人民出版社,2008.
[25] 约翰·L.坎贝尔.制度变迁与全球化[M].姚伟,译.上海：上海人民出版社,2010.
[26] 约瑟夫·W.韦斯.商业伦理：利益相关者分析与问题管理方法[M].符彩霞,译.3版.北京：中国人民大学出版社,2005.
[27] 竹内弘高,野中郁次郎.知识创造的螺旋：知识管理理论与案例研究[M].李萌,译.北京：知识产权出版社,2006.
[28] 和震.职业教育政策研究[M].北京：高等教育出版社,2012.
[29] 华北庄,胡文宝,黄义武,等.中国产学合作教育探索[M].武汉：武汉大学出版社,2005.
[30] 黄盈盈,潘绥铭.中国社会调查中的研究伦理：方法论层次的反思[M].北京：中国社会科学,2009.
[31] 侯杰泰,温忠麟,成子娟.结构方程模型及其应用[M].北京：教育科学出版社,2004.
[32] 金生鈜.教育研究的逻辑[M].北京：教育科学出版社,2015.
[33] 康永久.教育制度的生成与变革：新制度主义教育学论纲[M].北京：教育科学出版社,2003.
[34] 姜大源,吴全全.当代德国职业教育主流教学思想研究：理论、实践与创新[M].北京：清华大学出版社,2007.
[35] 姜大源.职业教育学研究新论[M].北京：教育科学出版社,2007.
[36] 姜大源.职业教育要义[M].北京：北京师范大学出版社,2017.
[37] 柯政.理解困境：课程改革实施行为的新制度主义分析[M].北京：教育科学出版社,2011.
[38] 林润惠.高职院校校企合作：方法、策略与实践[M].北京：清华大学出版社,2012.
[39] 廖盖隆,孙连成,陈有进,等.马克思主义百科要览·下册[M].北京：人民日报出版社,1993.
[40] 李汉林.科学社会学[M].北京：中国社会科学出版社,1987.
[41] 联合国教科文组织.教育：财富蕴藏其中[M].联合国教科文组织总部中文科,译.北京：教育科学出版社,1996.
[42] 马庆国.应用统计学：数理统计方法、数据获取与SPSS应用[M].北京：科学出版社,2005.
[43] 买生,王忠.企业社会责任管理研究[M].北京：人民日报出版社,2015.
[44] 邱皓政,林碧芳.结构方程模型的原理与应用[M].北京：中国轻工业出版社,2009.
[45] 石伟平,匡瑛.比较职业教育[M].北京：高等教育出版社,2012.
[46] 石骏.职业技术院校顶岗实习研究[M].杭州：浙江大学出版社,2013.
[47] 徐国庆.职业教育原理[M].上海：上海教育出版社,2007.
[48] 尤建新,邵鲁宁,武小军,等.质量管理：理论与方法[M].大连：东北财经大学出版社,2009.
[49] 王淑文."职业导向,形式多元"教学模式研究[M].北京：北京理工大学出版社,2013.
[50] 袁庆明.新制度经济学教程[M].北京：中国发展出版社,2010.
[51] 叶澜.教育研究方法论初探[M].上海：上海教育出版社,2014.
[52] 易丹辉.结构方程模型：方法与应用[M].北京：中国人民大学出版社,2008.
[53] 吴明隆.问卷统计分析实务：SPSS操作与应用[M].重庆：重庆大学出版社,2010.
[54] 吴明隆.结构方程模型：AMOS的操作与应用[M].重庆：重庆大学出版社,2009.
[55] 吴雪萍.国际职业技术教育研究[M].杭州：浙江大学出版社,2004.
[56] 周雪光.组织社会学十讲[M].北京：社会科学文献出版社,2003.

[57] 周蕖.中外职业技术教育比较[M].北京：人民教育出版社,1991.

[58] 庄榕霞,赵志群,等.职业院校学生职业能力测评的实证研究[M].北京：清华大学出版社,2012.

[59] 张大均,郭成,余林.教育心理学[M].北京：人民教育出版社,2005.

[60] 中华人民共和国教育部.高等职业学校软件技术专业顶岗实习标准[M].北京：高等教育出版社,2017.

[61] 中华人民共和国教育部.高等职业学校机电一体化技术专业顶岗实习标准[M].北京：高等教育出版社,2017.

[62] 中共中央宣传部理论局.理性看齐心办[M].北京：人民出版社,2013.

[63] 朱春奎,等.政策网络与政策工具：理论基础与中国实践[M].上海：复旦大学出版社,2011.

中文期刊、学位论文（按姓名音序排列）

[1] 陈萍.高校学生顶岗实习若干法律问题研究[J].宁夏社会科学,2011(6)：32-35.

[2] 陈敏,蒋志鸿.五元合一：法国工科大学生企业实习系统研究[J].高等工程教育研究,2014(5)：139-146.

[3] 陈解放.模式支撑：求解人才培养方案改革的整体性[J].中国高教研究,2009(10)：70-71.

[4] 陈解放.合作教育的理论及其在中国的实践[D].上海：华东师范大学,2002：49.

[5] 陈玲.高职院校学生顶岗实习存在的问题及对策分析[D].曲阜：曲阜师范大学,2010：24-25.

[6] 陈丽君,赖珊珊.职业教育实习权益保障政策文本的Nvivo研究[J].教育与职业,2020(8)：26-33.

[7] 程培堽,顾金峰.校企合作模式下学生顶岗实习的学习结果评价：基于苏州部分高职院校的抽样调查[J].教育学术月刊,2013(6)：82-87+96.

[8] 丁金昌.基于"三性"的高等职业教育可持续发展研究与实践[J].高等教育研究,2010(6)：72-77.

[9] 邓东京,易素红,欧阳河,等.职业院校顶岗实习现状调查[J].中国职业技术教育,2015(12)：88-91.

[10] 邓志辉,赵居礼,王津.校企合作 工学结合 重构人才培养方案[J].中国大学教学,2010(4)：81-83.

[11] 都昌满.高校学生实习：问题分析与解决途径[J].高等工程教育研究,2010(5)：144-149.

[12] 杜文静,黄德桥.职业院校学生企业顶岗实习权益保障研究[J].教育与职业,2021(20)：108-112.

[13] 方科亚.基于AHP的高职院校顶岗实习评价系统的设计与实现[D].杭州：浙江工业大学,2011：16-65.

[14] 关晶.英国和德国现代学徒制的比较研究：基于制度互补性的视角[J].华东师范大学学报（教育科学版）,2017(1)：39-46.

[15] 关晶,石伟平.西方现代学徒制的特征及启示[J].职业技术教育,2011(31)：77-83.

[16] 郭建如.社会学组织分析中的新老制度主义与教育研究[J].北京大学教育评论,2008(3)：136-151.

[17] 耿保荃.高职院校落实顶岗实习应重点解决的问题[J].职教论坛,2009(2)：15-16.

[18] 龚迎春.高职高专学生顶岗实习管理模式的探索和实践[J].教育与职业,2011(15)：47-48.

[19] 罗伯特·布瓦耶,耿纪东.一致性、多样性和资本主义演化：一个制度互补性假说[J].政治经济学评论,2006(2)：90-116.

[20] 和震.我国职业教育政策三十年回顾[J].教育发展研究,2009(3)：32-37.

[21] 和震,祝成林.高职院校创业教育的价值取向、目标及其实施策略[J].国家教育行政学院学报,2018(3)：83-89.

[22] 霍丽娟.现代职业教育的技术技能积累模式研究[J].国家教育行政学院学报,2016(1)：70-74.

[23] 黄萃,苏竣,施丽萍,等.政策工具视角的中国风能政策文本量化研究[J].科学学研究,2011(6)：876-882.

[24] 黄道平,项建斌.对高职院校做好校友工作的思考[J].教育与职业,2010(32)：35-36.

[25] 姜大源.完善职业教育和培训体系：现状、愿景与当务[J].中国职业技术教育,2017(34)：25-34.

[26] 李军雄,曾良骥,黄玲青.地方高职院校学生顶岗实习中存在的问题与对策[J].教育与职业,2010(3)：43-45.

[27] 李娟.高职院校顶岗实习存在的问题与对策[J].中国成人教育,2009(9)：89-90.

[28] 李俭.高职院校学生顶岗实习存在的问题与对策[J].职业教育研究,2009(11)：26-27.

[29] 李玲.高职院校学生顶岗实习问题研究：以长沙民政职业技术学院为样本[D].武汉：华中师范大学,2012：23.

[30] 李元元,邱学青,李正.合作教育的本质、历史与发展趋势[J].高等工程教育研究,2010(5)：22-29.

[31] 李恩平,全汶灵.企业人才储备风险及其控制机制探讨[J].山西农业大学学报(社会科学版),2011(8)：810-813.

[32] 林伦豪.高等技职院校保险教育校外实习能力指标之研究[D].台北：台湾师范大学,2011：171-181.

[33] 刘凤云.高职学生顶岗实习的管理[J].江苏社会科学,2010(S1)：127-131.

[34] 刘晓刚.破解难题　健全顶岗实习考核机制[J].中国高等教育,2008(10)：42-43.

[35] 刘云波.高职院校专业投入和学生就业：教师、课程与校企合作的影响分析[D].香港：香港中文大学,2012：39-40.

[36] 刘一展.从法与利益的视角看高职学生顶岗实习[J].湖北经济学院学报(人文社会科学版),2010(10)：104-105.

[37] 刘洋,王云鹏.发展合作教育　加强应用型创新人才培养：加拿大滑铁卢大学合作教育及其改革[J].世界教育信息,2007(6)：67-70.

[38] 刘学文.高职学生顶岗实习存在的问题及对策研究[J].武汉职业技术学院学报,2008(2)：4-5.

[39] 欧阳河,吴建新.以学生成长为目标构建行业企业参与职业教育的长效机制：基于《职业教育法》重新修订的视角[J].中国职业技术教育,2014(36)：8-18.

[40] 潘久政,潘多,钟洪燕.法律视角下顶岗实习的风险与管理对策[J].教育与职业,2008(24)：166-167.

[41] 秦传江,胡德声,兰成琼.高职学生顶岗实习教学环节的管理与实践[J].教育与职业,2009(24)：37-39.

[42] 冉云芳,石伟平.企业参与职业院校实习是否获利：基于109家企业的实证分析[J].华东师范大学学报(教育科学版),2020(01)：43-59.

[43] 石伟平,徐国庆.世界职业教育体系的比较[J].职教论坛,2004(1)：18-21.

[44] 石伟平.当前我国高职改革发展中的若干问题思考[J].泰州职业技术学院学报,2014(1)：1-5.

[45] 孙百鸣,袁冰滨,陈志平.高职学生顶岗实习质量考核评价体系构建研究[J].高等职业教育(天津职业大学学报),2012(1)：72-74.

[46] 时会美,张殿明.高职学生实习实训质量评价体系的构建[J].职教论坛,2010(9)：67-69.

[47] 苏运来.顶岗实习学生的合法权益保护问题初探[J].中国职业技术教育,2008(36)：12-13.

[48] 申素平,马钰,贾楠.职业学校岗位实习学生的权利保障研究：基于573份裁判文书的考察[J].陕西师范大学学报(哲学社会科学版),2023(1)：115-128.

[49] 童卫军,范怡瑜.高职院校顶岗实习的系统设计[J].中国高教研究,2012(5)：102-104.

[50] 王为民,俞启定.校企合作"壁炉现象"探究：马克思主义企业理论的视角[J].教育研究,2014(7)：54-62.

[51] 王星.从"分配政治"到"生产政治"：转型过程中的单位政治研究[D].长春：吉林大学,2008：123.

[52] 王琳.高职院校学生顶岗实习的过程管理研究[D].南京：南京师范大学,2012：20-39.

[53] 王元元,田永力.高职院校顶岗实习质量监控和评价机制实践研究[J].河北师范大学学报(教育科学版),2012,14(12)：80-83.

[54] 王万刚,胡先富,袁亮.高职院校学生顶岗实习质量监控体系存在的问题与对策[J].教育探索,2013(10):58-59.

[55] 王景枝.大学生实习制度的国际比较及启示[J].黑龙江高教研究,2011(2):1-3.

[56] 王剑波.瑞典校企合作的政策及其启示[J].教育发展研究,2011(7):66-69.

[57] 王怡然,李爱燕.雇主学徒制津贴:英国吸引企业参与学徒制的新举措[J].职业技术教育,2015(22):66-71.

[58] 万平.提高高职顶岗实习质量的策略[J].洛阳理工学院学报(自然科学版),2006,16(5):59-62.

[59] 汪幼辛,程博.从工学结合到选育结合:校企合作人才培养的新思路[J].高校教育管理,2017(1):111-115.

[60] 问清泓.实习薪酬制度塑造路径探究[J].中国职业技术教育,2021(34):38-47.

[61] 吴全全,姜大源.隐性知识管理:职业教育教学论探索的新视野[J].中国职业技术教育,2004(3):10-12.

[62] 吴君,陈开考,谈黎虹,等.高职顶岗实习过程管理有效机制研究[J].职业技术教育,2012(2):54-56.

[63] 肖凤翔,陈潇.国际职业教育主流理论与研究热点的可视化分析[J].中国职业技术教育,2014(30):2-6.

[64] 肖霞,贺定修.利益相关者理论视野下的高职教育顶岗实习[J].教育与职业,2016(20):103-106.

[65] 徐丽香,黎旺星.高职院校学生顶岗实习中存在的问题及对策[J].职业技术教育,2008(23):65-65.

[66] 徐礼丰.校外实习质量问题及其对策研究[D].上海:华东师范大学,2008:29-41.

[67] 徐志刚,孙长坪.职业教育顶岗实习的成本构成、成本管理与成本分担[J].中国职业技术教育,2020(13):19-22.

[68] 谢晓青.高校校友资源开发与运用研究[J].高教探索,2010(2):27-30.

[69] 俞启定,和震.职业教育本质论[J].中国职业技术教育,2009(27):5-10.

[70] 俞校明,张红.高职生顶岗实习过程设计与质量控制研究[J].职业技术教育,2009,30(29):66-67.

[71] 阎光才.教师"身份"的制度与文化根源及当下危机[J].北京师范大学学报(社会科学版),2006(4):12.

[72] 易兰华.高职院校顶岗实习教学质量多元化评价指标体系构建:基于利益相关者视角[J].国家教育行政学院学报,2014(7):64-69.

[73] 杨静丽,查英华.加拿大高职教育顶岗实习模式探析[J].职业技术教育,2012(29):88-90.

[74] 尹弘飚.论课程变革的制度化:基于新制度主义的分析[J].高等教育研究,2009(4):75-81.

[75] 于惊涛,武春友.美国校企合作案例及评价标准研究[J].研究与发展管理,2004(5):89-96.

[76] 姚梅林.从认知到情境:学习范式的变革[J].教育研究,2003(2):60-64.

[77] 颜楚华,王章华,邓青云.政府主导 学校主体 企业主动:构建校企合作保障机制的思考[J].中国高教研究,2011(4):80-82.

[78] 郑琼鸽,许世建,夏光蔚,等.职业学校实习学生和家长的政策知情现状分析:基于全国28 805名学生和19 564位家长的调查研究[J].中国职业技术教育,2023(5):56-62.

[79] 赵志群.职业教育的工学结合与现代学徒制[J].职教论坛,2009(36):1.

[80] 赵志群.对工学结合课程一些基本概念的认识[J].中国职业技术教育,2008(33):50-51.

[81] 赵明刚.德国大学的实习制度探析[J].教育评论,2010(6):163-165.

[82] 翟思成,王文才,闫肃.以专业为单元的顶岗实习评价指标体系实证研究[J].中国青年社会科学,2013(2):40-44.

[83] 张雁平,成军.高职学生顶岗实习评价体系的研究和实践[J].中国职业技术教育,2008(15):10-11.

[84] 张雅娜,康强,张艳红.高职院校学生顶岗实习质量监控体系探究[J].职业技术教育,2012,33(29):43-45.

[85] 张启富,邬琦姝.我国高职教育推行现代学徒制的对策思考:基于32个试点案例的实证分析[J].中国职业技术教育,2017(29):60-65.

[86] 张兰洁.目标管理视角下高职学生顶岗实习管理研究[D].长沙:湖南师范大学,2012:13-41.

[87] 张志强.校企合作存在的问题与对策研究[J].中国职业技术教育,2012(4):62-66.

[88] 张岩."互联网＋教育"理念及模式探析[J].中国高教研究,2016(2):70-73.

[89] 张颂.德国大学生的就业指导和实习管理[J].河北师范大学学报(教育科学版),2009,11(12):77-80.

[90] 张宝臣,祝成林.高职院校教师企业实践中的知识共享研究[J].中国高教研究,2017(5):98-101.

[91] 张宝臣,祝成林.高职院校教师文化特质的实然诊断与应然建构[J].中国高教研究,2015(12):100-103.

[92] 张宝臣,祝成林.高职院校学生海外实习:背景、要素与措施[J].高等职业教育探索,2021(1):62-67.

[93] 张海平.基于校企深度合作的职业院校实习管理体系创新实践[J].职业技术教育,2021(2):15-18.

[94] 章金萍.高职顶岗实习保险保障机制的构建[J].黑龙江高教研究,2011(2):64-66.

[95] 朱月红,郭秀华.顶岗实习运行机制的构建[J].职业技术教育,2010(35):58-60.

[96] 朱红,凯伦·阿诺德,陈永利.制度的基石、保障与功能:中美大学生实习比较及对就业的启示[J].北京大学教育评论,2012,10(1):107-123.

[97] 祝士明.高职教育专业质量保障体系的研究[D].天津:天津大学,2006:10-11.

[98] 祝成林,和震.美国技术学院预科高中人才培养模式及其对我国中高职衔接的启示[J].外国教育研究,2017(3):117-128.

[99] 祝成林,柳小芳.产教融合背景下高职教育培养技术技能人才的困境与路径[J].职业技术教育,2015(34):41-45.

[100] 祝成林.高职院校教师的身份及其文化建构[J].教师教育研究,2017(3):19-24.

[101] 祝成林,侯改丽.本科职业教育实习的学习类型及其实现路径[J].职教通讯,2022(1):30-38.

[102] 祝成林,褚晓.教育抑或生产:高职教育实习的制度逻辑与选择[J].江苏高教,2022(11):54-60.

[103] 祝成林.如何促进高职教育实习形成较高的质量:基于"学校-企业-学生"的实证研究[J].中国高教研究,2021(1):103-108.

[104] 祝成林,和震.我国职业教育实习政策工具选择倾向及其影响:基于《职业教育法》颁布以来的主要政策文本分析[J].教育科学,2018(2):60-66.

[105] 祝成林,和震.指导者的文化—认知能提升高职院校学生实习效果吗:基于30位实习指导者的深度访谈分析[J].教育发展研究,2021,41(13):55-61.

辞典、报纸、电子资源等(按姓名音序排列)

[1] 陈德第,李轴,库桂生.国防经济大辞典[M].北京:军事科学出版社,2001.

[2] 教育大辞典编纂委员会.教育大辞典(第3卷)[M].上海:上海教育出版社,1991.

[3] 刘文英.哲学百科小辞典[M].兰州:甘肃人民出版社,1987.

[4] 彭漪涟,马钦荣.逻辑学大辞典[M].上海:上海辞书出版社,2010.

[5] 梁国胜.教育部通报5所职业院校违规组织学生顶岗实习[N].中国青年报,2016-12-21(7).

[6] 赵志群.岗位学习是职业教育的重要形式[N].中国社会科学报,2011-6-23(10).

[7] 翟帆.高职院校,科研短板补起来[N].中国教育报,2017-11-28(9).

[8] 国务院.国务院关于积极推进"互联网＋"行动的指导意见[EB/OL].(2015-07-04)[2017-12-15].

http://www.gov.cn/zhengce/content/2015-07/04/content_10002.htm.
[9] 联合国教科文组织国际职业技术教育与培训中心.职业技术教育与培训(TVET)战略(2016—2021年)[EB/OL].(2016-04-12)[2017-10-04]. http://unesdoc.unesco.org/images/0024/002452/245239C.pdf.
[10] 全国质量管理和质量保证标准化技术委员会.GB/T 19000—2008：质量管理体系　基础和术语[S].北京：中国标准出版社,2008.

英文参考文献

英文专著（按姓名音序排列）

[1] Biesta G, Burbules N. Pragmatism and Educational Research[M]. Oxford：Rowman & Littlefield Publishers, Inc. 2003.

[2] Bandura A. Social Foundations of Thought and Action：A Social Cognitive Theory[M]. Englewood Cliffs, NJ：Prentice-Hall, 1986.

[3] Browne M W, Cudeck R. Alternative Ways of Assessing Model Fit//Bollen K A, Long J S (Eds.). Testing Structural Equation Models[M]. Newbury Park, CA：Sage, 1993.

[4] Barry Mitnick. The Political Economy of Regulation：Creating, Designing, and Removing Regulatory Forms[M]. New York：Columbia University Press, 1980.

[5] Creswell J W. Research Design：Qualitative, Quantitative, and Mixed Methods Approaches[M]. California：Sage Publications, Inc. 2003.

[6] Carmines E G, Mciver J P. Analyzing Models with Unobservable Variables//Bohrnstedt G W, Borgatta E E (Eds.). Social Measurement：Current Issues Beverly Hills [M]. California：Sage, 1981.

[7] Campbell John L. Institutional Change and Globalization[M]. New Jersey：Princeton University Press, 2004.

[8] David L Goetesch, Stanley Davis. Introduction to Total Quality：Quality, Competitiveness[M]. London：Prentice Hall International, inc. 1994.

[9] Friedland R, Alford R. Bringing Society Back in：Symbols, Practices, and Institutional Contradictions[M]//Powell W W, DiMaggio P J(Eds). The New institutionalism in Organisational Analysis[M]. Chicago：University of Chicago Press, 1991.

[10] Lipscombe J, Williams B. Are Science and Technology Neutral? [M]. London：Butterworths, 1979.

[11] Michael Polanyi. Knowing and Being[M]. Chicago：The University of Chicago Press, 1961.

[12] Rauner F, Maclean R, Lauterbach U, et al. Handbook of Technical and Vocational Education and Training Research[M]. Berlin：Springer Netherlands, 2009.

[13] Sides C H, Mrvica A. Internships：Theory and Practice[M]. New York：Baywood Publishing Company, Inc. 2007.

[14] Sweitzer H F, King M A. The Successful Internship：Personal, Professional, and Civic Development in Experiential Learning[M]. California：Brooks/Cole, Cengage Learning, 2014.

[15] Warren K E, Others A. The Theory of Experiential Education：A Collection of Articles Addressing the Historical, Philosophical, Social, and Psychological Foundations of Experiential Education[M]. Third Edition. Dubuque：Kendall/Hunt Publishing Company. 1995.

英文期刊、学位论文等（按姓名音序排列）

[1] Alpert F,Heaney J G,Kuhn K L. Internships in Marketing:Goals,Structures and Assessment-Student,Company and Academic Perspectives[J]. Australasian Marketing Journal,2009,17(1):36-45.

[2] Ali A,Smith D T. An Internship Program at a Computer Science Department-Theoretical Foundation and Overall Coordination[J]. Issues in Informing Science and Information Technology,2015(12):1-11.

[3] Cord B,Clements M. Pathway for Student Self-Development:A Learning Orientated Internship Approach[J]. Australian Journal of Adult Learning,2010,50(2):287-308.

[4] Alan Bryman. Paradigm Peace and the Implications for Quality[J]. International Journal of Social Research Methodology,2006,9(2):111-126.

[5] Yin A C. Learning on the Job:Cooperative Education,Internships and Engineering Problem-Solving Skills[D]. Pennsylvania:The Pennsylvania State University,2009:4.

[6] Ananiadou K E. Revisiting Global Trends in TVET:Reflections on Theory and Practice[J]. UNESCO-UNEVOC International Centre for Technical and Vocational Education and Training,2013:56-63.

[7] Arthur M B. The Boundaryless Career:A New Perspective for Organizational Inquiry[J]. Journal of Organizational Behavior,1994,15(4):295-306.

[8] Anderson,James,Gerbing C,et al. Structural Equation Modeling in Practice:A Review and Recommended Two-Step Approach[J]. Psychological Bulletin,1988,103(3):411-423.

[9] Brown J S,Duguid P. Organizational Learning and Communities-of-Practice:Toward a Unified View of Working,Learning and Innovation[J]. Organization Science,1991,2(1):40-57.

[10] Briscoe J P,Henagan S C,Burton J P,et al. Coping with an Insecure Employment Environment:The Differing Roles of Protean and Boundaryless Career Orientations[J]. Journal of Vocational Behavior,2012,80(2):308-316.

[11] Wan C S,Yang J T,Cheng S Y,et al. A Longitudinal Study on Internship Effectiveness in Vocational Higher Education[J]. Educational Review,2013,65(1):1-19.

[12] Cedefop. Future Skill Needs in Europe:Critical Labour Force Trends[R]. Publications Office of the European Union,2016.

[13] Champagne N. Service Learning:Its Origin,Evolution,and Connection to Health Education[J]. American Journal of Health Education,2006,37(2):97-102.

[14] Cronbach L J,Meehl P E. Construct Validity in Psychological Tests[J]. Psychological Bulletin,1955(52):281-302.

[15] European Commission. Commission presents new Rethinking Education strategy[EB/OL]. (2012-11-20)[2017-12-28]. http://europa.eu/rapid/press-release_IP-12-1233_en.htm.

[16] Cecilia Woon C T,Tar Lim R B,Shin Chow D W,et al. Internships Before and During COVID-19:Experiences and Perceptions of Undergraduate Interns and Supervisors[J]. Higher Education,Skills and Work-Based Learning,2022,12(3):459-474.

[17] Denmark,Ministry of Education,Department for Vocational Education and Training Programmes. The Danish Approach to Quality in Vocational Education and Training[J]. Ministry of Education,2005,50(5):280-288.

[18] Degravel D,Hertz G,Koutroumanis D A. Internships as a Strategic Tool for Small Business:A Conceptual Study[J]. Small Business Institute Journal,2012,8(1):30-46.

[19] Debora J,Carolyn A. E-Internships:Prevalence,Characteristics and Role of Student Perspectives[J]. Internet Research,2014,24(4):457-473.

[20] D'Abate C P, Wenzel K E. Making the Most of an Internship: An Empirical Study of Internship Satisfaction[J]. Academy of Management Learning & Education, 2009, 8(4): 527-539.

[21] Duane F Alwin, Robert M Hauser. The Decomposition of Effects in Path Analysis[J]. American Sociological Review, 1975, 40(1): 37-47.

[22] Dean R A, Ferris K, Konstans C. Reality Shock: Reducing the Organizational Commitment of Professionals[J]. Personnel Administrator, 1985, 26: 139-148.

[23] Dimaggio P, Powell W. The Iron Cage Revisited: Institutional Isomorphism and Collective Rationality[J]. American Sociological Review, 1983(48): 147-160.

[24] Norton R E. DACUM Handbook[M]. 3rd ed. Unpublished. Columbus: Center on Education and Training for Employment, College of Education & Human Ecology, The Ohio State University, 2008: 1.

[25] European Commission. Directorate General for Employment, Social Affairs and Inclusion. Apprenticeship and Traineeship Schemes in EU27: Key Success Factors: A Guidebook for Policy Planners and Practitioners[R]. European Commission, 2013: 13-16.

[26] European Commission. Work-based Learning in Europe: Practices and Policy Pointers[R]. Brussels: European Commission, 2013(7): 4-7.

[27] European Training Foundation. Work-Based Learning: Benefits and Obstacles: A Literature Review for Policy Makers and Social Partners in ETF Partner Countries[R]. Turin: ETF, 2013: 4.

[28] Fifolt M, Searby L. Mentoring in Cooperative Education and Internships: Preparing Proteges for STEM Professions[J]. Journal of Stem Education Innovations & Research, 2009, 11(1-2): 17-26.

[29] Frenette A. From Apprenticeship to Internship: The Social and Legal Antecedents of the Intern Economy[J]. Triplec, 2015, 13(2): 351-360.

[30] Fletcher J K. Field Experience and Cooperative Education: Similarities and Differences[J]. Journal of Cooperative Education, 1991(27): 46-54.

[31] Gault J, Redington J, Schlager T. Undergraduate Business Internships and Career Success: Are They Related?[J]. Journal of Marketing Education, 2000, 22(1): 45-53.

[32] Graham K. Collegiate Career Development: A Quantitative Study Comparing the Career Maturity and Internship Experience of Graduating College Seniors[D]. Boston: Northeastern University, 2015: 22-24.

[33] Gault J, Leach E, Duey M. Effects of Business Internships on Job Marketability: The Employers' Perspective[J]. Education & Training, 2010, 52(1): 76-88.

[34] Garavan T N, Murphy C. The Cooperative Education Process and Organisational Socialisation: A Qualitative Study of Student Perceptions of Its Effectiveness[J]. Education & Training, 2001, 43(6): 281-302.

[35] Gamboa V, Paixão M P, Jesus S N D. Vocational Profiles and Internship Quality Among Portuguese VET Students[J]. International Journal for Educational and Vocational Guidance, 2014, 14(2): 221-244.

[36] Gaudreau P A, Kufel A P, Parks D J. Quality Internships for School Leaders: Meeting the Challenge[J]. Aasa Journal of Scholarship & Practice, 2006(3): 27-32.

[37] Green C A, Duan N, Gibbons R D, et al. Approaches to Mixed Methods Dissemination and Implementation Research: Methods, Strengths, Caveats, and Opportunities[J]. Administration & Policy in Mental Health & Mental Health Services Research, 2015, 42(5): 508-523.

[38] Gardner P. Recruiting Trends 2006—2007[R]. East Lansing: Michigan State University Collegiate Employment Research Institute, 2007: 37.

[39] Green R E A, Shanks D R. On the Existence of Independent Explicit and Implicit Learning Systems: An Examination of Some Evidence[J]. Memory & Cognition, 1993, 21(3): 304-317.

[40] Hager C J. Developing Standards for Undergraduate University Construction Education Internship Programs[D]. Texas: Texas A&M University, 2005: 15-20.

[41] Hoyle J A. Exploring Stakeholder Relationships in a University Internship Program: A Qualitative Study[D]. Michigan: Central Michigan University, 2013: 35.

[42] Holyoak L. Are All Internships Beneficial Learning Experiences? An Exploratory Study[J]. Education & Training, 2013, 55(6): 573-583.

[43] Haddara M, Skanes H. A Reflection on Cooperative Education: From Experience to Experiential Learning[J]. Asia-Pacific Journal of Cooperative Education, 2007(8): 67-76.

[44] Haynes S N, Richard D C S, Kubany E S. Content Validity in Psychological Assessment: A Functional Approach to Concepts and Methods[J]. Psychol Assess, 1995, 7(3): 238-247.

[45] İşgören N Ç, Çlnar A, Tektaş N, et al. The Importance of Cooperation Between Vocational Schools and Industry[J]. Procedia-Social and Behavioral Sciences, 2009, 1(1): 1313-1317.

[46] Maertz J C P, Stoeberl P A, Marks J. Building Successful Internships: Lessons From the Research for Interns, Schools, and Employers[J]. Career Development International, 2014, 19(1): 281-282.

[47] Ruiz J H, Koch C, Erthal M, et al. Handbook for Cooperative Education, Internships, and Registered Apprenticeship[R]. Illinois State: The Illinois State Board of Education, 2009(6): 230-236.

[48] Knouse S B, Tanner J R, Harris E W. The Relation of College Internships, College Performance, and Subsequent Job Opportunity[J]. Journal of Employment Counseling, 1999, 36(1): 35-43.

[49] Korey G, Bogorya Y. The Managerial Action Learning Concept: Theory and Application[J]. Management Decision, 1985, 23(2): 3-11.

[50] Messmer M. Establishing a Successful Internship Program[J]. Business Credit, 1999, 101(4): 42-44.

[51] Mitchell R K, Agle B R, Wood D J. Toward a Theory of Stakeholder Identification and Salience: Defining the Principle of Who and What Really Counts[J]. Academy of Management Review, 1997, 22(4): 853-886.

[52] Milgrom P, Roberts J. Complementarities and Systems: Understanding Japanese Economic Organization[J]. Estudios Económicos, 1994, 9(1): 3-42.

[53] Marsh H W, Hocevar D. Application of Confirmatory Factor Analysis to the Study of Self-Concept: First-and Higher Order Factor Models and Their Invariance Across Groups[J]. Psychological Bulletin, 1985, 97(3): 562-582.

[54] Pegg A, Caddell M. Workplaces and Policy Spaces: Insights from Third Sector Internships Scotland[J]. Higher Education, Skills and Work-Based Learning, 2016, 6(2): 162-177.

[55] Polat Z, Uzmanoğlu S, İşgören N Ç, et al. Internship Education Analysis of Vocational School Students[J]. Procedia-Social and Behavioral Sciences, 2010, 2(2): 3452-3456.

[56] Hall P A, Taylor R C R. Political Science and the Three New Institutionalisms[J]. Political Studies, 1996(11): 936-957.

[57] Porter L W, Steers R M. Organizational, Work, and Personal Factors in Employee Turnover and Absenteeism[J]. Psychological Bulletin, 1973, 80(2): 151-176.

[58] Parks D K, Onwuegbuzie A J, Cash S H. Development of a Measure for Predicting Learning Advancement Through Cooperative Education: Reliability and Validity of the Place Scale[J]. Journal of Cooperative Education, 2001(36): 23-31.

[59] York N L, Rorabaugh W J. The Craft Apprentice: From Franklin to the Machine Age in America[J]. Papers of the Bibliographical Society of America, 1988, 46(3): 1061-1063.

[60] Ruggiero D, Boehm J D. Project-Based Learning in a Virtual Internship Programme: A Study of the Interrelated Roles Between Intern, Mentor and Client[J]. Computers & Education, 2017, 110(6): 116-126.

[61] Raelin J A. A Model of Work-Based Learning[J]. Organization Science, 1997, 8(6): 563-578.

[62] Sawyer D. Career Benefits of Cooperative Education and Internships: Perceptions of Graduates from a Rural Midwest Engineering and Science Institution[D]. South Dakota: University of South Dakota, 2008: 82-90.

[63] Seyitoğlu F, Yirik S. Internship Satisfaction of Students of Hospitality and Impact of Internship on the Professional Development and Industrial Perception[J]. Asia Pacific Journal of Tourism Research, 2015, 20(1): 1651-1659.

[64] Simona G, Virgil M C, Ștefania I R, et al. A Plea for Quality in Internship Programmes-Evidence from the Business and Administration Students' Experience[J]. Management & Marketing, 2017, 12(1): 49-60.

[65] Smith E. Learning to Learn Through Work? The Importance of Australian Apprenticeship and Traineeship Policies in Young Workers' Learning Careers[J]. Australian Educational Researcher, 2004, 31(1): 15-35.

[66] Trager B. Community-Based Internships: How a Hybridized High-Impact Practice Affects Students, Community Partners, and the University[J]. Michigan Journal of Community Service Learning, 2020, 26(2): 71-94.

[67] Timothy A, Ann L, John A. Psychology Undergraduates' Experience of Placements: A Role-Transition Perspective[J]. Studies in Higher Education, 1993, 18(3): 265-285.

[68] Washor K S. Bridging the Soft-Skill Gap from Education to Employment Through Internships[D]. Rhode Island: University of Rhode Island, 2015: 47-49.

[69] Yin A C. Learning on the Job: Cooperative Education, Internships and Engineering Problem-Solving Skills[D]. The Pennsylvania State: The Pennsylvania State University, 2009: 277.

[70] Zegwaard K, Coll R K, Hodges D. Assessment of Workplace Learning: A Framework[J]. New Zealand Association for Cooperative Education, 2003: 9-18.

后　　记

　　自2011年开始进入职业教育领域以来，学习、研究职业教育已有十余载。在这期间，职业教育如何更好地跨越教育和产业这两个系统？对这个问题的探索，时而清晰，时而模糊，也坚定了我研究职业教育的信心。2016年寒冬正午，与导师饭后漫步在北师大校园，当时正苦于选题一筹莫展，自然一路上都在聊选题。临别时，导师提出，可以考虑"什么是好的实习"这个问题。回到宿舍，我将实习写在白纸上仔细打量，内心顾虑重重，离自己预期的高大上选题甚远。至于为何最终确定这个主题，以及至今仍然深耕于此，都是从不同角度回答"什么是好的实习"，也是从微观层面思考职业教育如何更好地跨越教育和产业两个系统。

　　本书是在我的博士学位论文的基础上修改完成的。三年求学路，至今记忆犹新。作为北京难得的安静之地，师大总能将城市的喧嚣完美地隔离。生活在这份安静中，我当时习惯了师大有多大，北京就有多大；图书馆有多大，师大就有多大。生活空间上的不断缩小，换取学识和学养上的不断提升，是我在工作5年后重返校园学习的最大追求和收获。在追求梦想和收获知识的道路上，总能得到老师、同学、学友和家人的指导、帮助、鼓励和支持，在此，致以最诚挚的谢意！

　　感谢导师和震教授将资质平庸的我收入门下，圆了我攻读博士学位的梦想！和您走在师大的路上，听您分享王阳明、曾国藩的智慧，终生难忘！您无私地将自己的成长经验分享给我，更是我人生极其贵重的财富。有些智慧我立即消化了，有些可能需要在以后的人生道路上，慢慢吸收！千言万语难以悉数那段时间、那段经历。正如您所说"攻读博士是一个修炼的过程"，这个修炼的过程不仅是学术上的，还是心境上的。

　　感谢职成所老师们尽心培养。俞老师和蔼、豁达、乐观，护犊情深，不经意间透露出长辈的关怀；李兴洲老师在没有预约的情况下，也会立即停下手中的事情，帮我分析论文，此情难忘；感谢赵志群老师为我授课，开拓我的研究视野；庄榕霞老师的研究方法课程，使我受益匪浅；感谢周慧梅老师、白滨老师、刘云波老师，在我读博期间，给予无私帮助！感谢教育学部的石中英教师、朱旭东老师、周海涛老师、洪成文老师、周作宇老师、朱志勇老师等，为我授课。感谢评审专家和答辩委员会各位老师提出的中肯意见！

　　感谢硕导张宝臣老师！从成为您的学生到同事，一直在您的关心下成长，让我少走了很多弯路。我在北京学习的三年，您和师母刘雪梅老师给予我小家庭诸多关心和帮助，让我可以更加全身心地投入学习。论文写作过程中，感谢黄兆信教授、吴立保教授给予的指导和关心，感谢温州职业技术学院的领导、同事，给予的理解和帮助。

　　2019年来到南京信息工程大学工作，学校教育学学科不断取得突破性发展，这更加鞭策我在工作和学术上不敢有丝毫懈怠。感谢清华大学出版社田在儒编辑高质量的工作,促成本书及时面世。

  最后,向我的父母致以诚挚的敬意,尤其是母亲为了我的小家庭,操碎了心;向我的爱人和儿子致以深深的歉意,外出学习,很少陪在你们身边!好几次清晨醒来,看到儿子因为我出现在眼前的喜悦,就会增加一份内疚!希望我和妈妈的努力,能成为你的榜样!

祝成林
2024 年 6 月